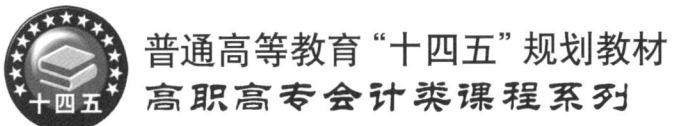

普通高等教育"十四五"规划教材

高职高专会计类课程系列

Excel 在会计中的应用

(第二版)

主编 梁润平 宁小博

图书在版编目(CIP)数据

Excel 在会计中的应用 / 梁润平，宁小博主编. —2版. —上海：立信会计出版社，2023.3
ISBN 978-7-5429-7197-5

Ⅰ．①E… Ⅱ．①梁… ②宁… Ⅲ．①处理软件—应用—会计 Ⅳ．①F232

中国国家版本馆 CIP 数据核字(2023)第 041089 号

策划编辑　赵新民
责任编辑　王斯龙
助理编辑　郑文婧
封面设计　吴博闻

Excel 在会计中的应用
Excel ZAI KUAIJI ZHONG DE YINGYONG

出版发行	立信会计出版社			
地　　址	上海市中山西路 2230 号		邮政编码	200235
电　　话	(021)64411389		传　　真	(021)64411325
网　　址	www.lixinph.com		电子邮箱	lixinaph2019@126.com
网上书店	http://lixin.jd.com			http://lxkjcbs.tmall.com
经　　销	各地新华书店			
印　　刷	上海万卷印刷股份有限公司			
开　　本	787 毫米×1092 毫米	1/16		
印　　张	13.5			
字　　数	320 千字			
版　　次	2023 年 3 月第 2 版			
印　　次	2023 年 3 月第 1 次			
书　　号	ISBN 978-7-5429-7197-5/F			
定　　价	48.00 元			

如有印订差错，请与本社联系调换

第二版前言

培养学生的职业能力和提升学生的综合素质是职业教育的首要任务。为了培养和提升学生的综合素质和职业能力，高等职业院校必须坚持以就业为导向的原则，遵从应用型人才培养的规律，围绕职业能力的培养构建课程体系；必须加大实践教学建设与改革的力度，积极建立体现岗位标准和企业需求、以职业能力为本位的实践教学体系。"Excel 在会计中的应用"课程就是我们开设的财会专业职业能力培养的核心课程。

基于当前职业院校的毕业生大部分就职于中小企业，而中小企业对会计人员基本计算机操作能力要求就是对 Excel 的使用，我们立足财经部门、职业教育、服务学生成才，进行专业能力的培养，旨在培养出应用水平高、动手能力强、业务素质好的高技能人才，以满足职业教育的新要求，突出财会学科发展的新特色，满足国家经济社会发展对财会应用型人才、复合型人才的培养需要。

本教材为全国高职高专财会专业职业能力培养教材，是针对会计工作中的数据表格电子化的需求，为"Excel 在会计中的应用"课程而编写的。

本教材充分体现了工学结合的应用型人才培养的教育思想，突出教材的实用性和科学性，注重教材内容和形式的创新，以职业技能培养为主、知识与能力并重，突出能力训练与实际问题的解决方法和知识的灵活运用。以任务为导向的课程开发模式，体现应用技能型教材以技能训练为主、知识系统学习为辅的特点，注重培养学生的实践能力。教材内容在强调理论部分的同时，加大案例和实践性教学环节的比重，注重职业技能的基本训练，使学生掌握必需的专业知识和技能。本教材结合职业院校财会专业教学规律、学生特点和实际需要，以企业会计人员在工作中的表格为样本，进而以任务驱动的教学方式达到练中学、做中学的效果，使学生掌握 Excel 在企业会计工作中的各种技能方法和轻松制作、设计会计中常用的表格，熟练运用 Excel 各类功能处理企业日常会计工作等专业所需能力和职业技能。

本教材采用 Microsoft 公司发布的电子表格处理软件 Excel，以图文并茂的方式，结合丰富的实例以及详细的操作步骤讲解，深入浅出地介绍 Excel 在会计中的应用，旨在帮助读者全面掌握 Excel 的公式、函数、图表和数据分析的方法。

本教材由浅入深、循序渐进地阐述 Excel 的使用和方法，通过实例展现 Excel 在会计中的应用及其功能，在实践中加深读者对 Excel 功能和技能的理解。

本教材坚持以实例引导为主的原则，从实例中引出更多信息，使读者把 Excel 灵活运用到日常的会计工作当中；直接用实例告诉读者如何设计各类财务用表，在实际操作中熟悉理解软件的功能和技巧的使用；严格挑选每一个应用的实例，解决读者在会计应用过程中遇到的一些实际问题，使其在实践过程中提高 Excel 的使用技巧和能力，达到学以致用的目的。

本教材共分为六部分。项目一：常用财务用表的设计。它利用系统提供的功能和技巧，快速制作出美观的表格。项目二：已有表格的运用。它运用模板与样式把常用表格进行规范化。项目三：统计数据的计算。它包括地址引用、常用函数等内容。项目四：数据的分析与处理。它包括用图表分析数据、数据排序、数据筛选、数据分类汇总、数据透视表等常规数据分析内容。项目五：工作表的常用功能。它包括大量数据的工作表处理、数据的保护、打印数据等内容。项目六：财务管理中的预测与分析。它运用财务函数和方法进行财务管理预测分析。这六部分，都配有对此部分实例设计中所运用的主要内容的相关知识的说明与扩展，以便加深读者对内容的理解和运用。

本教材由梁润平、宁小博任主编，韩猛、董萍萍任副主编，王珍完成项目一的内容，葛司远完成项目二的内容，董萍萍完成项目三的内容，韩猛完成项目四的内容，宁小博完成项目五的内容，李瑞玲完成项目六的内容。尽管编者力求使本教材尽善尽美，但存在错误和疏漏仍在所难免，敬请专家和读者不吝赐教和批评指正。

编者

2023 年 3 月

《Excel 在会计中的应用》课程思政设计

项目	任务		思政元素	课程思政设计
项目一 常用财务用表的设计	任务一 任务二 任务三 任务四 任务五	快速录入数据 常用表格设计方法 记账凭证设计 表格条件格式运用 与设计常用财务用表相关的其他操作	精准快速 高效高质 精益求精	通过学习 Excel 快速填充功能,高效、高质、准确、规范地设计出记账凭证、销售情况等财务用表,运用条件格式使表格具有更好的可读性
项目二 已有表格的运用	任务一 任务二 任务三 任务四	复制与填制凭证 模板与样式的创建与应用 工作表间的链接 与运用已有表格相关的其他操作	合法合规 标准规范	通过学习模板、样式和数据验证,让学生具有标准规范意识,填制凭证要符合相关的会计制度及相关会计法律法规。设置目录便于快速定位工作表,提高工作效率
项目三 统计数据的计算	任务一 任务二 任务三	地址引用 常用函数应用 与计算统计数据相关的其他操作	逻辑思维 科学精神 思辨精神	通过学习地址引用、计算统计等任务,培养学生严谨缜密的逻辑思维能力,采用科学的手段方法解决问题,运用对比方法加强学生的思辨精神
项目四 数据的分析与处理	任务一 任务二 任务三 任务四 任务五 任务六	用图表分析数据 数据的排序 数据的筛选 数据的分类汇总 数据透视表 与数据分析及处理相关的其他操作	数据思维 创新思维	在社会发展过程中,数据一直起着关键作用,数据思维、创新思维为业务数据赋予了价值。通过用图表、排序、筛选、分类汇总以及数据透视表对财务数据分析处理,培养学生的数据思维和创新能力
项目五 工作表的常用功能	任务一 任务二 任务三 任务四	大量数据的工作表处理 数据的保护 数据的打印 与工作表的常用功能相关的其他操作	数据安全 工匠精神	通过对数据的保护,防止信息的泄露,以数据安全为引领,培养学生树立数据安全的意识。运用窗口操作、拆分冻结、打印等技能培养学生严谨细致、精益求精的工匠精神
项目六 财务管理中的预测与分析	任务一 任务二 任务三 任务四 任务五 任务六 任务七	模拟运算表 用回归分析进行销售预测 利用规划求解制定最佳生产方案 计算净现值 单变量求解 利用方案对比分析银行贷款情况 与预测分析相关的其他操作	计划意识 风险意识	通过学习模拟运算、方案分析、回归等规划制定合理有效的方案,让学生有准备、有计划、科学合理地安排事情,培养其具有财务风险预测及分析的能力,增强其风险意识

目 录

项目一　常用财务用表的设计 ··· 1
　任务一　快速录入数据 ··· 1
　　　　一、数据填充准备知识 ··· 1
　　　　二、自定义序列填充 ··· 2
　　　　三、数字序列填充 ··· 5
　　　　四、日期序列填充 ··· 6
　　　　五、文本填充 ··· 7
　任务二　常用表格设计方法 ··· 7
　　　　一、复合表头表格设计 ··· 7
　　　　二、倾斜表头表格设计 ·· 11
　　　　三、凹凸效果表格设计 ·· 13
　任务三　记账凭证设计 ·· 14
　任务四　表格条件格式运用 ·· 18
　　　　一、"科目"工作表设计 ·· 18
　　　　二、利用"科目"工作表进行条件格式的设计 ···································· 20
　　　　三、设置数值条件格式 ·· 21
　任务五　与设计常用财务用表相关的其他操作 ·· 23
　　　　一、数据录入 ·· 23
　　　　二、单元格相关概念 ·· 26
　　　　三、设置单元格格式 ·· 27

项目二　已有表格的运用 ·· 38
　任务一　复制与填制凭证 ·· 38
　　　　一、设置并复制记账凭证 ·· 38
　　　　二、填制凭证 ·· 40
　任务二　模板与样式的创建与应用 ·· 44
　　　　一、建立模板 ·· 44
　　　　二、使用模板 ·· 45
　　　　三、样式 ·· 46
　任务三　工作表间的链接 ·· 47
　　　　一、制作目录 ·· 47
　　　　二、链接工作表 ·· 49

三、批注与修订 …………………………………………………………… 51
任务四　与运用已有表格相关的其他操作 ……………………………………… 52
　　一、单元格的数据验证 …………………………………………………… 52
　　二、工作表 ………………………………………………………………… 56
　　三、模板 …………………………………………………………………… 57
　　四、样式 …………………………………………………………………… 58
　　五、超链接 ………………………………………………………………… 59
　　六、批注 …………………………………………………………………… 60

项目三　统计数据的计算 …………………………………………………………… 63
任务一　地址引用 ………………………………………………………………… 63
　　一、相对地址公式应用 …………………………………………………… 63
　　二、绝对地址公式应用 …………………………………………………… 64
　　三、混合地址公式应用 …………………………………………………… 65
　　四、跨表计算 ……………………………………………………………… 66
　　五、合并计算 ……………………………………………………………… 67
任务二　常用函数应用 …………………………………………………………… 69
　　一、用函数计算一季度的销售总额 ……………………………………… 69
　　二、条件函数 ……………………………………………………………… 71
　　三、计数函数 ……………………………………………………………… 74
　　四、查找函数 ……………………………………………………………… 78
　　五、日期函数 ……………………………………………………………… 82
　　六、定位与提取函数 ……………………………………………………… 85
任务三　与计算统计数据相关的其他操作 ……………………………………… 92
　　一、公式 …………………………………………………………………… 92
　　二、函数 …………………………………………………………………… 96
　　三、Excel常见错误信息一览 …………………………………………… 98

项目四　数据的分析与处理 ………………………………………………………… 101
任务一　用图表分析数据 ………………………………………………………… 101
　　一、用柱形图分析对比销售情况 ………………………………………… 101
　　二、用饼形图分析各类土地所占的百分比 ……………………………… 104
　　三、动态图表 ……………………………………………………………… 106
任务二　数据的排序 ……………………………………………………………… 108
任务三　数据的筛选 ……………………………………………………………… 111
　　一、自动筛选 ……………………………………………………………… 111
　　二、自定义自动筛选 ……………………………………………………… 112
　　三、高级筛选 ……………………………………………………………… 113

    四、去除筛选标记和状态 114
  任务四 数据的分类汇总 114
    一、简单分类汇总 114
    二、多重分类汇总 116
    三、嵌套分类汇总 117
  任务五 数据透视表 119
    一、制作数据透视表 119
    二、数据透视分析 122
    三、修改数据透视表中数据和字段 124
  任务六 与数据分析及处理相关的其他操作 126
    一、图表操作 126
    二、图表基本类型 129
    三、排序的相关知识 130
    四、筛选的相关知识 133
    五、分类汇总相关知识 135
    六、数据透视表相关知识 137

项目五 工作表的常用功能 139
  任务一 大量数据的工作表处理 139
    一、记录单（数据清单） 139
    二、拆分冻结 142
  任务二 数据的保护 145
    一、保护工作簿 145
    二、保护工作表 148
    三、保护单元格 149
  任务三 数据的打印 150
  任务四 与工作表的常用功能相关的其他操作 154
    一、记录单 154
    二、窗口操作 155
    三、工作簿 159
    四、数据保护 161
    五、打印文档 163

项目六 财务管理中的预测与分析 170
  任务一 模拟运算表 170
    一、用单变量模拟运算表计算贷款情况 170
    二、用双变量模拟运算表计算贷款情况 172
    三、用模拟运算表进行保本分析 174

任务二　用回归分析进行销售预测 …………………………………… 178
　　任务三　利用规划求解制定最佳生产方案 …………………………… 183
　　任务四　计算净现值 …………………………………………………… 187
　　任务五　单变量求解 …………………………………………………… 189
　　任务六　利用方案对比分析银行贷款情况 …………………………… 190
　　任务七　与预测分析相关的其他操作 ………………………………… 193
　　　　一、模拟运算表练习 ……………………………………………… 193
　　　　二、回归分析练习 ………………………………………………… 193
　　　　三、规划求解练习 ………………………………………………… 194
　　　　四、单变量练习 …………………………………………………… 194
　　　　五、方案相关知识 ………………………………………………… 194

附录一　财务账、证、表的样张 …………………………………………… 196
附录二　Excel 快捷键功能 ………………………………………………… 197

项目一　常用财务用表的设计

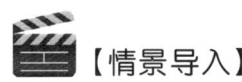
【情景导入】

　　小李刚刚从学校毕业进入一家企业的财务部,财务部日常业务基本都是用 Excel 软件完成。根据部门工作的实际情况,主管让小李尽快熟练操作 Excel 软件,熟练掌握其功能技巧,设计公司的各种销售表、记账凭证、科目表等,美化所做的表格,使其更具可读性。

知识目标与技能目标

任　　务	知识目标、技能目标
任务一　快速录入数据	快速输入数据
任务二　常用表格设计方法	单元格格式设置
任务三　记账凭证设计	自定义格式
任务四　表格条件格式运用	条件格式
任务五　与设计常用财务用表相关的其他操作	数据输入与单元格设置拓展

任务一　快速录入数据

一、数据填充准备知识

　　Excel 表格中存在各种类型的数据,如文本型数据、数值型数据、日期型数据、逻辑型数据等,填写这些类型的数据时,经常会输入一些有规律的数据,例如:"1,2,3,4,5,…""星期一,星期二,星期三,……,星期日""一月,二月,三月,……,十二月""甲,乙,丙,……""2023 年 1 月 1 日,2023 年 1 月 2 日,2023 年 1 月 3 日,……,2023 年 1 月 31 日"等。对于这样的数据序列,可以采用填充功能,将它们快速填写在一系列的单元格中。填充功能是通过"填充柄"或"填充序列对话框"来实现的。

　　(1)利用"填充柄"填充数据。单击一个单元格或拖曳鼠标选定一个连续的单元格区域时,框线的右下角会出现一个黑点,这个黑点就是"填充柄",如图1-1所示。

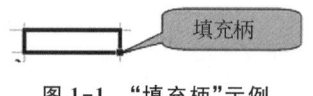

图1-1 "填充柄"示例

选中已输入内容的单元格或区域,将鼠标移至所选区域右下角的"填充柄",当光标变为"+"时,按下左键沿着行或列拖动。如果要按升序排列,应由上而下或由左而右拖动。如果要按降序排列,应由下而上或由右而左拖动。

(2)利用"序列对话框"填充数据。在【开始】工具栏的右侧【编辑】组中单击【填充】按钮,选择【序列】即可,如图1-2所示。

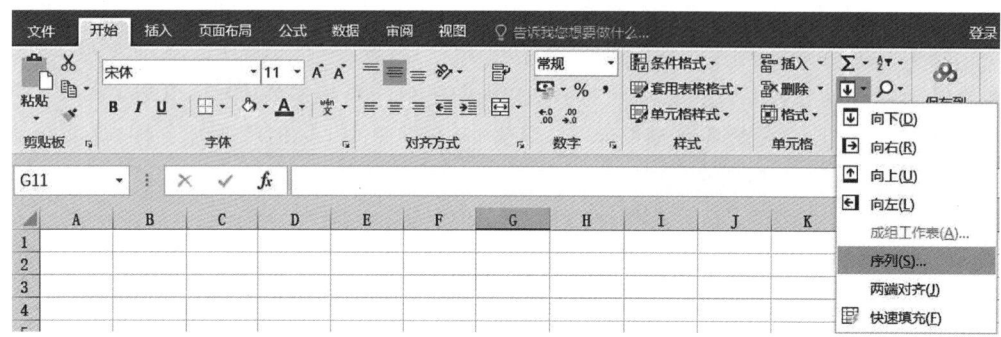

图1-2 打开【序列】对话框

二、自定义序列填充

自定义序列分为系统内置序列和用户增加新自定义序列两种。

1. 系统内置序列

内置序列,例如:"星期日,星期一,星期二,……,星期六""子,丑,寅,卯……""甲,乙,丙,……""一月,二月,……"等,系统已经定义好,用户可以直接引用。

操作方法如下:在单元格中输入已存在序列中的任意一个内容,如"五月",可向下或向右填充,将出现"六月,七月,……,十二月,一月,……",也可向上或向左填充,则将出现"四月,三月,……,一月,十二月,……"。

查看系统内置序列的方法如下:单击【文件】菜单中的【选项】,在打开的【Excel 选项】对话框中单击【高级】选项,向下移动右侧滚动条出现【常规】选项,选择【编辑自定义列表】,如图1-3所示。出现【自定义序列】对话框,在左侧选择所需序列类型即可,如图1-4所示。

2. 用户增加新自定义序列

如果输入的序列比较特殊,可在先行定义后,参照内置序列的操作方法进行使用。增加新自定义序列的具体方法有以下三种。

方法一:单击【文件】菜单中的【选项】,在打开的【Excel 选项】对话框中单击【高级】选项,向下移动右侧滚动条,出现【常规】选项,选择【编辑自定义列表】,打开【自定义序列】对话框。

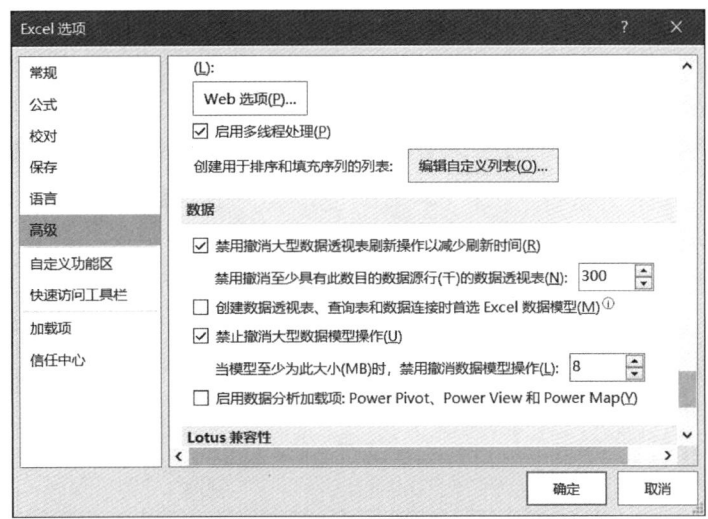

图 1-3 【Excel 选项】对话框中的【高级】选项

图 1-4 【自定义序列】对话框

在【输入序列】框中输入自定义序列的全部内容,每输入一条按一次回车键,完成后单击【添加】按钮。整个序列输入完毕后,单击对话框中的【确定】按钮。

方法二:在工作表中输入按预先顺序设定好的数据,选中相应的数据单元格,单击【文件】菜单中的【选项】,在打开的【Excel 选项】对话框中单击【高级】选项,向下移动右侧滚动条,出现【常规】选项,选择【编辑自定义列表】,打开【自定义序列】对话框。点击【导入】按钮,即可看到相应的序列添加到了"自定义序列"清单中。

方法三:在已打开的【自定义序列】对话框中,点击【导入】按钮左边的【导入序列所在的单元格】按钮,再在相应的表中选择已经输入好的序列,单击【导入】按钮即可。

【例1-1】单位的人员名单会经常使用,因此可以把人员名单定义为一个新序列。

此题可采用导入法。从A1单元格开始依次输入人员名单,单击【文件】菜单中的【选项】,在打开的【Excel选项】对话框中单击【高级】选项,向下移动右侧滚动条出现【常规】选项,选择【编辑自定义列表】,打开【自定义序列】对话框,点击【导入】按钮左边的【导入序列所在的单元格】按钮,选择人员名单范围,如图1-5所示。再点击【导入】按钮,新序列就添加到了"自定义序列"清单中,如图1-6所示。

此后,只要在单元格中输入自定义序列中的任意一项,就可以按前面介绍的内置序列使用方法将其输入。例如,输入"艾芳"后,拖动填充柄,就会按名单的循环次序出现人名。

注意:用户自己定义的自定义序列一旦定义好,只要不重新安装Excel,在此计算机上的任何工作簿文件中的任意工作表中均可使用此序列。所以实际工作中,通常把频繁出现的一组纯文字内容定义为一个新序列,以备将来使用。

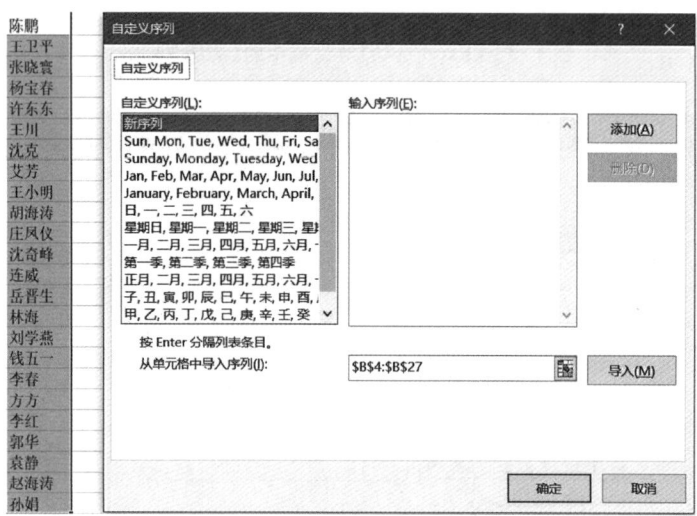

图1-5 导入新的自定义序列

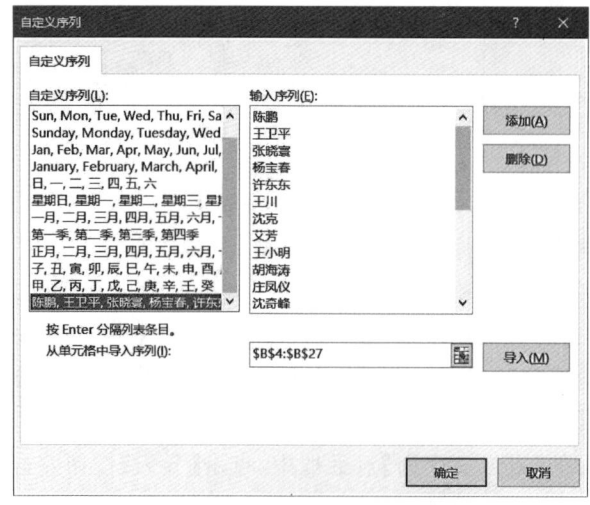

图1-6 完成导入自定义序列

三、数字序列填充

数字序列的填充有三种方式:等差序列、等比序列、自动填充。以等差或等比序列方式填充需要输入步长值(步长值可以是正值或负值,也可以是整数或小数)和终止值(如果所选范围还未填充完就已到终止值,那么余下的单元格将不再填充;如果填充完所选范围还未达到终止值,则填充到最后一个所选单元格为止)。

自动填充功能的作用是,将所选范围内的单元格全部用初始单元格的数值填充,适用于填充相同的数值。

例如,从工作表初始单元格 A1 开始沿着列的方向填入数字序列"1,2,3,4,5…",这是一个等差序列,初值为"1",步长为"1",可以采用下列三种方法填充。

1. 利用鼠标左键拖曳填充

利用鼠标左键按住填充柄向上、下、左、右四个方向进行拖曳,来填充数据。具体填充方法为:在初始单元格 A1 中填入"1",在单元格 A2 中填入"2",选定单元格 A1 和单元格 A2 后移至填充柄处,按住鼠标左键向下拖曳至想要得到的终值出现时的单元格放手即可。

2. 利用【序列】对话框填充

在初始单元格 A1 中填入"1",选定填充序列范围,如"A1:A5",在【开始】工具栏的右侧【编辑】组中点击【填充】按钮,选择【序列】,在打开的【序列】对话框中,选择【序列产生在列】,选择类型为【等差序列】,填入【步长值】为"1",填入【终止值】为"5",如图 1-7 所示,单击【确定】按钮。

3. 利用鼠标右键拖曳填充

在初始单元格 A1 中填入"1",按住填充柄向下拖曳至单元格 A5 时放手,这时会出现一个快捷菜单,如图 1-8 所示。选择快捷菜单的【序列】命令,之后的操作同利用序列对话框填充的操作方法一样。

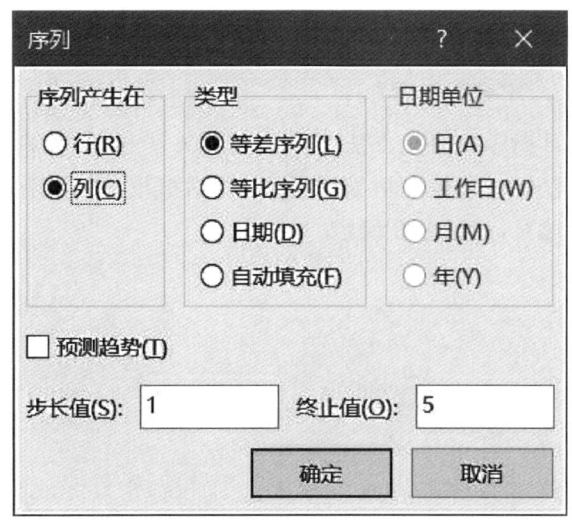

图 1-7 【序列】对话框   图 1-8 鼠标右键填充快捷菜单

【练习】

1. 快速输入等差数列"2,4,6,8,10…"。
2. 快速输入等比数列"1,3,9,27,81…"。
3. 快速输入数字序列"1.2、1.3、1.4…2.0、2.1"。
4. 用不同的方法输入序列"50.01、50.02、50.03、50.04…"。

四、日期序列填充

日期序列包括日期和时间,如在初始单元格中设置数据格式为日期时,利用【序列】对话框进行自动填写,【类型】自动设定为【日期】,【日期单位】中有 4 种单位,可以按步长值(默认为 1)进行填充选择:"日""工作日""月""年"。日期序列填充的方法有以下三种。

1. 自动填充

在【序列】对话框中,如果【类型】选择为【自动填充】,那么无论是日期还是时间,填充结果相当于按日步长为"1"的等差序列填充。

2. 选择填充

若不选择"自动填充"功能,在初始单元格中输入起始日期,选定填充序列范围,打开【序列】对话框,进行填充选择:"日""工作日""月""年"。

图 1-9 日期填充快捷菜单

【例 1-2】从 A1 单元格开始,向下输入 2023 年 1 月的工作日。

在 A1 单元格输入"2023-01-01"或"2023/01/01"(日期型数据的标准输入方式),选定填充序列的大致范围,在【开始】工具栏的右侧【编辑】组中点击【填充】按钮,选择【序列】,打开【序列】对话框,选择【类型】为【日期】,日期单位选择【以工作日填充】。

3. 鼠标拖曳填充

日期序列填充方法与数字填充方法相同,分别可以利用鼠标左键拖曳填充、【序列】对话框填充和鼠标右键拖曳填充,如图 1-9 所示。

【练习】

快速输入 2022 年 6 月 1 日至 2022 年 6 月 30 日。
快速输入 2022 年 6 月 1 日至 2022 年 6 月 30 日中的单数天。
快速输入 2022 年 6 月 1 日至 2022 年 6 月 30 日中的工作日。
快速输入 2022 年所有月份(只显示到月如:2022 年 1 月,2022 年 2 月……)。
快速输入"2020 年,2021 年,……,2035 年"的年份。

五、文本填充

在涉及文本填充时,需注意以下三种情形。

1. 文本中没有数字

填充操作都是复制初始单元格内容,【序列】对话框中只有【自动填充】功能有效,其他方式无效。

2. 文本中全为数字

当在文本单元格格式中,数字作为文本处理的情况下,填充时可按复制或序列进行。当格式是文本类型时可用鼠标左键拖动"填充柄"填充为序列;若是数字类型则为复制。可利用鼠标右键拖动填充柄选择不同的方式。

3. 文本中含有数字

数字的位置可在文字前、文字后或文字中间,无论用何种方法填充,字符部分不变,数字按等差序列、步长为"1"(从初始单元格开始向右或向下填充,步长为正"1";从初始单元格开始向左或向上填充,步长为负"1")变化。如果文本中仅含有一个数字,数字按等差序列变化与数字所处的位置无关;当文本中有两个或两个以上数字时,只有最后的数字按等差序列变化,其余数字不发生变化。

【例1-3】假如在初始单元格输入的文本为"第4页",则从初始单元格开始向右或向下填充结果为"第5页、第6页……"。

【例1-4】假如在初始单元格输入的文本为"第4项",则从初始单元格开始向左或向上填充结果为"第3项、第2项……"。

【例1-5】假如在初始单元格输入的文本为"(3)2班第4名",则从初始单元格向下填充时它的变化依次为"(3)2班第5名、(3)2班第6名……"。

任务二 常用表格设计方法

一、复合表头表格设计

设计各单位一季度销售情况统计表,如图1-10所示。

	A	B	C	D	E	F
1	各单位一季度销售情况统计表					
2	单位	部门名称	一月	二月	三月	合计
3	甲单位	部门一	6,678.00	6,001.00	8,123.00	
4		部门二	6,369.00	7,984.00	6,356.00	
5		部门三	7,896.00	8,003.00	6,118.00	
6		合计				
7	乙单位	部门一	8,013.00	7,698.00	7,999.00	
8		部门二	6,369.00	7,698.00	8,059.00	
9		合计				
10	总计					

图1-10 各单位一季度销售情况统计表

设计步骤如下:

(1) 在一个新工作簿中,将鼠标移至一个空白的工作表标签处(如 Sheet1),按鼠标右键,弹出工作表快捷菜单,执行【重命名】命令,将工作表名称改为"各单位一季度销售情况统计表";按鼠标右键,执行【工作表标签颜色】命令,为工作表标签设置适合的颜色,如图 1-11 所示。以下内容均在"各单位一季度销售情况统计表"工作表中完成。

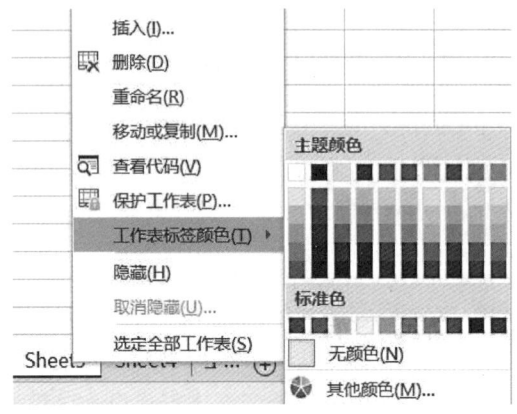

图 1-11　工作表标签颜色

(2) 在 A1 单元格中输入"各单位一季度销售情况统计表"。

(3) 在 A2 单元格中输入"单位"。

(4) 在 B2 单元格中输入"部门名称"。

(5) 在 C2、D2、E2 单元格中分别输入"一月""二月""三月"(可在输入"一月"后,向右拖动"填充柄"填充)。

(6) 在 F2 单元格中输入"合计"。

(7) 在 A3 单元格中输入"甲单位"。

(8) 在 B3、B4、B5、B6 单元格中分别输入"部门一""部门二""部门三""合计"。

(9) 在 A7 单元格中输入"乙单位"。

(10) 在 B7、B8、B9 单元格中分别输入"部门一""部门二""合计"。

(11) 在 A10 单元格中输入"总计"。

(12) 选中 A1:F1 区域,按鼠标右键弹出快捷菜单,执行【设置单元格格式】命令,弹出【设置单元格格式】对话框,在【对齐】选项卡中,勾选【合并单元格】,水平对齐和垂直对齐均选择【居中】;在【填充】选项卡中选一种颜色;在【字体】选项卡中选择字号,如"18 磅",如图 1-12 所示,单击【确定】按钮。

(13) 分别合并 A3:A6 单元格、A7:A9 单元格和 A10:B10 单元格。

(14) 选中 A2:F10 区域,按鼠标右键弹出快捷菜单,执行【设置单元格格式】命令,弹出【设置单元格格式】对话框,在【边框】选项卡中,选择【外边框】为粗线、【内部】为细线,如图 1-13 所示,单击【确定】按钮,完成表格边框格式的设置。

(15) 分别设置合并后的 A3、A7 单元格。例如:选中 A3 单元格,按鼠标右键弹出快捷菜单,执行【设置单元格格式】命令,弹出【设置单元格格式】对话框,在【对齐】选项卡中,选择

图 1-12　单元格格式【字体】选项卡

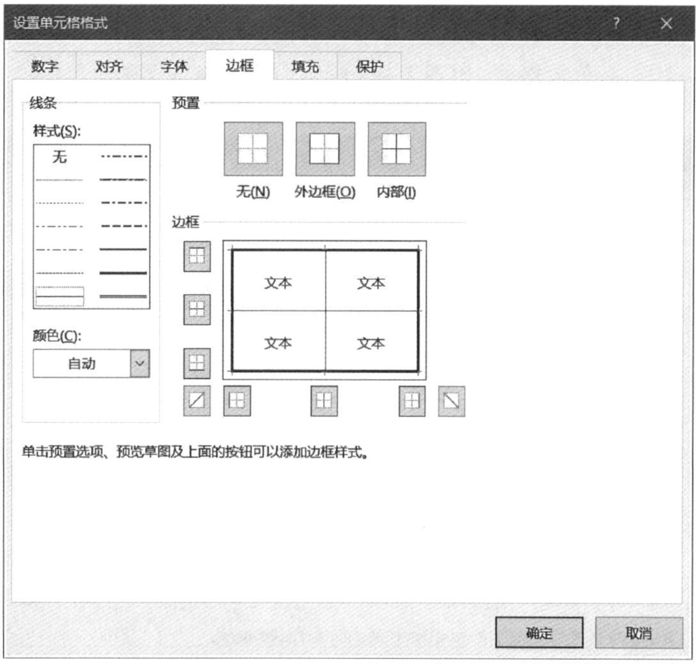

图 1-13　单元格格式【边框】选项卡

水平对齐为【居中】、垂直对齐为【居中】，方向单击竖排使【文本】变成黑底，如图 1-14 所示，单击【确定】按钮。

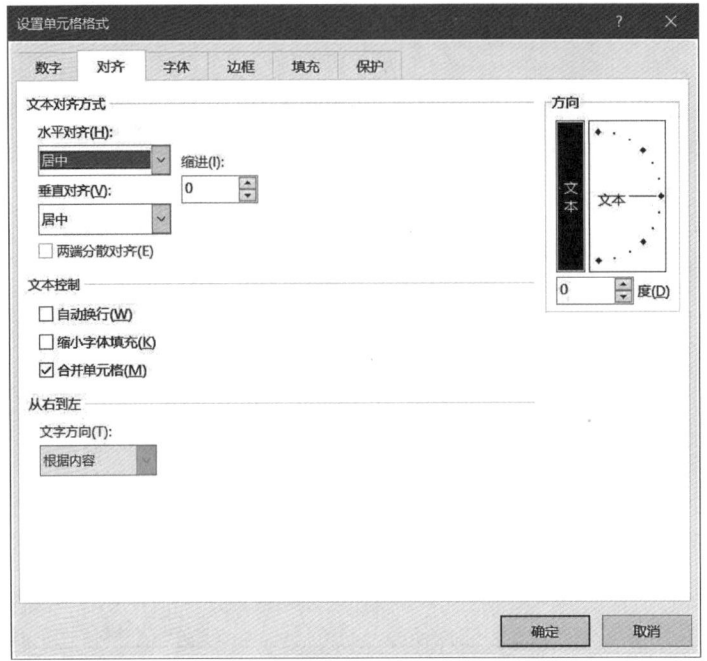

图 1-14　单元格格式【对齐】选项卡

（16）选中 C3:F10 区域，按鼠标右键弹出快捷菜单，执行【设置单元格格式】命令，弹出【设置单元格格式】对话框，在【数字】选项卡中，选择分类为【数值】，小数位数选择"2"，勾选【使用千位分隔符】，选择负数格式，如图 1-15 所示，单击【确定】按钮。

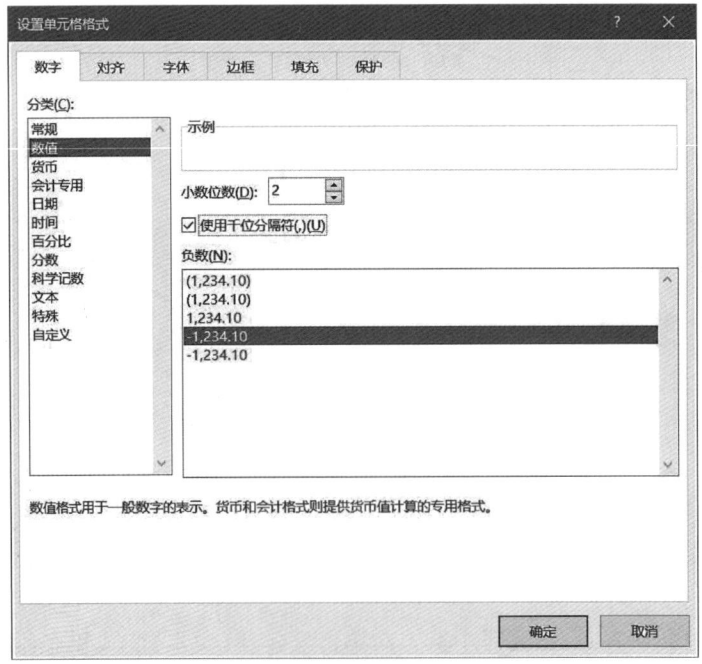

图 1-15　单元格格式【数字】选项卡

(17) 输入各部门1月至3月的销售数据。

(18) 调整设置,如行高、列宽和其他文本的对齐格式、字体字号等。

(19) 保存工作簿文件。

二、倾斜表头表格设计

设计计算机日销售情况登记表,如图1-16所示。

日期	HP7110立式计算机	HP7110卧式计算机	HP8110便携计算机	IBM6134台式计算机	IBM63881便携计算机	IBM6231手持计算机
2023年1月1日	12	32	8	11	3	1
2023年1月2日	86	36	3	6	8	3
2023年1月3日		68		8		1
2023年1月4日	7		30		2	
2023年1月5日	3	8	9	5	3	6
2023年1月6日	32	8	11	3	1	8
2023年1月9日	21	3	6	3	3	3
2023年1月10日	39		8		1	
2023年1月11日		51		2		30
2023年1月12日	8	9	5	3	6	5
2023年1月13日	6	4	3	6	8	3
2023年1月16日	8		1	8		1

图1-16 计算机日销售情况登记表

设计步骤如下:

(1) 将鼠标移至一个空白的工作表标签处(如Sheet2),按鼠标右键弹出工作表快捷菜单,执行【重命名】命令,将工作表名称改为"计算机日销售情况登记表";按鼠标右键,执行【工作表标签颜色】命令,为工作表标签设置适合的颜色。以下内容均在"计算机日销售情况登记表"工作表中完成。

(2) 在A1单元格中输入"计算机日销售情况登记表"。

(3) 在A3单元格中输入"日期"。

(4) 在B3至G3单元格中分别输入各种机型的名称。

(5) 在A4单元格中输入日期"2023-1-1"。

(6) 选中A4单元格,在A4单元格的填充柄处拖动鼠标向下填充到A15单元格。

(7) 选中A1:G1区域,按鼠标右键弹出快捷菜单,执行【设置单元格格式】命令,弹出【设置单元格格式】对话框,设置标题的各种格式。

(8) 选中A4:A15区域,按鼠标右键弹出快捷菜单,执行【设置单元格格式】命令,弹出

【设置单元格格式】对话框,在【数字】选项卡中选择分类为【日期】,类型选择【2012 年 3 月 14 日】,如图 1-17 所示,单击【确定】按钮。

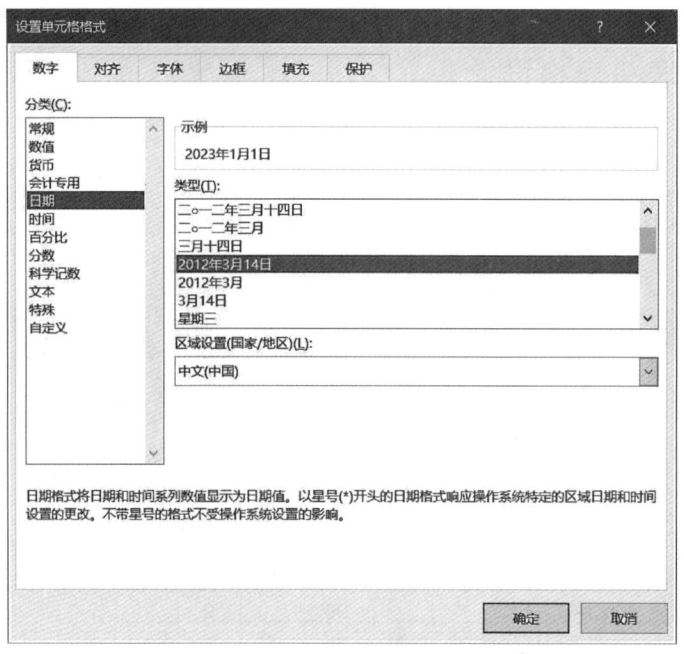

图 1-17　单元格格式【数字】选项卡

（9）选中 A3 至 G3 单元格,按鼠标右键弹出快捷菜单,执行【设置单元格格式】命令,弹出【设置单元格格式】对话框,在【对齐】选项卡中,选择方向拖动文本倾斜度数,如图 1-18 所示,单击【确定】按钮。

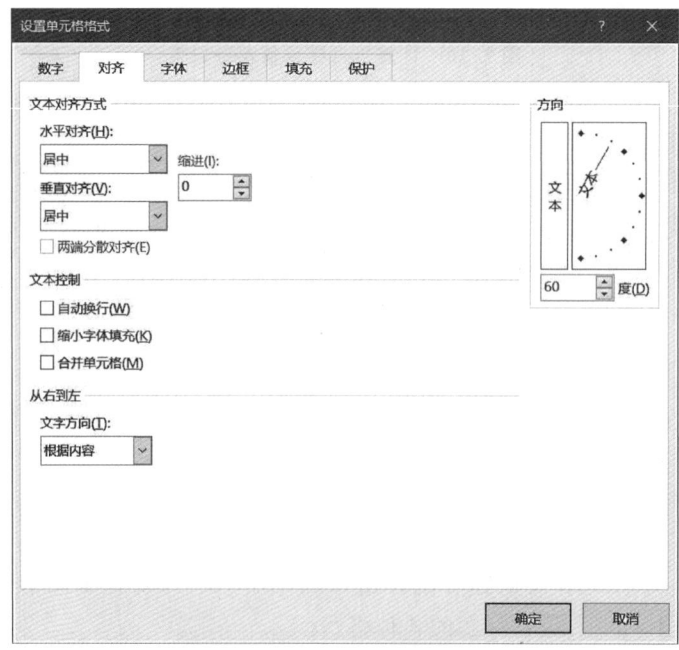

图 1-18　单元格格式【对齐】选项卡

(10) 录入数据,调整设置,如行高、字体、字号等。

(11) 选中 B 列至 G 列(在列标号 B 处拖动鼠标到 G),在 G 列与 H 列相交处拖动列宽,将同时调整 B 列至 G 列的宽度。若在 G 列与 H 列相交处双击,则将调整 B 列至 G 列的列宽为最适合的宽度。

(12) 保存工作簿文件。

三、凹凸效果表格设计

在销售情况统计表中设计凹凸效果,如图 1-19 所示。

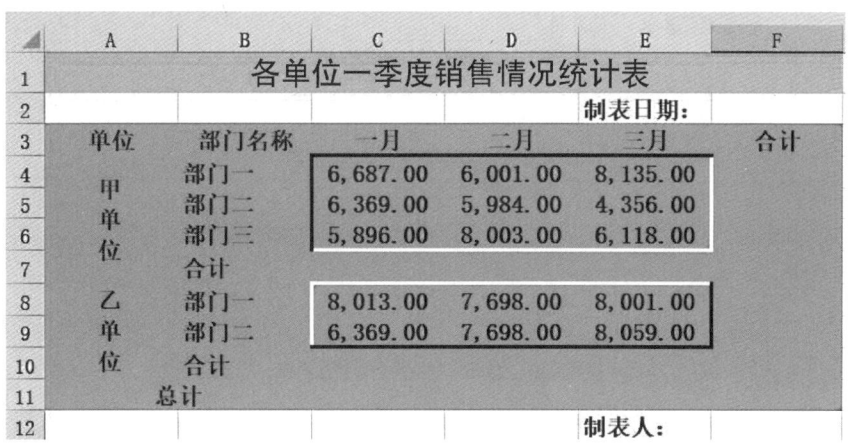

图 1-19　凹凸效果的销售统计表

设计步骤如下:

(1) 将鼠标移至一个空白的工作表标签处(如 Sheet3),按鼠标右键,弹出工作表快捷菜单,执行【重命名】命令,将工作表名称改为"凹凸效果";按鼠标右键,执行【工作表标签颜色】命令,为工作表标签设置适合的颜色。

(2) 复制"各单位一季度销售情况统计表"工作表的全部内容到"凹凸效果"表中。具体选中"各单位一季度销售情况统计表"工作表中的 A1:F10 区域,按鼠标右键,弹出工作表快捷菜单,执行【复制】命令。返回"凹凸效果"表,在 A1 单元格处,按鼠标右键,在弹出的工作表快捷菜单中执行【粘贴】命令。

(3) 插入一行,成为第 2 行,输入"制表日期:"。

(4) 在 E12 单元格中输入"制表人:"。

(5) 选中 A3:F11 区域,按鼠标右键弹出工作表快捷菜单,执行【设置单元格格式】命令,弹出【设置单元格格式】对话框,在【边框】选项卡中,选择预置中的"无"用于去掉已有框线;在【填充】选项卡中选择一种颜色,单击【确定】按钮。

(6) 选中 C4:E6 区域,按鼠标右键弹出快捷菜单,执行【设置单元格格式】命令,弹出【设置单元格格式】对话框,在【边框】选项卡中,颜色选择"深色",样式选择"粗线",边框选择"左框线"和"上框线";颜色选择"浅色",样式选择"粗线",边框选择"右框线"和"下框线",如图 1-20 所示;单击【确定】按钮。

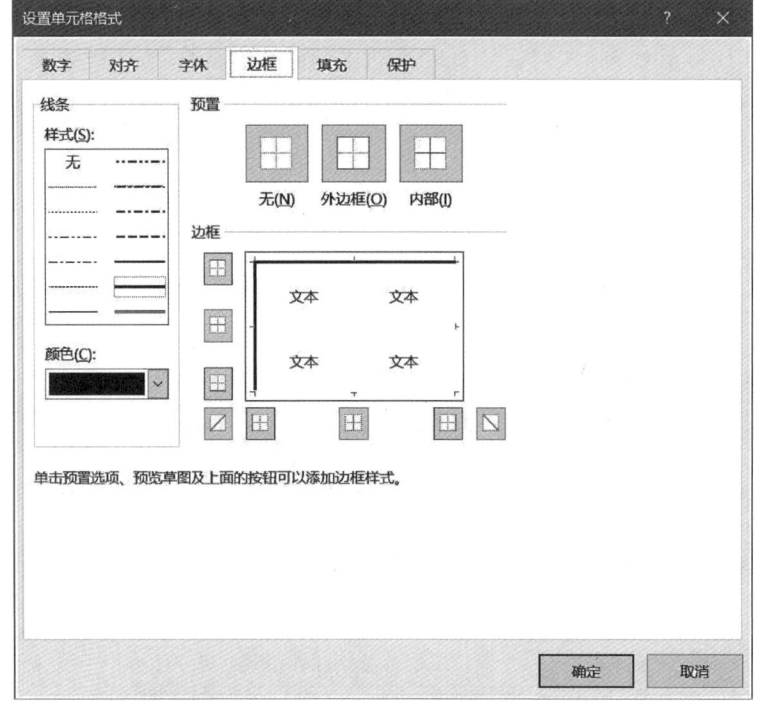

图 1-20 单元格格式【边框】选项卡

（7）选中 C8:E9 区域，按鼠标右键弹出快捷菜单，执行【设置单元格格式】命令，弹出【设置单元格格式】对话框，在【边框】选项卡中，颜色选择"深色"，样式选择"粗线"，边框选择"右框线"和"下框线"；颜色选择"浅色"，样式选择"粗线"，边框选择"左框线"和"上框线"；单击【确定】按钮。

（8）保存工作簿文件。

任务三 记账凭证设计

设计记账凭证，如图 1-21 所示。

	A	B	C	D	E
1			记账凭证		
2		制单日期：		附单据数：	
3	摘　要	科 目 名 称	借 方 金 额		贷 方 金 额
4					
5					
6					
7					
8					
9					
10		合计：			
11	备注：				
12	记账：		审核：	制单：	
13	主管：		出纳：		

图 1-21 记账凭证样表

设计步骤如下:

(1) 在一个空白的工作表标签处,单击鼠标右键,弹出工作表快捷菜单,执行【重命名】命令,将工作表名称改为"凭证";单击鼠标右键,执行【工作表标签颜色】命令,为工作表标签设置适合的颜色。以下内容均在"凭证"工作表中完成。

(2) 在 A1 单元格中输入"记账凭证"。

(3) 在 B2 单元格中输入"制单日期:"。

(4) 在 D2 单元格中输入"附单据数:"。

(5) 在 A3 单元格中输入"摘要"。

(6) 在 B3 单元格中输入"科目名称"。

(7) 在 C3 单元格中输入"借方金额"。

(8) 在 E3 单元格中输入"贷方金额"。

(9) 在 B10 单元格中输入"合计:"。

(10) 在 A11 单元格中输入"备注:"。

(11) 在 A12 单元格中输入"记账:"。

(12) 在 C12 单元格中输入"审核:"。

(13) 在 D12 单元格中输入"制单:"。

(14) 在 A13 单元格中输入"主管:"。

(15) 在 C13 单元格中输入"出纳:"。

(16) 选中 A1:E1 区域,单击鼠标右键弹出工作表快捷菜单,执行【设置单元格格式】命令,弹出【设置单元格格式】对话框,在【对齐】选项卡中,勾选【合并单元格】,水平对齐和垂直对齐均选择【居中】;在【填充】选项卡中,选择一种颜色;在【字体】选项卡中,字号设置为"22"磅,单击【确定】按钮。

(17) 选中 A2 单元格,单击鼠标右键弹出工作表快捷菜单,执行【设置单元格格式】命令,弹出【设置单元格格式】对话框,在【数字】选项卡中,选择分类为【自定义】,将【类型】定义为"@   "字"",单击【确定】按钮。

注意:@到"字"之间是几个空格,目的是输入的内容与"字"不重叠,双引号必须在英文半角下输入,如图 1-22 所示。

(18) 选中 C2 单元格,单击鼠标右键弹出工作表快捷菜单,执行【设置单元格格式】命令,弹出【设置单元格格式】对话框,在【数字】选项卡中,选择分类为【日期】,如图 1-23 所示,单击【确定】按钮。

(19) 分别合并 C3:D3,C4:D4,C5:D5,C6:D6,C7:D7,C8:D8,C9:D9,C10:D10 和 B11:E11 区域。

(20) 选中 2 至 13 行,设置行高,单击鼠标右键弹出工作表快捷菜单,选择【行】—【行高】,设置为"20"磅;字号设置为"14"磅;部分单元格的字体加粗,如图 1-21 所示。

(21) 选中 A3:E3 区域,设置对齐格式,单击鼠标右键弹出工作表快捷菜单,执行【设置单元格格式】命令,弹出【设置单元格格式】对话框,在【对齐】选项卡中,勾选【两端分散对齐】,选择水平对齐为【分散对齐】、垂直对齐为【居中】,如图 1-24 所示,单击【确定】按钮。

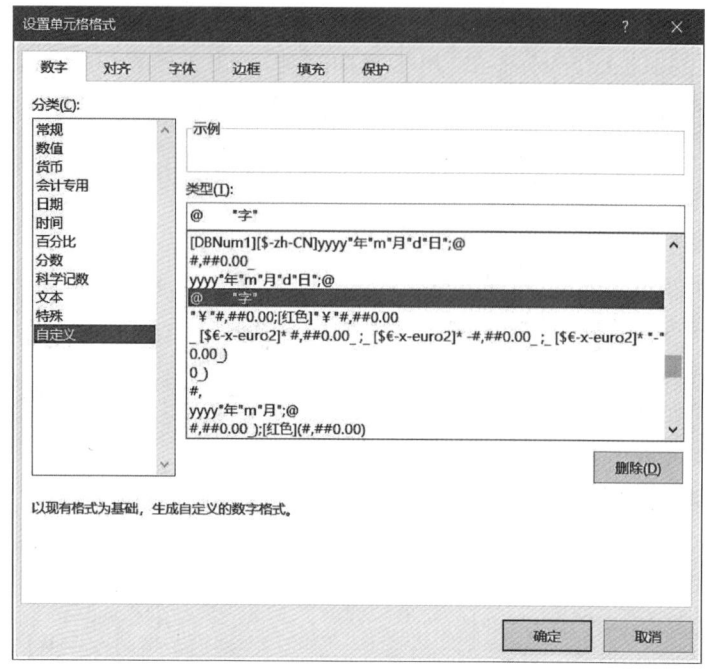

图 1-22 单元格格式【数字】选项卡

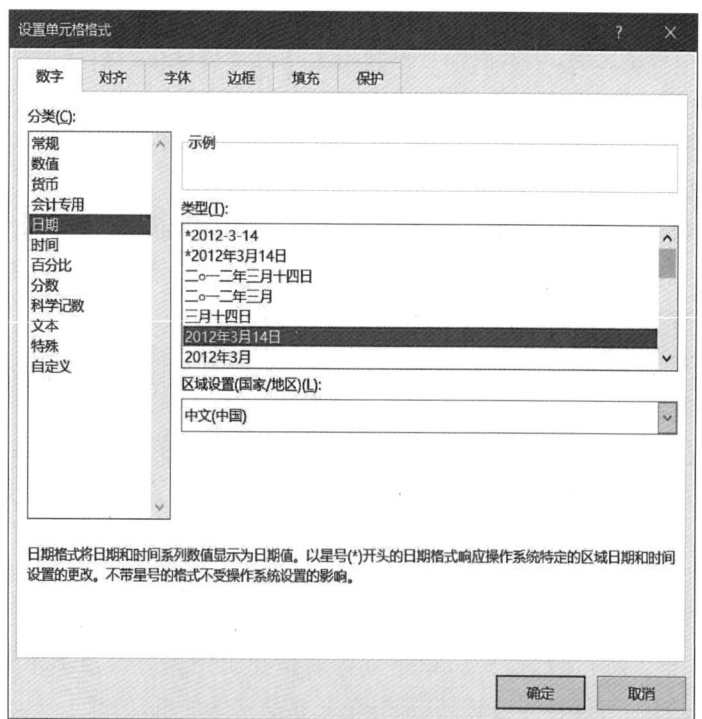

图 1-23 单元格格式【数字】选项卡

（22）选中 A3:E11 区域,设置边框格式,单击鼠标右键弹出工作表快捷菜单,执行【设置单元格格式】命令,弹出【设置单元格格式】对话框,在【边框】选项卡中,选择外边框为"粗

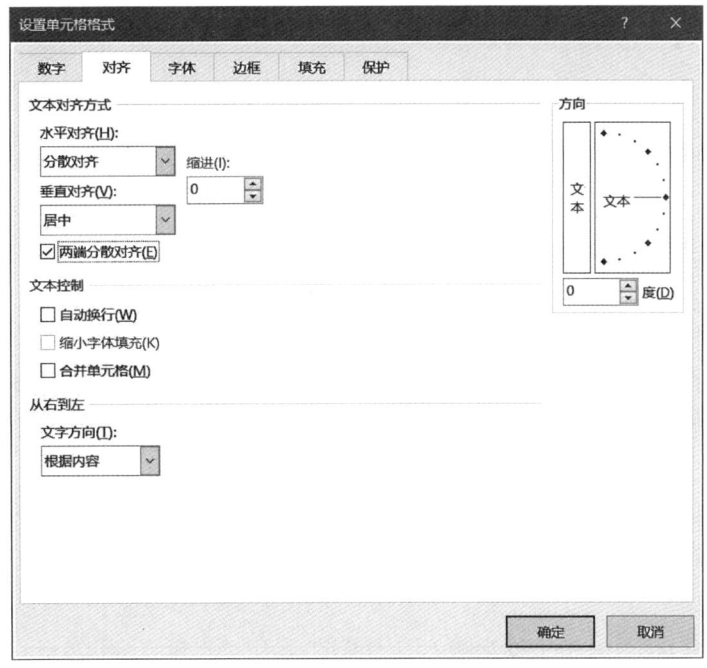

图 1-24 单元格格式【对齐】选项卡

线",内部为"细线",单击【确定】按钮。

（23）选中 C4:E10 区域,设置数字格式,单击鼠标右键弹出工作表快捷菜单,执行【设置单元格格式】命令,弹出【设置单元格格式】对话框,在【数字】选项卡中,选择分类为【数值】,小数位数选择"2",勾选【使用千位分隔符】,选择一种负数格式,如图 1-25 所示,单击【确定】按钮。

图 1-25 单元格格式【数字】选项卡

(24) 保存工作簿文件。

任务四 表格条件格式运用

一、"科目"工作表设计

设计步骤如下：

(1) 在一个空白工作表标签处，单击鼠标右键，弹出工作表快捷菜单，执行【重命名】命令，将工作表名称改为"科目"，单击鼠标右键，执行【工作表标签颜色】命令，为工作表标签设置适合的颜色。

注意："科目"工作表应与"凭证"工作表在一个工作簿文件中。

(2) 在 A1 单元格中输入"序号"；在 B1 单元格中输入"科目编码"；在 C1 单元格中输入"科目名称"。

(3) 在 A2 和 A3 单元格中分别输入"1"和"2"，选中 A2 和 A3 单元格，在右下角的填充柄处向下拖动鼠标左键直到最后一个科目为止。

(4) 利用快速填充的技巧制作一个科目表，输入"全部科目表"，如表 1-1 所示。

注意：所有的科目编码的数字内容应输入"文本"型，可以把区域先设置成"文本"型再输入科目编码；或者先输入一个"'"（必须在英文半角状态下输入单引号），再输入对应科目编码，如库存现金的科目编码为1001，则应输入"'1001"。

表 1-1 全部科目表

序号	科目编码	科目名称
1	1001	库存现金
2	1002	银行存款
3	1012	其他货币资金
4	1101	交易性金融资产
5	1122	应收账款
6	1221	其他应收款
7	1401	材料采购
8	1403	原材料
9	1405	库存商品
10	140501	库存商品——甲产品
11	140502	库存商品——乙产品
12	1511	长期股权投资
13	1601	固定资产

(续表)

序号	科目编码	科目名称
14	1602	累计折旧
15	1603	固定资产减值准备
16	1606	固定资产清理
17	1701	无形资产
18	1702	累计摊销
19	1801	长期待摊费用
20	2001	短期借款
21	2202	应付账款
22	2203	预收账款
23	2211	应付职工薪酬
24	2221	应交税费
25	222101	应交税费——应交增值税
26	22210101	应交税费——应交增值税——进项税额
27	22210102	应交税费——应交增值税——销项税额
28	22210103	应交税费——应交增值税——出口退税
29	222102	应交税费——未交增值税
30	222104	应交税费——应交所得税
31	2231	应付利息
32	2241	其他应付款
33	2501	长期借款
34	4001	实收资本（或股本）
35	4002	资本公积
36	400201	资本公积——其他资本公积
37	4101	盈余公积
38	4103	本年利润
39	4104	利润分配
40	410401	利润分配——未分配利润
41	5001	生产成本
42	500101	生产成本——甲产品
43	500102	生产成本——乙产品
44	5101	制造费用
45	5701	所得税

(续表)

序号	科目编码	科目名称
46	6001	主营业务收入
47	6051.	其他业务收入
48	6101	公允价值变动损益
49	6111	投资收益
50	6301	营业外收入
51	6401	主营业务成本
52	6402	其他业务成本
53	6403	税金及附加
54	6601	销售费用
55	6602	管理费用
56	660201	管理费用——办公费
57	660202	管理费用——水电费
58	660203	管理费用——报刊费
59	660204	管理费用——其他
60	660205	管理费用——工资
61	660206	管理费用——折旧费
62	6603	财务费用
63	6711	营业外支出
64	6801	所得税费用

(5) 保存工作簿文件。

二、利用"科目"工作表进行条件格式的设计

设计步骤如下：

(1) 在"科目"工作表标签处，按住"Ctrl"键拖动鼠标左键，复制一个工作表，表名为"科目2"。在"科目2"工作表标签处，弹出工作表快捷菜单，执行【重命名】命令，将工作表名称改为"条件格式"，单击鼠标右键，执行【工作表标签颜色】命令，为工作表标签设置适合的颜色。

(2) 选中需设置阴影间隔效果的区域，如 A1:C65，单击【开始】菜单中的【条件格式】按钮，选择【新建规则】。

(3) 在弹出的【新建格式规则】对话框中，选择【选择规则类型】为【使用公式确定要设置格式的单元格】，并在【编辑规则说明】框中输入"=MOD(ROW(),2)=0"，如图 1-26 所示。单击【格式】按钮，在弹出的对话框中选择【填充】选项卡，在调色板中选择喜欢的背景色，单击【确定】按钮完成设置，如图 1-27 所示。

（4）保存工作簿文件。

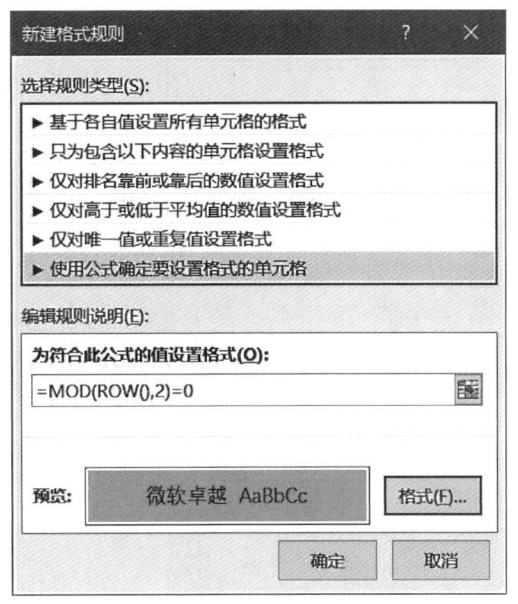

图 1-26 【新建格式规则】对话框　　图 1-27 设置了条件格式的科目

三、设置数值条件格式

设计步骤如下：

（1）在"一季度销售情况统计"工作表标签处，按住"Ctrl"键拖动鼠标左键，复制出一个表名为"一季度销售情况统计2"的工作表；在"一季度销售情况统计2"工作表标签处，单击鼠标右键，弹出工作表快捷菜单，执行【重命名】命令，将工作表名称改为"数值条件格式"；单击鼠标右键，执行【工作表标签颜色】命令，为工作表标签设置适合的颜色。

（2）选中需设置数值不同效果的区域，如C3:E5和C7:E8，按住"Ctrl"键并单击鼠标左键选不连续的区域，单击【开始】菜单中的【条件格式】按钮，选择【管理规则】。

（3）在弹出的【条件格式规则管理器】对话框中，单击【新建规则】按钮，在弹出的【新建格式规则】对话框中，选择【选择规则类型】为【只为包含以下内容的单元格设置格式】，【编辑规则说明】中选择【单元格值】【小于】，输入"6500"；单击【格式】按钮，在弹出的对话框中选择【填充】选项卡，在调色板中选择喜欢的背景色；单击【确定】按钮，如图1-28所示。

（4）在条件格式规则管理器对话框中，单击【新建规则】按钮，在弹出的【新建格式规则】对话框中，选择【选择规则类型】为【只为包含以下内容的单元格设置格式】，【编辑规则说明】中选择【单元格值】【大于】，输入"8000"；单击【格式】按钮，在弹出的对话框中选择【填充】选项卡，在调色板中选择喜欢的背景色；单击【确定】按钮，如图1-29所示。

（5）在条件格式规则管理器对话框中，如图1-30所示。单击【确定】按钮，效果如图1-31所示。

图 1-28 设置数值条件格式 1

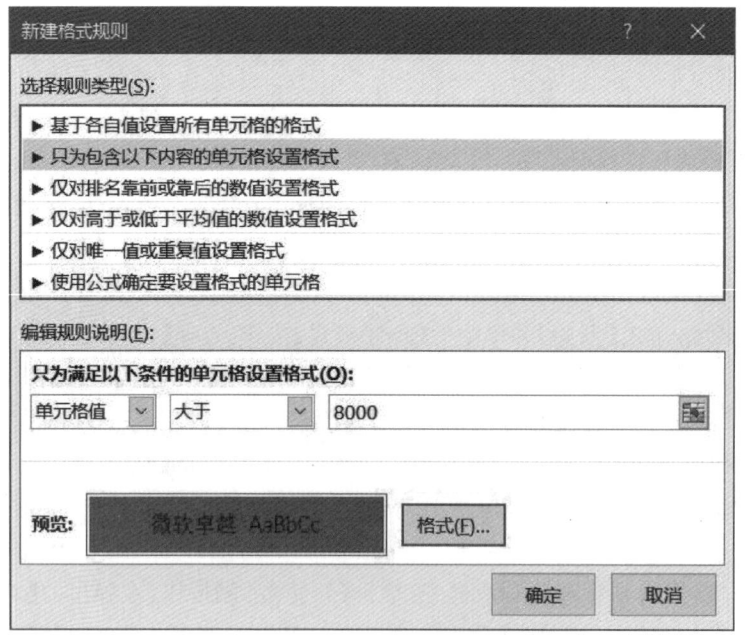

图 1-29 设置数值条件格式 2

注意：在已经设置了条件格式的区域，若输入的数值有变化，系统会按照所设的条件进行判断，若在条件格式的范围内则按所设的格式自动变化相应的格式。

（6）保存工作簿文件。

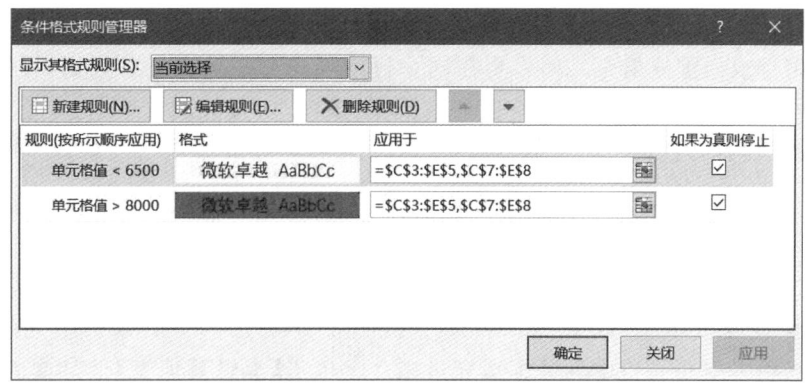

图 1-30 设置数值条件格式 3

图 1-31 设置数值条件格式效果

任务五　与设计常用财务用表相关的其他操作

一、数据录入

1. 双击序列填充

此法适用于填充列左侧有完整数据列的情况,用于排名次等场合非常方便,填充方法如下：

(1) 若要填充数字序列,可在起始单元格中输入两、三个数字,全部选中后双击"填充柄",产生的序列会自动向下填充,直到左侧数据列的空白单元格处为止。

(2) 若要填充含数字的文本序列(如"第 1 名""第 2 名"……之类),可在起始单元格中输入序列初始值(如"第 1 名"),将其选中后双击"填充柄",产生的序列就会自动向下填充,直到左侧数据列的空白单元格为止。

2. 在不同单元格中输入相同数据

(1) 利用剪贴板进行复制、粘贴。利用菜单、快捷菜单、工具栏和键盘快捷键"Ctrl+X"

"Ctrl＋C""Ctrl＋V"进行复制粘贴操作,完成数据的复制。

（2）利用行或列重复填充。如果要在同一行或列内重复填充某些数据,可按以下方法操作:选中包含原始数据的单元格(或区域);将鼠标移至所选区域右下角的"填充柄",当光标变为"＋"时,按住左键拖过所有需要填充的单元格再松开鼠标。

注意:如果被选中的是数字或日期等数据,可能会以序列方式填充,这时应按下"Ctrl"键再拖动,或利用鼠标右键填充法,再选复制单元格。

（3）利用周围数据填充。如果要填充的数据与周围单元格(或区域)中的数据相同,可用以下方法快速重复充:①按"Ctrl＋D"键,将上方单元格中的数据填充进来。②按"Ctrl＋R"键,将左侧单元格中的数据填充进来。③单击【编辑】【填充】子菜单下的【向上填充】【向左填充】命令,将下方或右侧单元格中的数据填充进来。

注意:如果要填充的是一个区域,可先将其选中,再按上法操作,即可将对应区域内的数据填充进来。

（4）选择填充。若需要填充之前单元格中已输入过的数据(文本或文本与数字的混合)。可以采用以下方法:让光标停留在需要填充的单元格,按"Alt＋↓"键打开本列已有内容列表,或者执行快捷菜单中的"从下拉列表中选择"命令,打开本列有内容列表。用上下方向键选中列表中需要填充的内容再按回车键,或直接用鼠标单击所需的内容,它就被填入内容列表上方的单元格。

（5）同时在多个单元格中输入相同数据。①选择单元格,按下"Shift"键,用鼠标单击要输入数据连续区域的左上角和右下角单元格;按下"Ctrl"键,用鼠标逐个单击要输入数据的单元格(可以是相邻的,也可以是不相邻的)。②输入数据,在选中的最后一个单元格中输入数据(如名称),然后按下"Ctrl＋Enter"键,所有选中的单元格中都会出现相同的数据(名称)。

注意:"Enter""Shift＋Enter""Tab""Shift＋Tab"键的使用。

"Tab"键是在选定区域后(输入用"Tab"键向右到所选区域的最右端后移到下一行连续移动,"Shift＋Tab"键与"Tab"键相反,先向左再向上连续移动)进行连续输入。

"Enter"键是在选定区域内先向下再向右连续移动,"Shift＋Enter"键与"Enter"键相反,先向上再向左连续移动。

（6）同时在多张工作表中输入或编辑相同的数据(成组操作)。如果想一次填充多张相同的工作表,省去以后的复制、粘贴等操作,可采用下列方法:①选择工作表,按下"Shift"键,用鼠标单击要输入数据的连续工作表第一个工作表标签和最后一个工作表标签;按下"Ctrl"键,用鼠标逐个单击要输入数据的不连续工作表标签(例如,Sheet1 和 Sheet3),选中的 Sheet1 和 Sheet3 呈反白显示,在 Excel 标题栏中提示已选定为【工作组】。②输入数据,在第一个选定的单元格中输入或编辑相应的数据,Excel 将自动在所有选定工作表的相应单元格中填入同一数据,也可以进行其他相同的操作。

注意:取消选择多个工作表,可单击任意一个未选中的工作表。如果未选中的工作表不可见,那么用鼠标右键单击选中的任一工作表,在快捷菜单上执行【取消成组工作表】命令。

（7）需要将某张工作表已有的数据快速填充到其他工作表,可采用以下步骤:①按下"Ctrl"键选中含有数据的工作表和待填充数据的工作表。②选中含有数据的单元格区域。

③最后单击【编辑】—【填充】,执行子菜单中的【至同组工作表】命令,在对话框中选择要填充的内容("全部""内容"或"格式")后,单击【确定】按钮。

3. 数据录入技巧

在 Excel 中输入数字或日期时,先定义格式后再输入。例如,先设置格式后,输入日期"2023-1-1",可能看到的显示是 2023 年 1 月 1 日或者是二〇二三年一月一日;又如,数字"123456",设置格式后的效果可以是"123,456.00"。

(1) 快速录入分数。通常在单元格内输入分数"2/3"会显示为"2 月 3 日",如果想避免这种情况发生,除了将单元格的格式设置为"分数"(Excel 2000 有分数格式),输入真分数"2/3"时,在它前面添加一个"0"和一个空格即可(空格在"0"与"2/3"之间),但是用此种方法输入的分母最大不能超过 99。

(2) 录入文本格式数字。如果要在单元格中输入文本格式的数字(如"身份证号码""邮编""电话号码"),除了事先将单元格设置为文本格式,还有更快、更好的办法直接输入文本格式数字,只要在数字前面加一个"'"(在英文状态下输入单引号)。

(3) 录入系统日期。按下组合键"Ctrl+;",即可快速输入本计算机当前的系统日期。

(4) 直接在单元格尾部输入。如果要给单元格数据的尾部添加信息,可以选中该单元格,然后按"F2"键,光标就会在数据尾部出现,输入数据后,按"Enter"键即可。

(5) Excel 输入特殊符号技巧。Excel 的文字处理功能比较弱,无法插入符号。可是用 Excel 来制作报表,常常需要输入很多符号,下面介绍在 Excel 中输入特殊符号的三种方法。

其一,转移法。仔细比较 Word 和 Excel 的插入菜单,Excel 中无【插入/符号】子菜单,通常都是先打开 Word,利用 Word 的【插入/符号】菜单,找到需要的符号,再"复制""粘贴"到 Excel 中,这种方法有点繁琐。

其二,软键盘法。报表中常用的"二〇〇二"中的"〇",很多人将其录入为"二 00 二""二 OO 二"或"二零零二"。其实这都是不正确的,"00"是数字键;"OO"是英文字母"o"的大写;"零零"是中文数字的大写。而"二"是中文数字的小写,它们之间都不匹配。我们可以用中文输入法中的"软键盘"轻松地输入常用符号。下面就以"二〇〇二"的输入方法介绍一下"软键盘"的用法。打开中文输入法,先输入"二",在中文输入法状态下,用鼠标右键单击输入法的"软键盘"标志,这里选择"单位符号",这样输入法的软键盘就被打开且定位到中文数字上,按键盘上的"Q"键(或用鼠标点击"软键盘"上的"Q"键),中文小写的"〇"便被录入进来。或者在智能 ABC 输入法状态下,先按键盘上的"I"键,再按键盘上的数字"0"键,再按空格键,也能出现中文小写的"〇"。或者一些输入法提供 V 输入,先按键盘上的"V"键,再按键盘上数字"1""2""3""4""5"键,也能选择中文大小写的数字。

其三,技巧法。欧元的出现带来了新的问题,在 Excel 中如何输入欧元符号呢?在键盘中没有欧元符号,我们可以使用技巧法,先按下"Alt"键,然后在右面的数字键盘(俗称小键盘)上键入数字 0128,松开"Alt"键,就可以输入欧元符号"€"。

如果先按下"Alt"键,然后在右面的数字键盘(俗称小键盘)上键入数字 0178,松开"Alt"键,就可以得到平方符号"²";可先按下"Alt"键,然后在右面的数字键盘上键入数字 0179,松开"Alt"键,就可以得到立方符号"³"。

二、单元格相关概念

1. 单元格、活动单元格、单元格内容

单元格是指表格中的一个格子,是 Excel 的最小单位,只能合并不能拆分,每个单元格最多可放 32 000 个字符。Excel 2016 的每张工作表最多可以有 16 384（2^{14}）列、1 048 576（2^{20}）行。行是以阿拉伯数字编号（1,2,3,…,65 536,…）,列是以英文字母编号（A,B,…,Z,AA,AB,…,Ⅳ,…）。

活动单元格是指当前正在编辑的单元格,每个工作表中只有一个单元格为（当前）活动单元格,它的框线为粗黑线。

每个单元格中的内容主要有:文本、数字（含时间、日期）和逻辑值。

2. 表格区域

表格区域是指工作表中选定的矩形块。可以对表格区域进行各种各样的编辑,如复制、移动、删除等。引用一个区域可以用它的左上角单元格和右下角编号来表示,中间用冒号作分隔符。如 D2:G5,与单元格一样,也可为区域命名,然后通过名字来引用它。

3. 引用

引用的作用在于标识工作表上的单元格或单元格区域,并指明公式中所使用的数据的位置。通过引用,可以在公式中使用工作表不同部分的数据,或者在多个公式中使用同一单元格的数值。还可以引用同一工作簿不同工作表的单元格、不同工作簿的单元格,甚至其他应用程序中的数据。引用不同工作簿中的单元格称为外部引用,引用其他程序中的数据称为远程引用。

4. 插入与删除单元格

在设定好单元格格式后,一般不用插入和删除单元格,这样会破坏已设置好的格式。若要插入单元格,可在【开始】工具栏的右侧【单元格】组中单击【插入】按钮;若要删除单元格,则需选定要删除的单元格或区域,在【开始】工具栏的右侧【单元格】组中单击【删除】按钮。

5. 移动或复制单元格

(1) 通过常用工具栏,快捷菜单和快捷键"Ctrl＋X""Ctrl＋C""Ctrl＋V"等进行移动或复制。具体方法为:选中要移动或复制的区域,进行【剪切】或【复制】,再把鼠标移至要放的起始单元格,然后用【粘贴】或【选择性粘贴】。

注意:选择性粘贴可以只复制数据、格式、公式、批注、数据验证验证,还可以进行运算、跳过空格、转置和粘贴链接等操作。

(2) 在拖放选定的一个或多个单元格至新的位置时,同时按住"Shift"键可以快速修改单元格内容的次序。具体方法为:选定单元格,按下"Shift"键,移动鼠标指针至单元格边缘,直至出现拖放指针箭头,然后进行拖放操作。上下拖曳时,鼠标在单元格间边界处会变为一个水平"Ⅰ"形状标志,左右拖拉时会变为垂直"Ⅰ"形状标志,释放鼠标按钮完成操作后,单元格间的次序即发生了变化。这种简单的方法减少了几个剪切和粘贴操作,非常方便。

6. 单元格重命名

可在名称框中输入名称,按"Enter"键确认输入,或在【公式】工具栏中选择【定义名称】进行定义。

7. 单元格清除

可以对单元格格式、内容、批注和全部单元格进行清除。单元格全部清除与删除单元格不同之处是,清除单元格不会把已设定的其他单元格的内容格式破坏。

8. 选定全部单元格

按"Ctrl+A"组合键或单击工作表行号和列号重叠的空白处。

三、设置单元格格式

1. 打开【设置单元格格式】对话框

由于工作表是由单元格组成的,设置工作表格式大多数情况就是设置单元格格式。

单元格格式的设置,大多可在【设置单元格格式】对话框上进行。打开该对话框的方法如下。

单击【开始】工具栏的右侧【单元格】组中的【格式】按钮,选择【设置单元格格式】;或者在工作表中右击,在快捷菜单中执行【设置单元格格式】命令,弹出【设置单元格格式】对话框;或者在英文状态下按快捷键"Ctrl+1"均可。

2. 调整行高、列宽

如果单元格内的信息过长,列宽不够,部分内容将显示不出来,会出现"♯♯♯♯♯♯♯",或者行高不合适,可以通过调整行高和列宽来达到要求。

(1) 用鼠标拖动设置行高、列宽。把光标移动到横(纵)坐标轴格线上,当指针变成双箭头时,按下鼠标左键,拖动行(列)标题的下(右)边界来设置所需的行高(列宽),这时将自动显示高度(宽度)值。调整到合适的高度(宽度)后放开鼠标左键。如果要更改多行(列)的高度(宽度),先选定要更改的所有行(列),然后拖动其中一个行(列)标题的下(右)边界;如果要更改工作表中所有行(列)的宽度,单击全选(行号列号交叉处),然后拖动任何一行(列)的下(右)边界。

注意:在行、列边框线上双击,即可将行高或列宽调到与其内容相适应的高度和宽度。

(2) 用菜单精确设置行高、列宽。选定所需调整的区域后,单击在【开始】工具栏的右侧【单元格】组中的【格式】按钮,在【行高】(或【列宽】)对话框上设定行高或列宽的精确值。

(3) 自动设置行高、列宽。选定需要设置的行或列,单击在【开始】工具栏的右侧【单元格】组中的【格式】按钮,再选择【自动调整行高】(或【自动调整列宽】),系统将自动调整到最佳的行高或列宽。

(4) 隐藏行和列。单击在【开始】工具栏的右侧【单元格】组中的【格式】按钮,再在【隐藏和取消隐藏】子菜单中执行【隐藏行】或【隐藏列】命令,如图1-32所示,所选的行或列就被隐藏起来。

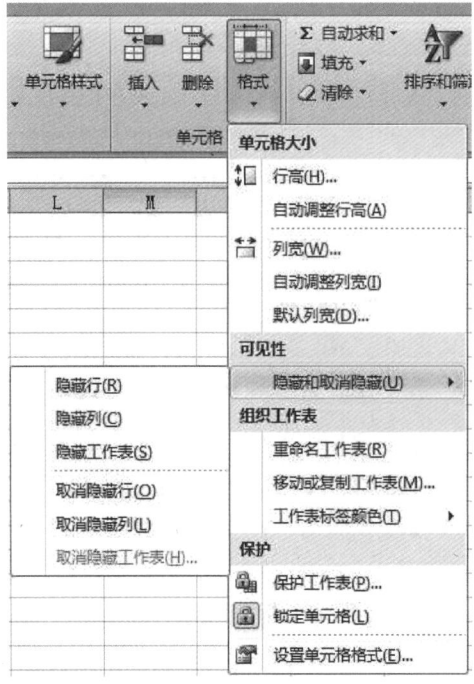

图 1-32　隐藏和取消隐藏

如果要取消隐藏,只要执行子菜单中的【取消隐藏】命令就可以了;或把鼠标放到隐藏的列的这个分界线右边一点,可以看到鼠标会变成这样的一个两边有箭头的双竖线,如图 1-33 所示,按下左键向右拖动鼠标,就可以把隐藏的列显示出来了。

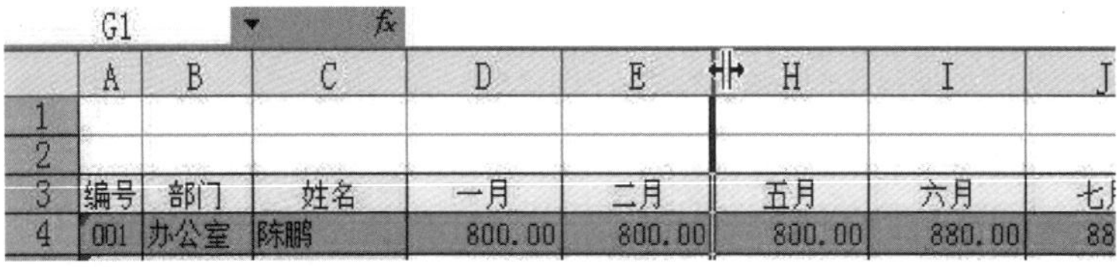

图 1-33　取消隐藏

3. 数字格式

Excel 提供了多种数字格式,在对数字格式化时,可以设置不同小数位数、百分号、货币符号等来表示同一个数,这时屏幕上的单元格中显示的是格式化后的数字,编辑栏中表现的是系统实际存储的数据。如果要取消数字的格式,可以在【开始】工具栏的右侧【编辑】组中选择【清除格式】。

在 Excel 中,可以使用数字格式更改数字(包括日期和时间)的外观,而不更改数字本身。所应用数字格式并不会影响单元格中的实际数值,而 Excel 是使用该实际值进行计算的。

(1) 用工具栏按钮格式化数字。选中包含数字的单元格,如"12345.67",在【开始】工具栏的【数字】组中选择【货币样式】【百分比样式】【千位分隔样式】【增加小数位数】【减少小数位数】等按钮,设置数字格式。

(2) 用【设置单元格格式】格式化数字。选定需要格式化的数字所在的单元格或单元格区域后,单击鼠标右键,在菜单中,执行【设置单元格格式】命令,在【设置单元格格式】对话框的【数字】选项卡上,分类列表中可以看到 11 种内置格式。其中:"常规"数字格式是默认的数字格式。对于大多数情况,在设置为"常规"格式的单元格中所输入的内容可以正常显示。但是,如果单元格的宽度不足以显示整个数字,则"常规"格式将对该数字进行取整,并对较大数字使用科学记数法。

"会计专用""日期""时间""分数""科学记数""文本"和"特殊"等格式的选项则显示在【分类】列表框的右边。

如果内置数字格式不能按需要显示数据,则可使用"自定义"创建自定义数字格式。自定义数字格式使用格式代码来描述数字、日期、时间或文本的显示方式。

我们也可以把表示货币的数字改成小数点后两位,选中要设置的单元格,在【开始】工具栏的【单元格】组中选择【格式】,再选【设置单元格格式】,进入【设置单元格格式】对话框,单击【数字】选项卡,选择分类列表中的【自定义】,如图 1-34 所示,从右边的【类型】列表中选择"0.00",单击【确定】按钮。

图 1-34 自定义数字格式

4. 文字格式

Excel 在默认的情况下,输入的字体为"宋体",字形为"常规",字号为"12(磅)"。可以根据需要通过工具栏中的【工具】按钮重新设置字体、字形和字号,还可以添加下划线以及改变字的颜色,也可以通过菜单方法进行设置。

（1）利用工具栏格式化文字。选定需要进行格式化的单元格后,单击【开始】工具栏上【字体】组"B I U"（加粗、倾斜、下划线）等按钮,或在工具栏上字体、字号下拉列表框中"宋体 12"选定所需的字体、字号。

（2）利用【单元格格式】格式化文字。在【设置单元格格式】对话框的【字体】选项卡上,如图1-35所示,可设定所需的字体、字形、字号、特殊效果等。

图1-35 【字体】选项卡

如果需要取消字体的格式,可在【开始】工具栏的右侧【编辑】组中选【清除格式】。

5. 对齐方式

系统在默认的情况下,输入单元格的数据按照文字左对齐、数字右对齐、逻辑值居中对齐的方式,可以通过有效地设置对齐方法,使版面更加美观。

（1）利用工具栏按钮设置对齐方式。选定需要格式化的单元格后,在【开始】工具栏的【对齐方式】组中选择左对齐、居中对齐、右对齐、合并及居中、方向、减少缩进量、增加缩进量等按钮。

（2）利用【单元格格式】设置对齐方式。在【设置单元格格式】对话框的【对齐】选项卡上,可设定所需对齐方式。【水平对齐】的格式有:常规（系统默认的对齐方式）、左（缩进）、居中、靠右、填充、两端对齐、跨列居中、分散对齐等。【垂直对齐】的格式有:靠上、居中、靠下、两端对齐、分散对齐等。

（3）合并居中和换行。在【方向】列表框中,可以改变单元格内容的显示方向,即文字方向,如纵向。如果勾选【自动换行】复选框,则当单元格中的内容宽度大于列宽时,会自动换行。

若要对单元格中的内容强制换行,可直接在分成下一行的字前按"Alt+Enter"键,进行人工换行。一个单元格的内容分为多行显示就是使用人工换行实现的,如图1-36所示。

	A	B	C	D	E	F	G	H
1	我国的土地利用类型							
2	已利用土地				改造后可利用土地		难利用土地	
3	工矿交通城市用地	草地	林地	耕地	宜垦荒地	宜林荒地	沼泽滩涂水域	沙漠石头山地永久积雪和冰川
4	7.0%	33.8%	12.7%	10.4%	3.5%	9.5%	4.0%	19.1%

图1-36 人工换行样例

"合并居中"与"跨列居中"的区别是:合并居中把几个单元格合并成一个单元格,处理时按一个单元格进行;跨列居中不把几个单元格合并成一个单元格,但第一个单元格内容会按所选的区域居中,而不会影响其他单元格内容。

合并后的单元格还可以分开。打开【设置单元格格式】对话框,单击【对齐】选项卡,取消勾选【合并单元格】前面的复选框,单击【确定】按钮,单元格就分开了。

6. 边框与底纹

工作表中显示的原有网格线是为输入、编辑方便而预先设置的(相当于Word表格中的虚框),在打印或显示时,可以全部用作表格的网格线,也可以全部取消它,但是为了强调工作表的一部分或某一特殊表格部分,需通过"边框与底纹"来设置,或者用【开始】工具栏的【样式】组中系统提供的格式设置。

(1) 用工具栏按钮设置边框与底纹。

设置边框:选中要设置的区域单元格,在【开始】工具栏的【字体】组中,单击【边框】按钮的下拉箭头,从弹出的面板中单击【所有框线】按钮,如图1-37所示,完成边框设置。

设置单元格的底纹与颜色:选中要设置的区域,在【开始】工具栏的【字体】组中,单击【填充颜色】按钮的下拉箭头,选择【浅蓝】,如图1-38所示,将单元格的底色设置为浅蓝颜色。

设置字体颜色:选中要设置的区域,在【开始】工具栏的【字体】组中,单击【字体颜色】按钮的下拉箭头,选择【红色】,如图1-39所示,完成单元格的底色和文字颜色设置。

(2) 利用【单元格格式】格式化边框、底纹。在【设置单元格格式】对话框的【边框】选项卡上,可设定外边框、内部框线以及线条的样式、颜色等。

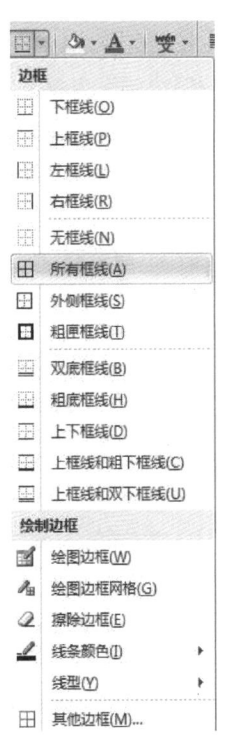

图1-37 工具栏边框选项

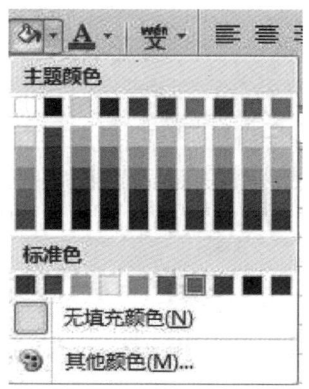 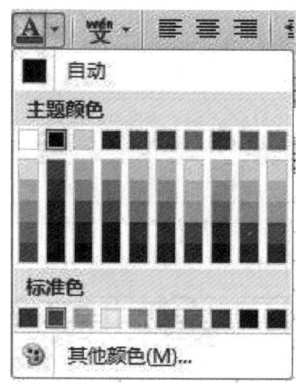

图 1-38　工具栏底纹选项　　图 1-39　工具栏字体颜色选项

7. 复制、删除格式

当格式化表格时,有些操作是重复的,比如字的大小、字体、边框和底纹、数字格式等,这时可以使用 Excel 提供的复制格式功能来提高格式化的效率。

(1) 用工具栏按钮复制格式。要将某一单元格(或区域)的格式(字体、字号、行高、列宽等)应用于其他区域,选中需要复制的源单元格后,单击或双击工具栏上的【格式刷】按钮"　"(这时所选择单元格出现闪动的虚线框),鼠标变成"　"时,单击目标单元格,或将鼠标拖过要设置格式的区域,这样就可以把格式复制过来。

注意: 单击【格式刷】只能应用一次,而双击【格式刷】则可以多次使用,完成后再单击【格式刷】按钮退出操作。

(2) 用菜单的方法复制格式。选中需要复制格式的源单元格后,单击【开始】工具栏【剪贴板】组中的【复制】(这时所选单元格出现闪动的虚线框);选中目标单元格后,单击【开始】工具栏【剪贴板】组中的【选择性粘贴】,然后在【选择性粘贴】对话框上,设定需复制的项目。

(3) 删除格式。选中要删除格式的单元格,单击【开始】工具栏【编辑】组中的【清除】,选择【清除格式】,选中的单元格就变成默认的样子了。

8. 自动格式化表格

Excel 的"自动套用格式"功能,提供了许多种漂亮而且专业的表格形式,它们是上述各项组合的格式方式,可以快速格式化表格。

选中需要格式化的单元格或单元格区域后,单击【开始】工具栏的【样式】组中【套用表格格式】或者【单元格样式】,然后在【自动套用格式】对话框上选定所需的格式,单击【确定】按钮后,表格即使用选定的格式或样式。

9. 设置条件格式

条件格式用于指定底纹、字体和颜色等格式,使数据在满足不同条件时,显示不同的数字格式。

选定需设置条件格式的单元格区域后(先设定条件),单击【开始】工具栏的【样式】组中【条件格式】,然后在【条件格式】对话框上选定规则或条件。

规则或条件选定后,有的选项还需要设置符合条件的格式,在其对话框中点击【格式】,在出现的【设置单元格格式】对话框上设定格式。此时,该对话框只有【数字】【字体】【边框】【填充】四张选项卡,且选项卡上有部分选项不能选择。

如果工作表的数据太多太密集的话,浏览或查找就显得格外吃力,可以通过条件格式设置或为部分单元格设置颜色以加强单元格数据的显示效果。

10. 自定义格式

在 Excel 中预设了很多有用的数据格式,基本能够满足使用的需求,但一些特殊的要求,如强调显示某些重要数据或信息、设置显示条件等,就要使用自定义格式功能来完成。

Excel 的自定义格式使用下面的通用模型:正数格式、负数格式、零格式和文本格式,如图 1-40 所示。

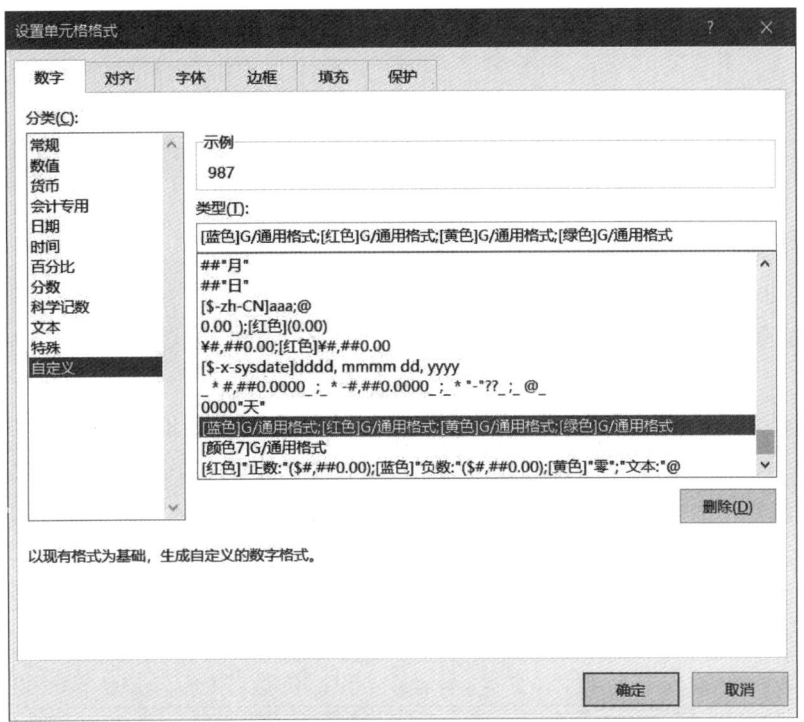

图 1-40 【设置单元格格式】—【数字】—【自定义】对话框

在这个通用模型中,包含三个数字段和一个文本段:大于零的数据使用正数格式;小于零的数据使用负数格式;等于零的数据使用零格式;输入单元格的正文使用文本格式。

还可以通过使用条件测试、添加描述文本和使用颜色来扩展自定义格式的应用。

(1) 使用颜色。在自定义格式的某个段中设置颜色,只需在该段中增加用方括号括住的颜色名或颜色编号。Excel 识别的颜色名为:[黑色][白色][红色][蓝色][绿色][青色]和[洋红]等。Excel 也能按[颜色 X]指定的颜色,其中 X 是 1 至 56 之间的数字,代表 56 种颜色,如图 1-41 所示。

(2) 添加描述文本。在输入数字数据之后自动添加文本,使用自定义格式为""文本内容"@";在输入数字数据之前自动添加文本,使用自定义格式为"@"文本内容""。@符号的

图 1-41　设置自定义颜色及效果

位置决定了 Excel 输入的数字数据相对于添加文本的位置。

（3）创建条件格式。可以使用 6 种逻辑符号来设计条件格式：＞（大于）、＞＝（大于等于）、＜（小于）、＜＝（小于等于）、＝（等于）、＜＞（不等于）。

由于自定义格式中最多只有 3 个数字段，Excel 规定最多只能在前两个数字段中包括 2 个条件测试，满足某个测试条件的数字使用相应段中指定的格式，其余数字使用第 3 段格式。如果仅包含 1 个条件测试，则要根据不同的情况来具体分析。自定义格式的通用模型相当于下式：[＞;0]正数格式;[＜;0]负数格式;零格式;文本格式。

例如，选中一列，然后单击【开始】工具栏的【单元格】组中的【格式】，选择【设置单元格格式】，弹出【设置单元格格式】对话框，选择【数字】选项卡，在分类列表中选择【自定义】，然后在【类型】文本框中输入""正数:"($#,##0.00);"负数:"($#,##0.00);"零";"文本:"@"，单击【确定】按钮，完成格式设置。

这时，如果输入"5000"，就会在单元格中显示"正数:($5000.00)"；如果输入"－30"，就会在单元格中显示"负数:($30.00)"；如果输入"0"，就会在单元格中显示"零"；如果输入文本"this is a book"，就会在单元格中显示"文本:this is a book"。

如果改变自定义格式内容，"[红色]"正数:"($#,##0.00);[蓝色]"负数:"($#,##0.00);[黄色]"零";"文本:"@"，那么正数、负数和零会显示为不同的颜色，如图 1-42 所示。

如果输入"[蓝色];[红色];[黄色];[绿色]"，那么正数、负数、零和文本将分别显示上面的颜色，如图 1-43 所示。

再举一个例子，假设正在进行账目的结算，想要用蓝色显示结余超过 $50 000 的账目，负数值用红色显示在括号中，其余的值用缺省颜色显示，可以创建格式为"[蓝色][＞50000]($#,##0.00_);[红色][＜0]($#,##0.00);($#,##0.00_)"。

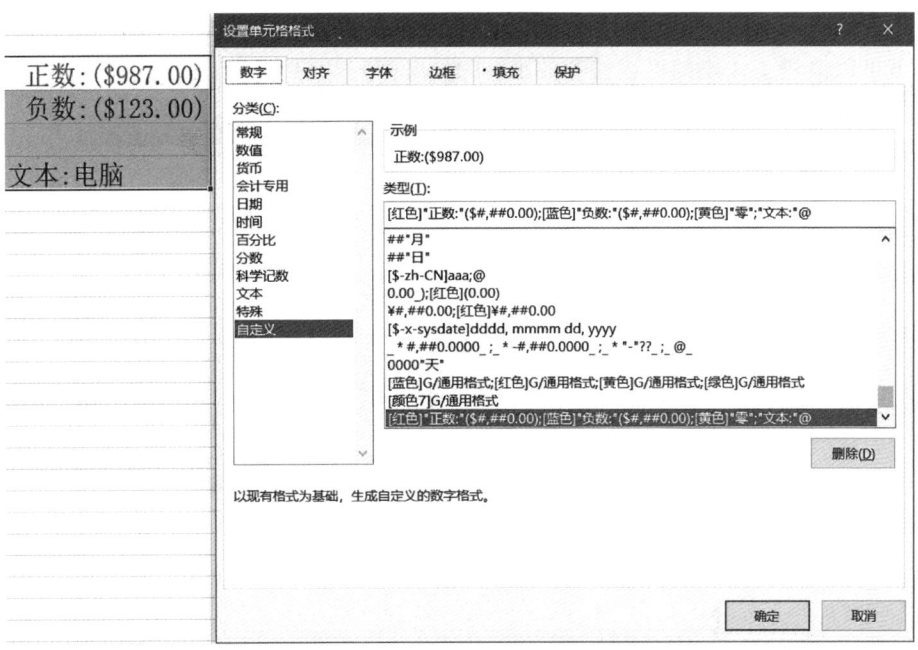

图 1-42 自定义格式的通用模型

图 1-43 自定义格式下通用模型数据颜色

使用条件运算符也可以作为缩放数值的辅助方式。例如,如果所在单位生产几种产品,每个产品中只要几克某化合物,而一天生产上千个此产品,那么在编制使用预算时,需要从克转为千克、吨,这时可以定义格式为"［＞999999］＃,＃＃0,,_m"吨";［＞999］＃＃,_k_m"千克";＃_k"克""。

可以看到在图 1-44 中,使用条件格式的千分符和均匀间隔指示符的组合,不增加公式的数目就可以改进工作表的可读性和效率。

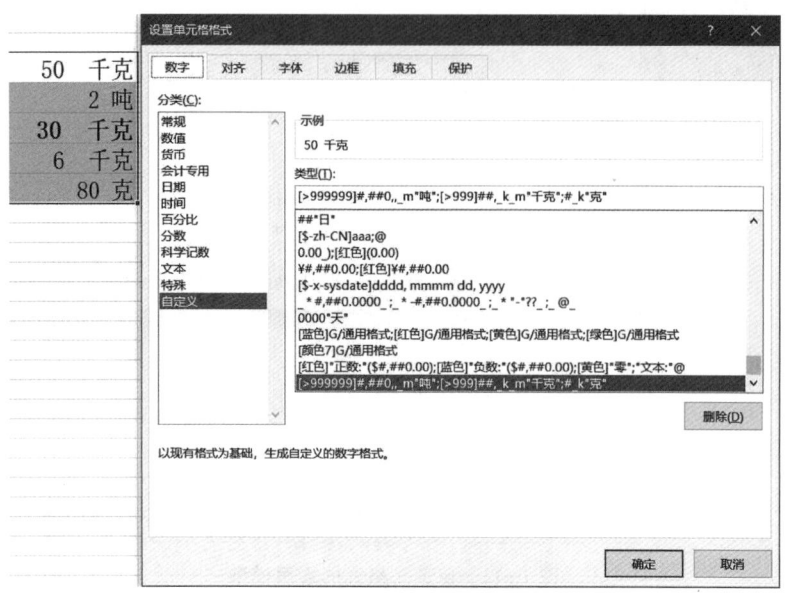

图 1-44 自定义格式增加单位名称

另外,还可以运用自定义格式来达到隐藏输入数据的目的,比如格式";♯♯;0"只显示负数和零,输入的正数则不显示;格式";;;"则隐藏所有的输入值。

自定义格式只改变数据的显示外观,并不改变数据的值,不影响数据的计算。灵活运用好自定义格式功能,将会给实际工作带来很大的方便。

11. 特殊格式

(1) 利用"选择性粘贴"命令将文本格式转化为数值。在通过导入操作得到的工作表数据中,许多数据格式都是文本格式的,无法利用函数或公式来直接进行运算。

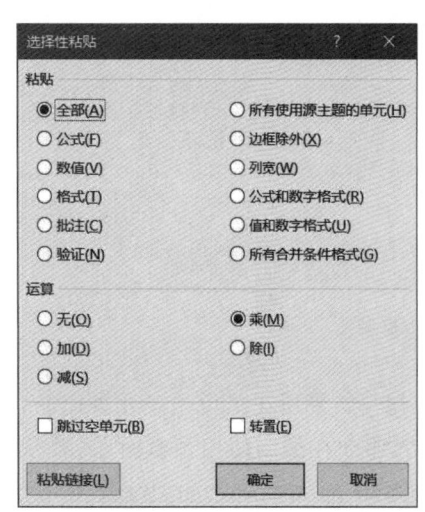

对于这种通过特殊途径得到的数据文档,可以通过以下方法来实现快速批量转换格式:先在该数据文档的空白单元格中输入一个数值型数据如"1",然后利用"复制"命令将其复制到剪贴板中。选择所有需要格式转换的单元格(可以不是连续的),单击【开始】工具栏的【剪贴板】组中的【粘贴】,选择【选择性粘贴】,在弹出的【选择性粘贴】对话框中选择【运算】项下的【乘】或【除】按钮,如图 1-45 所示。单击【确定】按钮完成操作,所有的单元格转换为数值格式。

(2) 去除单元格中的"0"。有时在一个工作表中,有许多"0"值单元格,这些单元格没有实际意义,还影响整个工作表的美观,要去掉这些"0"值单元格,而又不影响工作表数据的完整性,就只有将它们隐藏起来。

图 1-45 将文本格式转化为数值

具体实现方法如下:单击【文件】菜单中的【选项】,在打开的【Excel 选项】对话框中单击【高级】选项,向下移动右侧滚动条将出现【此工作表的显示】选项,取消勾选【在具有零值的单元格中显示零】复选框,单击【确定】按钮完成操作,如图 1-46 所示。这样,工作表中所有的"0"都会被隐藏起来。

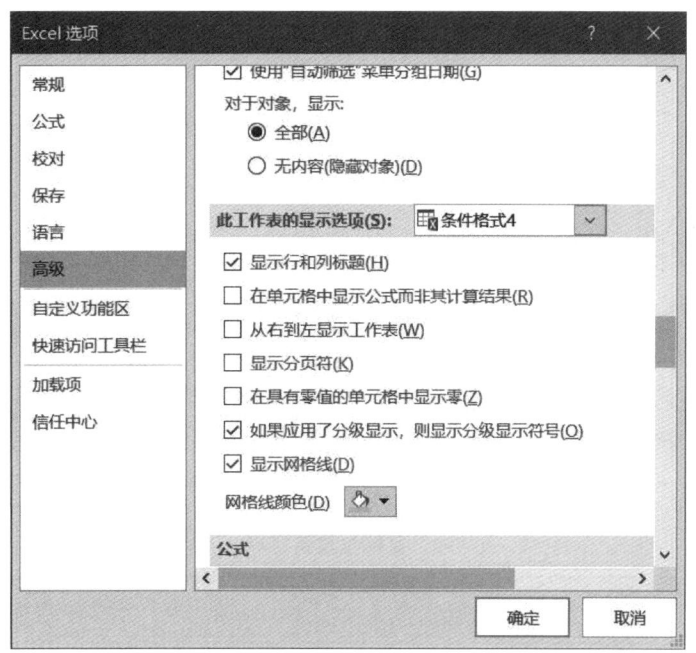

图 1-46　隐藏零值

如果只希望隐藏部分单元格中的"0",可以执行以下操作:选择要隐藏的单元格,进入【单元格设置】对话框,选择【数字】选项卡,在【分类】列表框中选择【自定义】项,在右边的【类型】输入框中输入"0;0;;@"(全部符号都在英文输入法状态下输入,不输入双引号),单击【确定】按钮完成操作。

课后训练与操作视频

名　　称	名　　称
1. 自定义序列任务单	8. 记账凭证设计任务单
2. 数字序列任务单	9. 科目表设计任务单
3. 日期序列任务单	10. 表格条件格式运用任务单
4. 其他输入任务单	11. 人为换行表格设计任务单
5. 复合表头表格设计任务单	12. 常用快捷键任务单
6. 倾斜表头表格设计任务单	13. 财务用表设计任务单
7. 凹凸效果表格设计任务单	

　项目一任务单　　　项目一视频

项目二 已有表格的运用

【情景导入】

> 经过一段时间的工作,小李逐渐适应了工作内容和环境。因为公司业务量较大,每周都需要填制大量的凭证,分配给小李的任务是规范好凭证。小李采用部分自定义样式,运用数据验证选择科目名称,以及合计的公式制作了凭证模板。运用凭证模板填制大量凭证,通过图形和超级链接制作凭证目录串接所有凭证。

知识目标与技能目标

任 务	知识目标、技能目标
任务一 复制与填制凭证	数据验证
任务二 模板与样式的创建与应用	模板、样式
任务三 工作表间的链接	形状、超链接、批注
任务四 与运用已有表格相关的其他操作	数据验证、工作表、模板、批注拓展

任务一 复制与填制凭证

一、设置并复制记账凭证

进入"科目"工作表中,进行名称定义。具体操作如下:

(1)在先前的"科目"工作表中,选中所有科目名称区域,定义名称为"科目名称"。选中所有科目名称区域如 C2:C66,单击【公式】工具栏中的【定义的名称】组,选择【定义名称】,弹出【新建名称】对话框,在【名称】输入框中输入"科目名称",如图 2-1 所示,单击【确定】按钮,退出【新建名称】对话框。在整个工作簿中均可以随时引用已经定义的名称了。

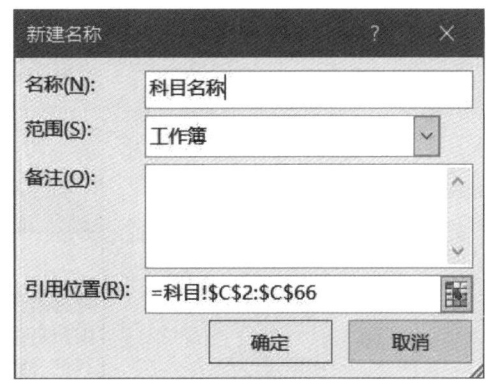

图 2-1 【定义名称】对话框

(2) 再回到"凭证"工作表中,进行凭证中公式的定义。在 C10 单元格中输入公式"=IF(SUM(C4:D9)=0,"",SUM(C4:D9))",如图 2-2 所示。

图 2-2 C10 单元格公式

(3) 在 E10 单元格中输入公式"=IF(SUM(E4:E9)=0,"",SUM(E4:E9))",如图 2-3 所示。

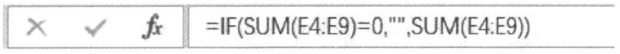

图 2-3 E10 单元格公式

(4) 选中 B4 单元格,单击【数据】工具栏的【数据工具】组中的【数据验证】下的【数据验证】,在【数据验证】对话框中选择【设置】选项卡,在【允许】中选择【序列】,勾选【忽略空值】和【提供下拉箭头】复选框,在【来源】中,单击【公式】工具栏中的【定义的名称】组,选择【用于公式】中的【科目名称】,单击【确定】按钮,如图 2-4 所示。

(5) 单击 B4 单元格就会出现定义数据验证的下拉箭头,单击下拉箭头如图 2-5 所示,选中 B4 单元格鼠标移至单元格的右下角填充柄处,如图 2-5 所示,拖动至 B9 单元格进行数据验证的复制。

(6) 在"凭证"工作表标签处,按住"Ctrl"键,拖动鼠标左键,复制一个工作表名为"凭证2"的工作表,再复制多份"凭证"工作表,为以后填制凭证备用。

(7) 保存工作簿。

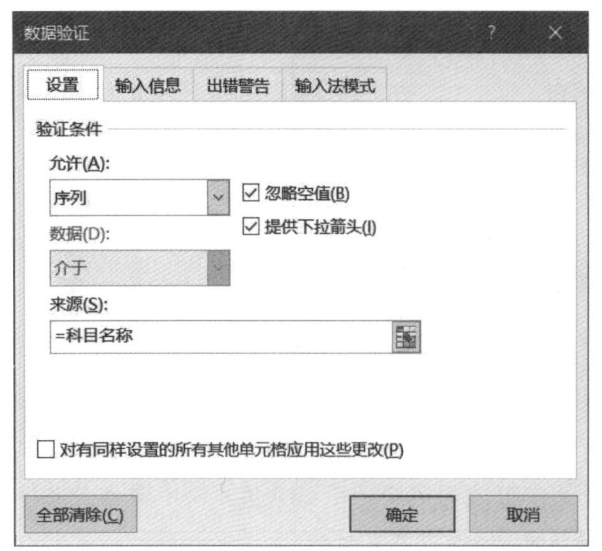
图 2-4 【数据验证】对话框

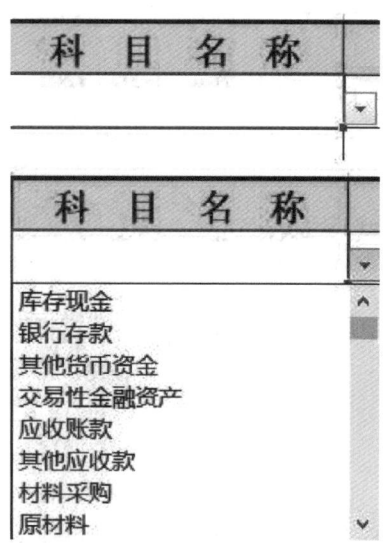
图 2-5 数据验证下拉箭头

二、填制凭证

某企业 2023 年 1 月发生的经济业务如下：

1 日，因进口物资集中到货，向银行借款 38 000 元，为期 6 个月。分录如下：

借：银行存款　　　　　　　　　　　　　　　　　　　　　　　　　38 000

　　贷：短期借款　　　　　　　　　　　　　　　　　　　　　　　　38 000

（1）在"凭证 1"工作表中完成下列操作。

① 在 A2 单元格输入"记 1"。

② 在 C2 单元格输入日期如："2023-01-01"。

③ 在 A4 单元格输入"借款"（填写业务摘要）。

④ 在 B4 单元格下拉列表框中选择"银行存款"。

⑤ 在 C4 单元格输入"38000"（输入银行存款的借方金额）。

⑥ 选中 A4 单元格在填充柄处向下拖动到 A5 复制摘要。

⑦ 在 B5 单元格下拉列表框中选择"短期借款"。

⑧ 在 E5 单元格输入"38000"（输入短期借款的贷方金额）。

⑨ 在 E12 单元格输入制单人的姓名。

⑩ 保存工作簿。效果如图 2-6 所示。

（2）本月其他经济业务如下，在不同的"凭证"工作表中分别完成上面①至⑩的步骤，填写凭证。

3 日，购入机器设备一台，增值税专用发票上注明价款 30 000 元，增值税税款 3 900 元，已通过银行付款。分录如下：

图 2-6　记账凭证

　　借:固定资产　　　　　　　　　　　　　　　　　　　　　　　　　　30 000
　　　　应交税费——应交增值税(进项税额)　　　　　　　　　　　　　3 900
　　　　贷:银行存款　　　　　　　　　　　　　　　　　　　　　　　　33 900

3 日,出租周转材料,收取包装物押金 1 000 元,收转账支票一张。分录如下:

　　借:银行存款　　　　　　　　　　　　　　　　　　　　　　　　　　1 000
　　　　贷:其他应付款　　　　　　　　　　　　　　　　　　　　　　　1 000

4 日,向中华工厂购进原材料,增值税专用发票上注明价款 20 000 元,增值税税款 2 600 元,材料已验收入库,价款尚未支付(按实际成本核算)。分录如下:

　　借:原材料　　　　　　　　　　　　　　　　　　　　　　　　　　　20 000
　　　　应交税费——应交增值税(进项税额)　　　　　　　　　　　　　2 600
　　　　贷:应付账款　　　　　　　　　　　　　　　　　　　　　　　　22 600

5 日,以现金 500 元购买办公用纸和笔。分录如下:

　　借:管理费用——办公费　　　　　　　　　　　　　　　　　　　　　500
　　　　贷:库存现金　　　　　　　　　　　　　　　　　　　　　　　　500

6 日,从仓库领用材料 24 500 元,其中生产甲产品领用 13 000 元,生产乙产品领用 11 000 元,车间耗用 300 元,企业行政管理部门耗用 200 元(按实际成本核算)。分录如下:

　　借:生产成本——甲产品　　　　　　　　　　　　　　　　　　　　　13 000
　　　　生产成本——乙产品　　　　　　　　　　　　　　　　　　　　　11 000
　　　　制造费用　　　　　　　　　　　　　　　　　　　　　　　　　　300
　　　　管理费用——其他　　　　　　　　　　　　　　　　　　　　　　200
　　　　贷:原材料　　　　　　　　　　　　　　　　　　　　　　　　　24 500

7 日,售出乙产品 100 件,其售价 60 000 元,增值税税款 7 800 元,货款已存入银行。分录如下:

借:银行存款　　　　　　　　　　　　　　　　　　　　　　　　　67 800
　　贷:应交税费——应交增值税(销项税额)　　　　　　　　　　7 800
　　　　主营业务收入　　　　　　　　　　　　　　　　　　　60 000

9日,从银行存款中提取现金16 000元,备发工资。分录如下:

借:库存现金　　　　　　　　　　　　　　　　　　　　　　　　16 000
　　贷:银行存款　　　　　　　　　　　　　　　　　　　　　　16 000

13日,以现金支付本月份职工工资16 000元。分录如下:

借:应付职工薪酬　　　　　　　　　　　　　　　　　　　　　　16 000
　　贷:库存现金　　　　　　　　　　　　　　　　　　　　　　16 000

15日,以银行存款支付4日向中华工厂购进材料的应付账款22 600元。分录如下:

借:应付账款　　　　　　　　　　　　　　　　　　　　　　　　22 600
　　贷:银行存款　　　　　　　　　　　　　　　　　　　　　　22 600

18日,收到红星工厂交来所欠货款5 000元,已由银行划转。分录如下:

借:银行存款　　　　　　　　　　　　　　　　　　　　　　　　5 000
　　贷:应收账款　　　　　　　　　　　　　　　　　　　　　　5 000

22日,用现金100元购买印花税税票。分录如下:

借:管理费用——其他　　　　　　　　　　　　　　　　　　　　100
　　贷:库存现金　　　　　　　　　　　　　　　　　　　　　　100

24日,本月应付电费2 600元。其中:甲产品生产用电1 200元;乙产品生产用电1 100元;车间照明用电200元;企业管理部门用电100元。分录如下:

借:生产成本——甲产品　　　　　　　　　　　　　　　　　　　1 200
　　生产成本——乙产品　　　　　　　　　　　　　　　　　　　1 100
　　制造费用　　　　　　　　　　　　　　　　　　　　　　　　200
　　管理费用——水电费　　　　　　　　　　　　　　　　　　　100
　　贷:应付账款　　　　　　　　　　　　　　　　　　　　　　2 600

26日,以银行存款支付上述本月份电费。分录如下:

借:应付账款　　　　　　　　　　　　　　　　　　　　　　　　2 600
　　贷:银行存款　　　　　　　　　　　　　　　　　　　　　　2 600

27日,计算本月应付银行借款利息100元。分录如下:

借:财务费用　　　　　　　　　　　　　　　　　　　　　　　　100
　　贷:应付利息　　　　　　　　　　　　　　　　　　　　　　100

29日,支付本季度借款利息300元,已由银行存款支付。分录如下:

借:应付利息　　　　　　　　　　　　　　　　　　　　　　　　300
　　贷:银行存款　　　　　　　　　　　　　　　　　　　　　　300

31日,月底将工资按用途进行分配,计入产品成本。其中:生产甲产品的工人工资8 400元;生产乙生产的工人工资5 600元;企业行政管理部门人员工资800元;车间管理人员工资1 200元。分录如下:

  借:生产成本——甲产品(工资)   8 400
    生产成本——乙产品(工资)   5 600
    制造费用   1 200
    管理费用——工资   800
    贷:应付职工薪酬   16 000

31日,计算固定资产折旧1 500元。其中:车间使用固定资产折旧1 200元,企业管理部门使用固定资产折旧300元。分录如下:

  借:制造费用   1 200
    管理费用——折旧费   300
    贷:累计折旧   1 500

31日,结转本月发生的制造费用2 900元。其中:应分配计入甲产品成本为1 740元,应分配计入乙产品成本为1 160元。分录如下:

  借:生产成本——甲产品   1 740
    生产成本——乙产品   1 160
    贷:制造费用   2 900

31日,结转本月完工产成品成本73 200元。其中:甲产品完工成本34 340元,乙产品完工成本38 860元。分录如下:

  借:库存商品——甲产品   34 340
    库存商品——乙产品   38 860
    贷:生产成本——甲产品   34 340
      生产成本——乙产品   38 860

31日,结转本月销售的乙产品的成本34 000元。分录如下:

  借:主营业务成本   34 000
    贷:库存商品——乙产品   34 000

31日,将本月收入转入"本年利润"账户。分录如下:

  借:主营业务收入   60 000
    贷:本年利润   60 000

31日,将本月费用转入"本年利润"账户。分录如下:

  借:本年利润   36 100
    贷:主营业务成本   34 000
      财务费用   100
      管理费用——办公费   500

管理费用——水电费	100
管理费用——其他	300
管理费用——工资	800
管理费用——折旧费	300

任务二 模板与样式的创建与应用

一、建立模板

具体操作如下：

(1) 打开含有"科目"表和"凭证"表的工作簿(以工作簿中已设计好的"凭证"工作表为例)。

(2) 新建一个工作簿。

(3) 在一个没有填写具体内容的"凭证"工作表标签处，单击鼠标右键，弹出快捷菜单，执行【移动或复制工作表】命令，选择工作簿中的"工作簿1"，选择【建立副本】，单击【确定】按钮。

(4) 在"科目"工作表标签处，单击鼠标右键，弹出快捷菜单，执行【移动或复制工作表】命令，选择工作簿中的"工作簿1"，选择【建立副本】，单击【确定】按钮。

注意：复制"科目"工作表主要是在"凭证"工作表中用到了"科目"工作表中定义的科目名称，若不复制，则凭证模板不能用到已定义的科目名称。

(5) 保存"工作簿1"。在【另存为】对话框中选择【保存类型】为"Excel 模板"，在【文件名】输入框输入"凭证模板"，如图2-7所示，单击【保存】按钮。(【保存位置】默认为系统下的模板位置，查询路径较长，建议选择容易记住的位置，如"桌面")。

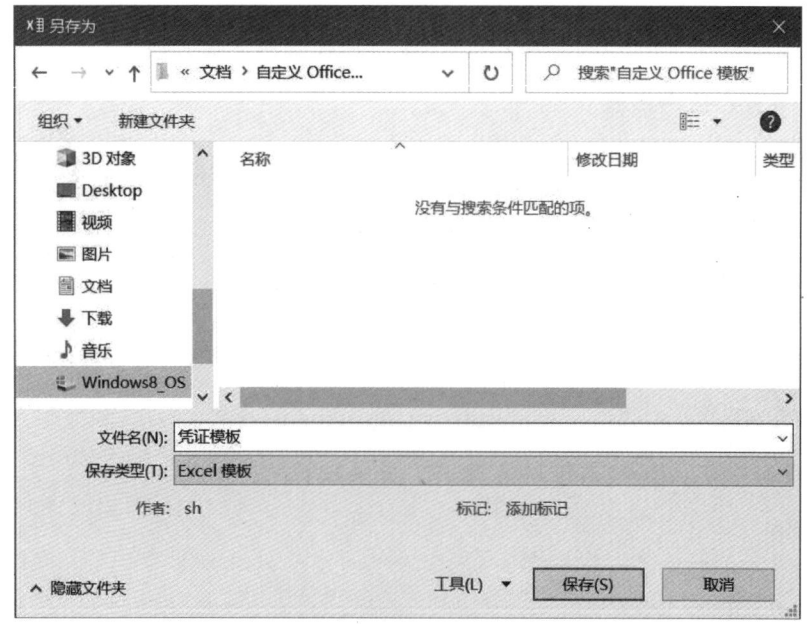

图2-7 【另存为】对话框

二、使用模板

具体操作如下:

(1)打开【文件】菜单,单击【新建】命令,从模板的列表中选择一个模板样式,如在【样板模板】中双击【基本个人预算】,打开基本个人预算的模板,分别有"汇总"和"支出"两个工作表,如图 2-8、图 2-9 所示。

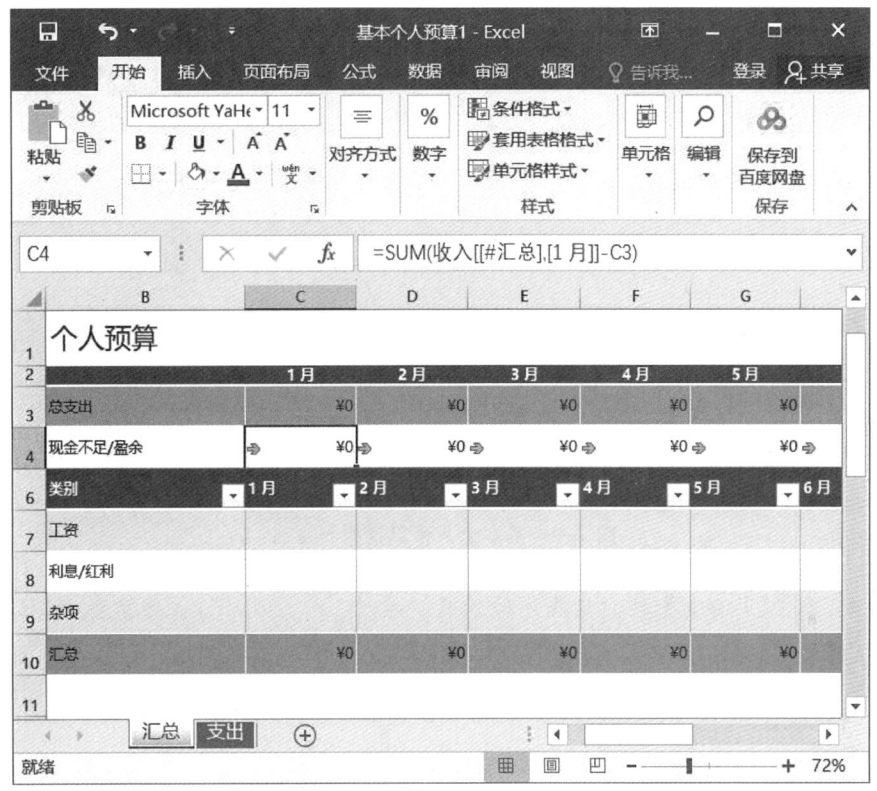

图 2-8 基本个人预算模板-汇总

(2)系统提供的基本个人预算模板的工作簿中,基本个人预算表都设定了格式和公式,用户只需要输入具体的数据即可,各表的合计数和固定公式不需再设定或计算。

(3)若对个人月度预算表有特殊的要求,可在其基础上修改项目、公式和设置,不输入具体数据,进入【文件】菜单,单击【另存为】,在对话框中输入文件名为"××××",保存类型为"模板",单击【确定】按钮。

(4)通常情况不需要修改,输入具体数据,进入【文件】菜单,单击【另存为】,在对话框中输入文件名为"××××",保存类型选择为"Excel 工作簿",单击【确定】按钮。

注意:利用模板生成工作簿文件的方法通常有两种。

方法一:在我的电脑或资源管理器中找到模板,双击打开,输入数据,进入【文件】菜单,单击【另存为】,在对话框中输入文件名为"××××",保存类型为"Excel 工作簿",单击【确定】按钮。

方法二:进入 Excel,在【文件】菜单中,选择【新建】,找到要打开的模板,输入数据;进入

图 2-9　基本个人预算模板－支出

【文件】菜单,单击【另存为】,在对话框中输入文件名为"××××",保存类型为"Excel 工作簿",单击【确定】按钮。

三、样式

具体操作如下:

(1) 打开含有"凭证"表的工作簿。

(2) 选中 C4 单元格,按快捷键"Ctrl+1"设置单元格格式,格式如下:货币格式,小数位 2 位,货币符号为人民币的符号￥,如图 2-10 所示。(负数时为红字,填充为淡黄色,字体加粗,字体颜色为蓝色)。

图 2-10　设置单元格格式效果

(3) 选中 C4 单元格,在【开始】工具栏的【样式】组中单击【单元格样式】按钮,选择【新建单元格样式】,弹出【样式】对话框,如图 2-11 所示。

(4) 在【样式名】输入框处输入要定义的样式名称,如"金额",单击【确定】按钮,完成定义新样式,如图 2-12 所示。

(5) 选中要应用"金额"样式的单元格或者区域如 E5、C10、E10 单元格,在【开始】工具栏的【样式】组中单击【单元格样式】按钮,如图 2-13 所示。单击选择已经定义过的"金额"样式,则这三个单元格的格式与 C4 单元格定义的格式完全一样(样式也可以跨工作表使用)。

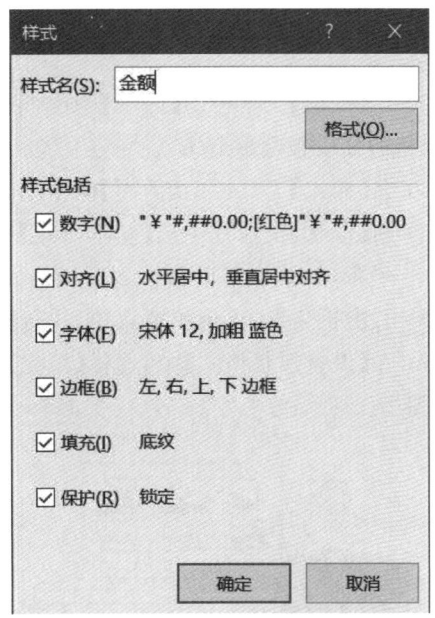

图 2-11 【样式】对话框　　　　图 2-12 定义新样式

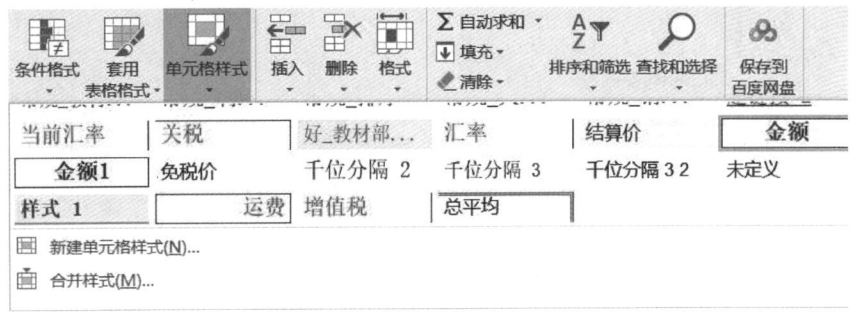

图 2-13 【单元格样式】对话框

注意：Excel 高版本中有多种样式可供用户使用，用户也可以定义新样式，应用样式也可以用格式刷进行格式的复制。格式刷可以在不同的工作簿应用，而样式一般只能在定义的工作簿中应用，若想在其他工作簿中应用样式，可以利用"合并样式"功能把某个工作簿已有的样式复制到另外一个工作簿中使用。

任务三　工作表间的链接

一、制作目录

具体操作如下：

（1）打开已经输入经济业务的凭证所在的工作簿文件。

（2）插入一个新工作表，在工作表名标签处单击鼠标右键，选择【重命名】，改名为"目录"。

（3）在【视图】工具栏的【显示】组中，取消勾选【网格线】复选框，变为" 网格线"，使得所有单元格的格线被隐藏起来。

（4）在【插入】工具栏的【插图】组中单击【形状】按钮。

（5）在【形状】对话框中选【基本形状】中的【折角形】，把鼠标放在任意一个单元格上，出现一个"＋"形状，点击拖动鼠标到适当的大小，松开鼠标，出现一个折角形图形。

（6）右击折角形，出现快捷菜单，执行【设置形状格式】命令，如图2-14所示。

（7）在【设置形状格式】中，选择【填充】—【渐变填充】，调整渐变光圈4个点的颜色和位置，如图2-15所示。

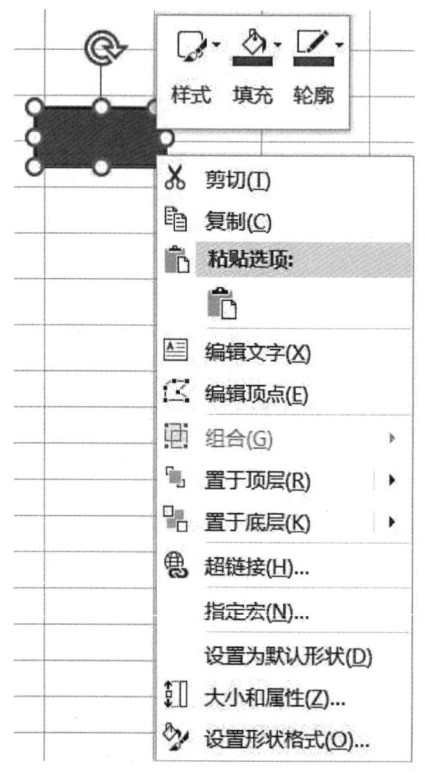

图2-14 自选图形快捷菜单

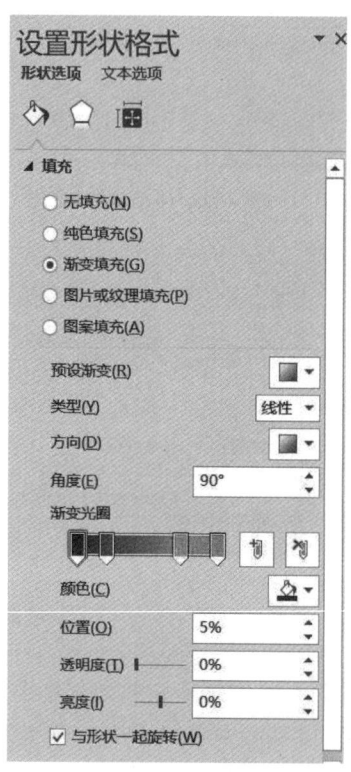

图2-15 【设置形状格式】—【填充】对话框

（8）在【设置形状格式】中，【类型】选择【线性】，【方向】选择【线性向下】，如图2-16所示，单击【关闭】按钮。

（9）选中一个已填充颜色的折角形，在【绘图工具】工具栏的【形状样式】组中设置【形状效果】为【阴影】，单击【右下斜偏移】按钮。

（10）在折角形的边框上单击鼠标右键，在弹出的快捷菜单中，执行【编辑文字】命令，输入"凭证1"，并设置相应的字体、字号和对齐格式。

（11）对设置好的折角形图形进行复制，制作足够数量的折角形图形，修改图形文字与要链接的工作表对应，并排列形状。

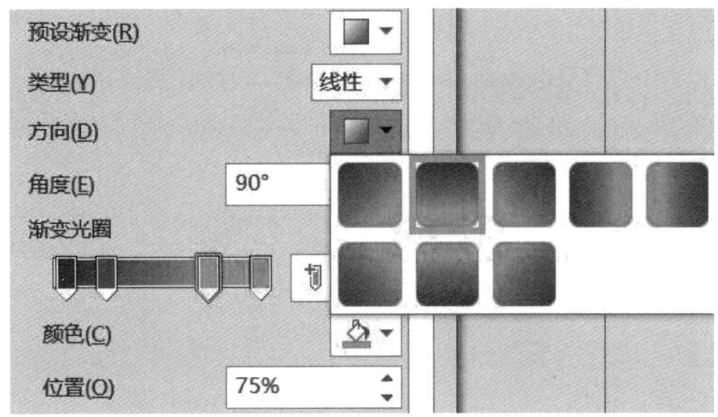

图 2-16 自选类型、角度格式

（12）输入"目录"作为标题。整体结果如图 2-17 所示。

图 2-17 目录效果图

二、链接工作表

具体操作如下：

（1）在名为"科目"的折角形边框上右击，弹出快捷菜单，执行【超链接】命令，如图 2-18 所示。

（2）在【插入超链接】对话框中，选择【链接到】中的【本文档中的位置】，在【或在此文档中选择一个位置】里，选择"科目"，单击【确定】按钮，如图 2-19 所示。

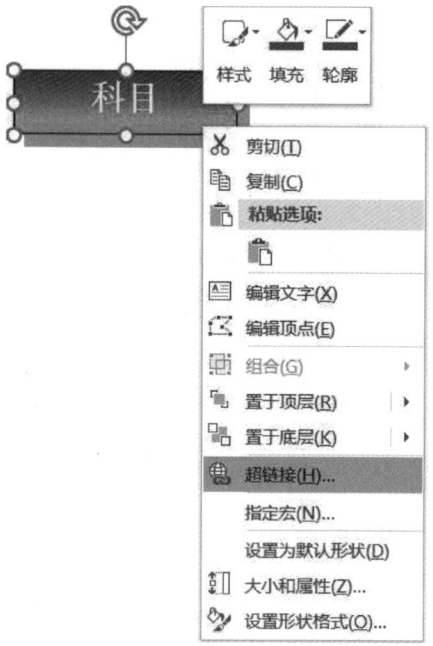

图 2-18 自选图形快捷菜单

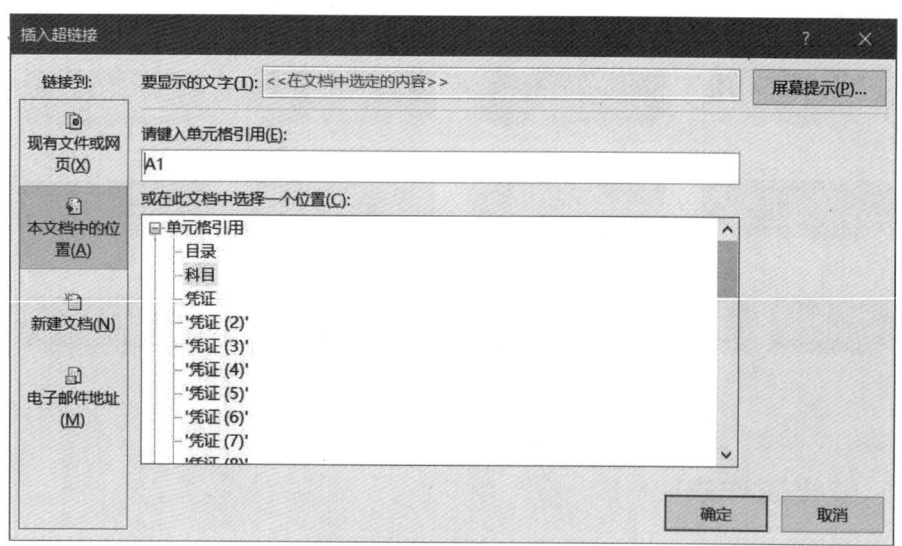

图 2-19 【插入超链接】对话框

（3）当鼠标指向"科目"折角形图形时，就出现一个超链接手型指针，如图 2-20 所示。

图 2-20 超链接效果图

(4)单击图形转到相应的"科目"工作表。

(5)在"科目"工作表的空白位置上,用上面制作折角形的方法制作一个"返回"图形,此次选的图形是椭圆形,超链接链接到"目录"工作表,如图 2-21 所示。

(6)右击"返回"椭圆图形,在弹出快捷菜单中,执行【复制】命令,选中要粘贴"返回"图形的工作表,在需要设置"返回"图形的单元格,单击鼠标右键弹出快捷菜单,执行【粘贴】命令……在所有要返回目录的工作表中重复【粘贴】操作。

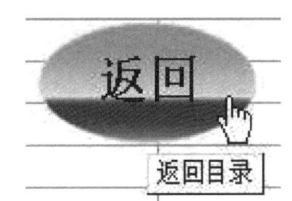

图 2-21 "返回"超链接效果图

三、批注与修订

具体操作如下:

(1)打开含有"凭证"的工作簿文件。

(2)在 C4 单元格单击鼠标右键,在弹出的快捷菜单中,执行【插入批注】命令。

(3)在批注提示框中输入提示信息:"输入完金额后,单击【格式】—【样式】,选择金额样式",如图 2-22 所示。

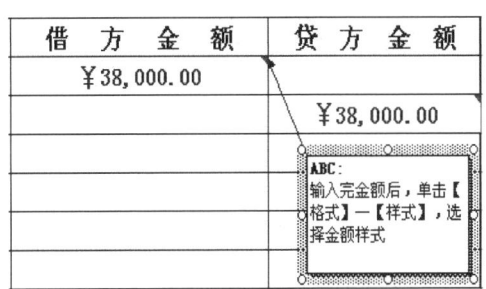

图 2-22 插入批注效果

(4)单击【文件】菜单,打开【Excel 选项】对话框,单击【常规】选项,如图 2-23 所示。可以将用户名"ABC"更改为自己想要的用户名,如"LH"。

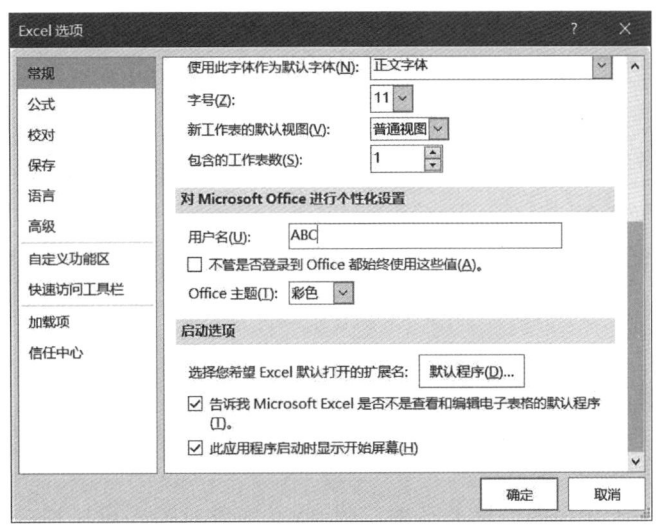

图 2-23 更改批注的用户名

图 2-24　更改批注用户名的效果

（5）再插入批注时，用户名由原来的"ABC"变为"LH"，如图 2-24 所示。

（6）打开【审阅】工具栏，选择【更改】组中的【修订】—【突出显示修订】，打开【突出显示修订】对话框，勾选【编辑时跟踪修订信息，同时共享工作簿】复选框，保证【在屏幕上突出显示修订】复选框处于选中状态，如图 2-25 所示。单击【确定】按钮，弹出一个对话框，提示"这样做 Excel 会进行保存"，单击【确定】按钮，开始修订。

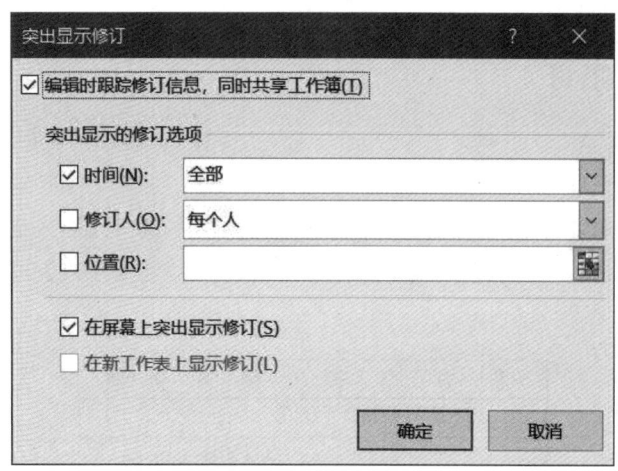

图 2-25　修订对话框

（7）在 D6 单元格中输入"20000"后，鼠标指向 D6 时就能够看到修订的情况，如图 2-26 所示。

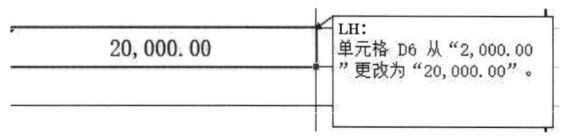

图 2-26　更改批注的用户名

（8）打开【审阅】工具栏，选择【更改】组中的【修订】—【突出显示修订】，打开【突出显示修订】对话框，取消勾选【编辑时跟踪修订信息，同时共享工作簿】复选框，单击【确定】按钮，这样就取消了因为修订而产生的共享。

任务四　与运用已有表格相关的其他操作

一、单元格的数据验证

1. 数据验证检查

Excel 可以对单元格内的数据类型进行限制，并能核对输入单元格的数据定义域，这一

功能称为数据验证检查。以小数(其他数据相似)的数据验证检查为例,其设置方法如下:

(1)选中需要输入小数并进行数据验证检查的单元格或单元格区域,单击【数据】工具栏,选择【数据工具】组中的【数据验证】,打开【数据验证】对话框。

(2)打开【设置】选项卡中的【允许】下拉列表,如图 2-4 所示,选中允许输入的数据类型,本例应选择"小数"。

(3)在【数据】下拉列表中选择所需的数据范围逻辑,如介于、小于、大于或等于等,然后指定数据的上下限。如果选择的数据范围逻辑为【介于】,就可以输入"最小值"和"最大值"的具体数值,还可以为它指定单元格引用或公式。如果允许数据单元格为空,则应勾选【设置】选项卡中的【忽略空值】复选框;反之,则应将该项清除。

数据验证检查设置结束后,一旦输入了有效范围以外的数据,Excel 就会弹出【输入值非法】对话框,单击【重试】按钮可修改已输入的数据,单击【取消】按钮可清除已输入的数据。

2. 设置输入提示

用户对单元格的用途认识不清,是导致数据输入错误的常见原因。原始数据录入错误会导致后面引用及计算分析不准确,所以,原始数据应准确输入。

针对这种情况,Excel 可在用户选中已经设置数据验证的区域或单元格时给予相应的提示,从而减少输入错误的情况发生。输入提示的设置方法如下:

(1)选中需要显示输入提示的单元格或单元格区域,单击【数据】工具栏,选择【数据工具】组中的【数据验证】,打开【数据验证】对话框中的【输入信息】选项卡。

(2)勾选【选定单元格时显示输入信息】复选框,在【标题】框内输入提示的标题,在【输入信息】框内输入提示的详细内容,完成后单击【确定】按钮,如图 2-27 所示。

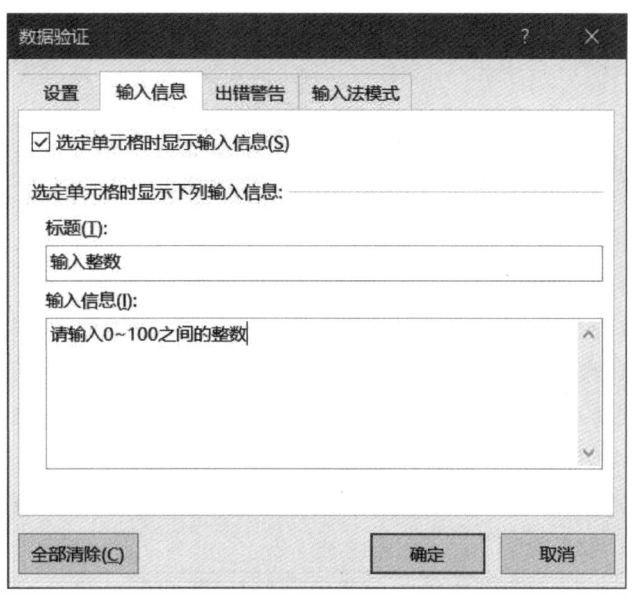

图 2-27 【数据验证】—【输入信息】对话框

此后只要选中了具有输入提示的单元格或单元格区域,Excel 就会自动弹出一个提示框,对用户的操作进行提示,如图 2-28 所示。

3. 设置出错警告

数据录入错误几乎是不可避免的,数据验证检查仅能查出输入的数据是否有问题,但不能提供纠正的方法。对此,可以在进行数据验证检查的同时设置出错警告,在数据录入错误发生时提示用户如何操作。出错警告的设置方法如下:

(1) 选中需要显示录入出错警告的单元格或单元格区域,单击【数据】工具栏,选择【数据工具】组中的【数据验证】,打开【数据验证】对话框中的【出错警告】选项卡。

图 2-28 设置数据验证输入信息后的提示效果

(2) 勾选【输入无效数据时显示出错警告】复选框,在【样式】下拉列表中选择"停止""警告"或"信息"的警告方式,如图 2-29 所示。

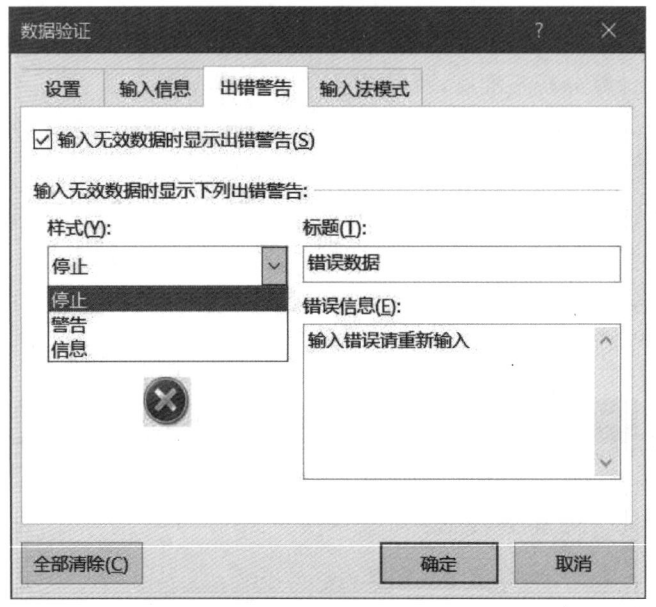

图 2-29 【数据验证】—【出错警告】对话框

三种警告方式的区别是:①"停止"方式不允许用户输入数据定义域以外的数据,用户只有"重试"再次输入有效数据,或"取消"已输入的数据两种选择;②"警告"方式在用户输入无效数据后会显示警告信息,同时询问"是否继续?",选择"是"完成输入,选择"否"可修改已输入的数据,选择"取消"可删除已输入的数据;③"信息"方式允许用户输入无效数据,用户若输入了无效数据会显示警告信息,选择【确定】可完成输入,若选择【取消】则删除已输入的数据。

(3) 在【标题】框内输入警告的标题,在【错误信息】框内输入发生错误的原因及如何纠正的内容,完成后单击【确定】按钮。

以上设置完成后,只要在具有出错警告的区域内输入错误数据,Excel 就会按设定方式对用户提出警告。取消出错警告的方法与前述操作相同。

4. 为数据输入设置数据验证序列下拉列表

为了统一输入的格式,有时希望用户在输入数据时,只需要选择设置好的单元格内容即可,而不用自行重新输入,所以为单元格设置一个可供选择的类似下拉列表的选择框,即数据验证序列。具体操作如下:

(1) 选择需要建立自动选择列表的单元格,单击【数据】工具栏,选择【数据工具】组中的【数据验证】,打开【数据验证】对话框中的【设置】选项卡。

(2) 在【允许】下拉列表中选择【序列】项,这时对话框会增加【来源】项,在【来源】输入框中输入用户选择的序列。不同的选项间用","号分开(英文输入法状态下的逗号),如图 2-30 所示。

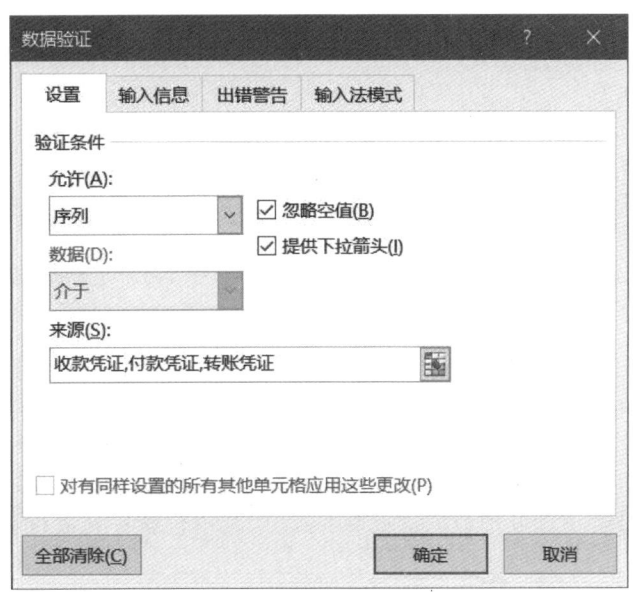

图 2-30 设置数据验证序列下拉列表

(3) 单击【确定】按钮完成设置,当鼠标单击单元格时,在单元格右边会出现一个向下的黑色箭头,单击该箭头就会弹出一个选择输入的列表,如图 2-31 所示。

5. 显示数据验证

在【开始】工具栏的右侧【编辑】组中单击【查找和选择】下拉列表,选择【定位条件】,出现【定位条件】对话框,如图 2-32 所示。选择【数据验证】,单击【确定】按钮,系统将显示全部已经定义的数据验证单元格和区域。或者在【开始】工具栏的右侧【编辑】组中单击【查找和选择】下拉列表,选择【数据验证】。

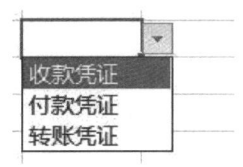

图 2-31 数据验证序列选择输入

6. 复制数据验证

选中已经设置数据验证的单元格,单击【复制】按钮,选中目标单元格或者区域左上角的单元格,单击鼠标右键,在弹出的快捷菜单中,执行【选择性粘贴】命令,在弹出的【选择性粘贴】对话框中选择【验证】,如图 2-33 所示。单击【确定】按钮,数据的数据验证功能就复制到被"粘贴"的区域,这些区域都具有了复制的数据验证。

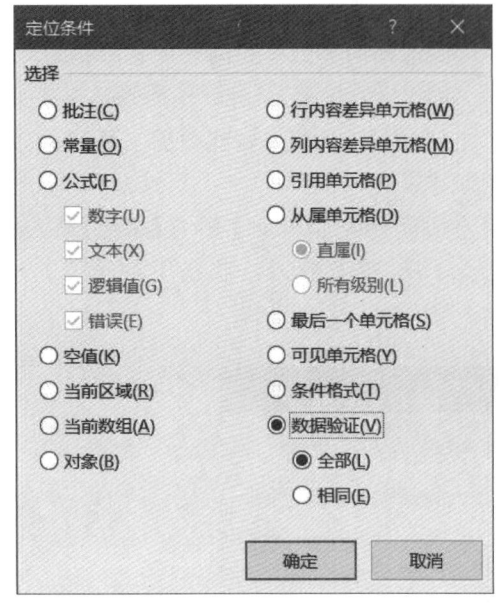

图 2-32 【定位条件】对话框

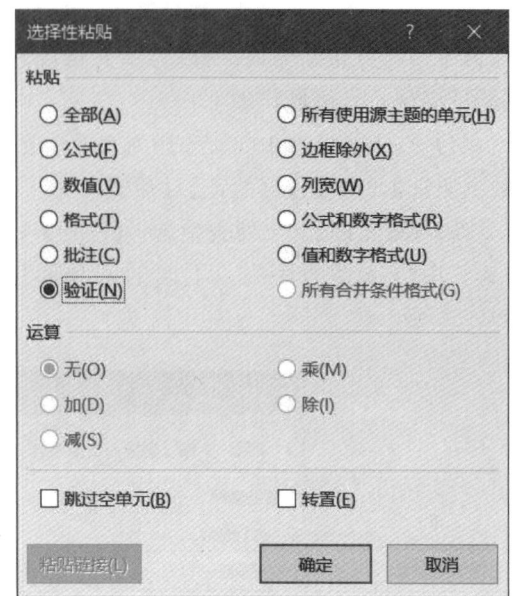

图 2-33 【选择性粘贴】对话框

二、工作表

工作簿中的每一张表格被称为工作表。将工作簿比作活页夹,工作表就如同其中的一张张活页纸。

工作表是 Excel 存储和处理数据最重要的部分,其中包含排列成行和列的单元格,它是工作簿的一部分,也称电子表格。

使用工作表可以对数据进行组织和分析。可以同时在多张工作表上输入并编辑数据,并且可以对来自不同工作表的数据进行汇总计算。根据表中的数据创建图表后,既可以将其置于原数据所在的工作表上,也可以把图表放置在单独的工作表上。

工作表标签位于工作簿窗口左侧底部,由一系列标签组成。底色为白色,工作表名下有下划线的工作表是活动(当前)工作表。Excel 2002 及以上版本可以设置工作表标签的颜色。

很多有关工作表的操作,可在工作表标签上进行,例如,工作表的重命名、插入、删除、移动或复制等。

1. 插入工作表

在【开始】工具栏的【单元格】组中,单击【插入】—【插入工作表】,或者单击工作表标签栏上的插入工作表按钮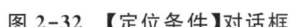,还可以在工作表标签上单击鼠标右键后,单击【插入】—【工作表】,单击【确定】按钮。

2. 移动或复制工作表

鼠标右击工作表标签后,单击【移动或复制工作表】按钮,在【移动或复制工作表】对话框

中选定相应项目,单击【确定】按钮。如果需要复制,则勾选【建立副本】复选框。

移动或复制工作表,也可在不同的工作簿中进行。先打开所要用到的所有工作簿,在【移动或复制工作表】对话框的【工作簿】中选定要移动或复制到的工作簿名称,在【下列选定工作表之前】中选择工作表的位置。

3. 删除工作表

在【开始】工具栏的【单元格】组中,单击【删除】—【删除工作表】,确认删除后,当前工作表即被删除。或者在工作表标签中选中需删除的工作表标签,单击鼠标右键,单击【删除】,在提示对话框中单击【删除】按钮,确认删除后,当前工作表即被删除。

4. 工作表重命名

选中需要重命名的工作表标签,双击鼠标,键入新名,按回车键(或在空白处单击鼠标)。或者选中需要重命名的工作表标签,单击鼠标右键,再单击【重命名】,即完成工作表的重命名设置。

5. 设置工作表背景

打开【页面布局】工具栏,在【页面设置】组,单击【背景】按钮,弹出【工作表背景】对话框,从对话框中选择图片文件,单击【插入】按钮,即完成工作表背景设置。如果不要背景,可打开【页面布局】工具栏,在【页面设置】组,单击【删除背景】按钮。

注意:工作表的背景是不能被打印出来的,只有在编辑时才能看见。

6. 选定全部工作表

在任意工作表标签上单击鼠标右键,单击【选定全部工作表】,确认后即可选定全部工作表。

三、模板

1. 模板的概念

在制造业各种零部件加工过程中,人们会使用模具,把原料放到模具中,通过凝固、挤压后成型,再取出来进行精细的雕琢。模板的作用同模具的作用大同小异,在建立工作簿时先套用模板,把文档设置成模板设计的样子,然后再进行加工。

2. 使用系统提供的模板

现在我们使用系统提供的模板来建立新的工作簿文件:打开【文件】菜单,执行【新建】命令,从模板的列表中选择一个模板样式,如在【样板模板】中双击【个人月度预算】,打开个人月度预算的模板,我们就根据这个模板建立了一个新工作簿。

3. 保存新模板

我们经常会设置一些工作表的格式,如果该表经常会用到,就可以将其保存为一个模板:打开前面建立的"凭证"工作表,打开【文件】菜单,执行【另存为】命令,打开【另存为】对话框,在保存的文件类型中选择"模板",Excel会自动将目录跳转到默认的模板保存文件夹中,输入模板的名称,单击【保存】按钮,就可以把文档保存为一个模板。

4．模板类型

模板的修改同工作簿的修改一样,只是在保存时,文件的类型必须选择"模板",可以另存为其他位置或名称,也可以同名覆盖保存。

5．打开默认目录下的模板

打开【文件】菜单,执行【新建】命令,在模板的列表中出现了保存的模板,选择一个模板,单击【确定】按钮,Excel 就根据这个模板新建了一个工作簿。我们只需把变化的数据内容输入到适合的位置上,按普通的工作簿保存、输出、处理即可。

6．打开非默认目录下的模板

在保存模板时,如果不使用 Excel 自动跳转到的默认模板保存文件夹,而是另外选择一个文件夹,再输入模板的名称,单击【保存】按钮,也可以把文档保存为模板。但是打开【文件】菜单,执行【新建】命令时,在模板列表中将无法显示这个模板,必须到存放的文件夹下才能找到。打开模板后的处理方法与其他模板完全一样。

四、样式

1．样式的概念

Excel 中有很多预先设置好的格式,这些是系统提供的基本样式。

2．新建样式

Excel 可以把经常使用的单元格格式保存为一个新样式,方便以后调用,具体操作步骤如下:先将单元格的格式设置好,然后单击【开始】工具栏的【样式】组中的【单元格样式】按钮,选择【新建单元格样式】,打开【样式】对话框。对话框中的复选框是样式所包含的格式内容,在对话框的【样式名】输入框中输入一个新样式名称,单击【确定】按钮,完成样式保存,单击【取消】按钮关闭对话框。

3．引用样式

选择工作表中的另一个单元格,在【开始】工具栏的【样式】组中单击【单元格样式】按钮,从中选择需要的样式,完成引用样式的操作。

图 2-34　快捷菜单中的【修改】按钮

4．修改样式

在【开始】工具栏的【样式】组中单击【单元格样式】按钮,选择要修改的样式,单击鼠标右键,从弹出的快捷菜单中,执行【修改】命令,如图 2-34 所示,弹出【单元格格式】对话框,在该对话框中可进行样式的修改。

5．使用样式

在应用样式时,可以选择使用样式的一部分内容。在【开始】工具栏的【样式】组中单击【单元格样式】按钮,从中选择需要的样式,单击鼠标右键,从弹出的快捷菜单中,执行【修改】命令。在将样式中包含的格式应用到单元格中时,如果只需应用样式中的一部分格式,可以不勾选不需应用的部分的复选框。

6. 删除样式

在【开始】工具栏的【样式】组中单击【单元格样式】按钮,从中选择需要的样式,单击鼠标右键,从弹出的快捷菜单中,执行【删除】命令。这样,选中的样式就被删除,同时工作簿中所有应用此样式的单元格和区域的格式也将消失。

7. 样式范围

样式的作用域是本工作簿,一般不能跨工作簿使用。若想在其他工作簿中应用样式,可以利用"合并样式"功能把某个工作簿已有的样式复制到另一个工作簿中使用。在大多数情况下,样式的作用与格式刷的作用完全一样,即对格式进行复制。

样式的应用可与成组操作结合使用,使不同的工作表的相同区域具有相同的样式。

8. 格式刷

单击工具栏上的【格式刷】按钮" "",单击目标单元格,当鼠标变成" "时,就可以把格式复制过来。单击【格式刷】按钮,只能复制一次;双击【格式刷】按钮,可以复制多次。双击后不再使用该功能时必须再单击一次【格式刷】按钮,才能停止格式刷的复制。格式刷可以应用到其他工作表和工作簿中。

五、超链接

在 Excel 中可以使用超链接功能将单元格链接到其他的单元格、工作表、工作簿文件或 Web 地址,也可以链接到一个电子邮件地址。

1. 插入超链接

选中要插入超链接的单元格,打开【插入】工具栏,在【链接】组中单击【超链接】按钮,打开【插入超链接】对话框,【要显示的文字】输入框中显示的就是单元格中的文字。

例如,插入一个经常使用的 Web 页面,注意左边的【现有文件或网页】按钮是否处于【按下】的状态,单击【浏览过的网页】项,选择"http://www.sohu.com",在【地址】框中将显示所选择的页面地址;如果列表中没有该网址,可以直接在【地址】输入框中输入,如图 2-35 所示,单击【确定】按钮完成超链接设置。

现在将鼠标移动到单元格上时,鼠标变成了手的形状,单击该单元格,系统就会自动启动浏览器浏览输入的网页。

2. 编辑超链接

上述只是超链接功能的一个小方面,更多的时候使用超链接是为了方便查阅工作表。在某个单元格上单击鼠标右键,从弹出的菜单中,执行【超链接】—【编辑超链接】命令,打开【编辑超链接】对话框,单击左边【链接到】列表中的【本文档中的位置】按钮,再单击【或在此文档中选择一个位置】列表中【单元格引用】前面的加号,选择【Sheet2】,【请键入单元格引用】输入框中就显示出了【A1】。这正是想要链接的单元格,单击【确定】按钮完成超链接设置。现在单击这个单元格,Excel 将自动跳转到 Sheet2 的 A1 单元格上。

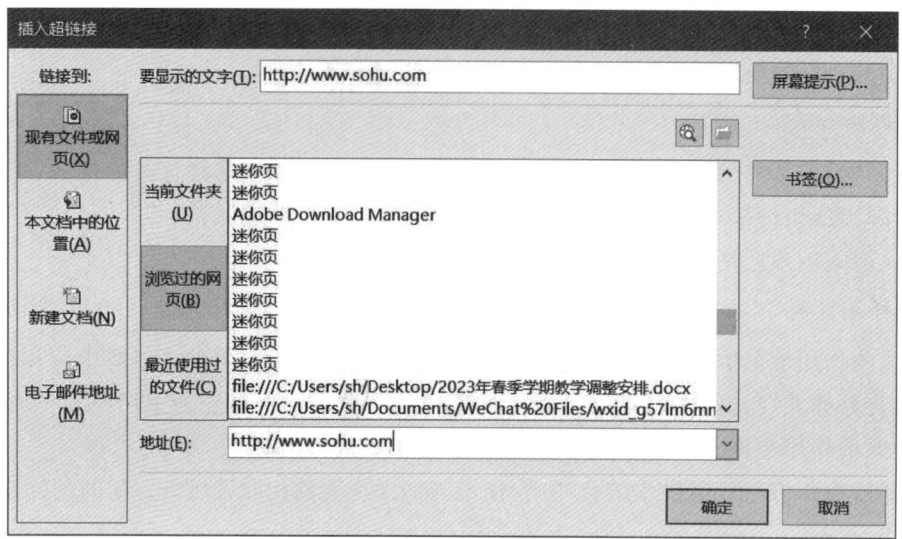

图 2-35 【插入超链接】对话框

3. 超链接到电子邮件

超链接还可以在单元格中插入一个邮件地址。选择某个单元格,单击鼠标右键,从弹出的菜单中,执行【超链接】命令,打开【插入超链接】对话框,单击左边【链接到】列表中的【电子邮件地址】按钮,在【电子邮件地址】输入框中输入要插入的电子邮件地址,单击【确定】按钮完成链接到电子邮件的设置。单击该单元格,就可以在自动启动的默认电子邮件程序上给插入的电子邮件地址发送信件了。

4. 超链接到文档

超链接还可以链接到其他的文档中。打开【插入超链接】对话框,选择【链接到】列表中的【现有文件或网页】按钮,单击【文件】按钮,打开【链接到文件】对话框,从对话框中选择要链接的文件,单击【确定】按钮回到【插入超链接】对话框,单击【确定】按钮完成超链接设置。单击刚才设置的单元格,就可以查阅已链接的文档。

5. 超链接源

不仅单元格可以作为超链接的源,艺术字、文本框、图片等对象均可作为超链接的源。

六、批注

1. 批注作用

使用批注的目的是把需要说明的内容和操作步骤进行提示。

2. 插入批注

插入批注的方法是选中需要插入批注的单元格,打开【审阅】工具栏,在【批注】组中单击【新建批注】按钮,出现一个类似文本框的输入框,在输入框中输入提示的信息,然后单击工作表中的任意位置,此时这个单元格中就会出现一个红色的箭头。把鼠标移动到这个单元格上,刚才插入的批注就出现了。也可直接单击鼠标右键在快捷菜单中找到【插入批注】命令。

3. 查看批注

对于已经插入的批注,可以显示全部批注以方便查看。打开【审阅】工具栏,在【批注】组单击【显示所有批注】按钮,就可以将工作表中的所有批注都显示出来。再打开【审阅】工具栏,在【批注】组单击【显示所有批注】按钮,在工作表中的批注就隐藏起来了,只能看到批注所在的单元格的右上角有一个红色三角形标志。打开【审阅】工具栏,在【批注】组单击【显示/隐藏批注】按钮,可显示或隐藏选中的单元格的批注。

4. 修改批注

插入的批注也可以修改。在添加批注的单元格上单击鼠标右键,从弹出的快捷菜单中,执行【编辑批注】命令,就可以对批注进行修改了;或将鼠标移动到批注所在的位置,当鼠标变成"I"形,在批注的区域内单击,可以看到批注区域内出现了闪动的光标,此时也可以对批注进行编辑。若要对批注文本框其他格式进行修改,则需要在批注文本框上单击鼠标右键,在弹出的快捷菜单上执行【设置批注格式】命令,对边框、底纹、字体、字号等进行设置。或者打开【审阅】工具栏,在【批注】组单击【编辑批注】按钮修改批注。

单击工作表的任意其他位置,可以取消对批注的编辑。批注的快捷菜单,如图 2-36 所示。

5. 删除批注

删除批注也很简单,在单元格中单击鼠标右键,从弹出的快捷菜单中选择【删除批注】命令即可。

6. 显示/隐藏批注

显示某一个批注,即在批注所在的单元格中,单击鼠标右键,从弹出的快捷菜单中,执行【显示/隐藏批注】命令即可。要想隐藏已显示的批注,可在显示的批注单元格中,单击鼠标右键,从弹出的快捷菜单中,执行【显示/隐藏批注】命令,或者打开【审阅】工具栏,在【批注】组单击【显示/隐藏批注】按钮。

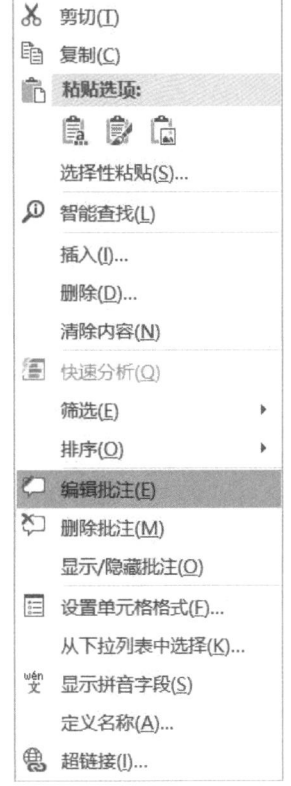

图 2-36 批注的快捷菜单

7. 审阅

一般来说,批注是显示提示性的信息,如果在对工作表进行校对时,添加校对的意见等,可以使用【审阅】功能进行操作,如图 2-37 所示。单击工具栏中的【显示所有批注】按钮,可以显示工作表中的所有批注,再单击这个按钮,工作表中的批注就被隐藏起来。

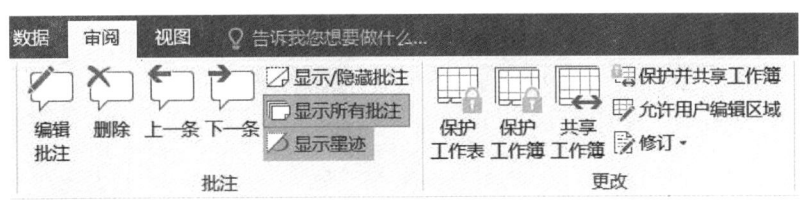

图 2-37 审阅工具栏

8. 在审阅工具栏中对批注操作

在审阅工具栏中,也可以对批注进行操作。选中一个插入了批注的单元格,单击【显示批注】按钮,选中单元格的批注就显示出来了;同【显示所有批注】按钮一样,再单击,就可以将这个批注隐藏起来;单击工具栏中的【编辑批注】按钮,可以编辑选中的单元格的批注;单击一个没有批注的单元格,【编辑批注】按钮变成了【新建批注】按钮,单击该按钮就可以在选中的单元格中插入新的批注;单击工作表的其他部分,取消编辑批注的状态,单击工具栏上的【下一条】按钮,Excel 会自动显示下一个批注;【上一条】按钮的用法和【下一条】按钮基本相同;选中带有批注的单元格后单击【删除批注】按钮,可以删除单元格中的批注。

9. 修订

Excel 还提供了另外一种校对工作表的方式——修订。打开【审阅】工具栏【更改】组,选择【修订】项,执行子菜单中的【突出显示修订】命令,打开【突出显示修订】对话框,勾选【编辑时跟踪修订信息,同时共享工作簿】复选框,保证【在屏幕上突出显示修订】复选框是选中状态,单击【确定】按钮,弹出一个对话框,提示这样做 Excel 会进行保存,单击【确定】按钮开始修订。

单击 A1 单元格,修改内容,按回车键确定修改,可以看到在单元格的周围出现了一个蓝色的边框,将鼠标放到这个单元格上,将提示什么人在什么时间和地点将什么内容修改成了什么。

查看工作簿修订内容的操作如下:打开【审阅】工具栏【更改】组,选择【修订】选项,单击【接受或拒绝修订】命令,弹出对话框提示需保存,单击【确定】按钮,出现【接受或拒绝修订】对话框,单击【确定】按钮,这个对话框就显示修订的内容,只要对修订内容选择【接受】或【拒绝】;单击【关闭】按钮回到编辑状态。

课后训练与操作视频

名　　称
1. 数据验证任务单
2. 制作凭证模板任务单
3. 单元格样式任务单
4. 目录与链接任务单
5. 批注任务单
6. 制作电子章任务单

项目二任务单

项目二视频

项目三 统计数据的计算

【情景导入】

> 小李已经对岗位工作比较熟悉了,他发现部门的部分表格还没有电子化,另一部分表格虽然电子化了,但很多统计的结果还是使用类似手工的计算方法,存在大量重复性工作,还有的表格的公式考虑不够全面或者没有随着制度的变化而更新。小李利用 Excel 强大的计算功能,使用公式中的地址引用和大量函数,对部门中常用的表格如:银行日记账、人员工资等进行重新整理,并学习和巩固了计数函数、查找函数、日期函数、定位与提取函数等常用的函数,以备不时之需。

知识目标与技能目标

任　　务	知识目标、技能目标
任务一　地址引用	地址引用
任务二　常用函数应用	函数
任务三　与计算统计数据相关的其他操作	公式拓展

任务一　地址引用

一、相对地址公式应用

具体操作如下:

(1) 在一个新工作表中输入银行日记账工作表,设置单元格格式,如图 3-1 所示。

(2) 在 H4 单元格输入公式"＝H3＋F4－G4",具体操作如下:在 H4 单元格输入"＝"号,进入公式编辑;单击 H3 单元格,输入"＋"号;单击 F4 单元格,输入"－"号;单击 G4 单元格,再单击编辑栏旁的"输入"对钩确认公式(或按回车键)。

(3) 在 H4 单元格右下角的填充柄处,拖动鼠标左键进行公式复制,拖动到 H11 单元格松开鼠标,则 H4 至 H11 所有的单元格均显示出计算结果,如图 3-2 所示。

	A	B	C	D	E	F	G	H
1	银行日记账							
2	2022年 10月	凭证号	摘　要	现金 支票号	转帐 支票号	借 方	贷方	余额
3			上页结转					**50,836.89**
4	2022年10月12日	001	提现	XJ-602			5,000.00	
5	2022年10月13日	002	销售收入			15,600.00	0.00	
6	2022年10月16日	003	提现	XJ-603			8,000.00	
7	2022年10月17日	004	南京电汇			5,700.00	0.00	
8	2022年10月18日	005	利息			389.63	0.00	
9	2022年10月19日	006	98A原装鼓		7108		980.00	
10	2022年10月20日	008	北京晚报广告费		7109		1,520.00	
11	2022年10月23日	010	长城饭店		7110		9,230.00	

图 3-1　银行日记账

H11　　fx　=H10+F11-G11

	A	B	C	D	E	F	G	H
1	银行日记账							
2	2022年 10月	凭证号	摘　要	现金 支票号	转帐 支票号	借 方	贷方	余额
3			上页结转					**50,836.89**
4	2022年10月12日	001	提现	XJ-602			5,000.00	45,836.89
5	2022年10月13日	002	销售收入			15,600.00	0.00	61,436.89
6	2022年10月16日	003	提现	XJ-603			8,000.00	53,436.89
7	2022年10月17日	004	南京电汇			5,700.00	0.00	59,136.89
8	2022年10月18日	005	利息			389.63	0.00	59,526.52
9	2022年10月19日	006	98A原装鼓		7108		980.00	58,546.52
10	2022年10月20日	008	北京晚报广告费		7109		1,520.00	57,026.52
11	2022年10月23日	010	长城饭店		7110		9,230.00	47,796.52

图 3-2　银行日记账计算结果

(4) 选中 F4:F12 区域,单击工具栏上自动求和按钮“Σ 自动求和 ▾”,计算借方合计金额。

(5) 选中 G4:G12 区域,单击工具栏上自动求和按钮“Σ 自动求和 ▾”,计算贷方合计金额。

(6) 选中 F4:F11 区域,在 Excel 窗口最下端的状态栏上就能够看到 平均值: 7,229.88　计数: 3　求和: 21,689.63,显示共有 3 笔收入和收入总计等信息。

二、绝对地址公式应用

具体操作如下:

(1) 在一个新工作表中输入“水费情况”工作表,设置单元格格式,如图 3-3 所示。

(2) 在 D5 单元格输入公式“=C5-B5”,按回车键确认公式。

(3) 在 D5 单元格右下角的填充柄处,拖动鼠标左键进行公式复制,拖动到 D16 单元格,松开鼠标,从 D5 至 D16 所有的单元格均显示出计算结果。

(4) 拖动鼠标选中 B5:D17 区域,单击工具栏上自动求和按钮“Σ 自动求和 ▾”,在 B17:D17 中分别算出上月、本月和实用的水费合计数。

(5) 在 F5 单元格输入水费的单价“5”,单击【公式】工具栏的【定义的名称】组中的【定义名称】,弹出【新建名称】对话框,在【名称】中输入“单价”,单击【确定】按钮。

(6) 在 E5 单元格输入公式“=D5 * 单价”。具体操作如下:在 E5 单元格输入“=”号,进入公式编辑；单击 D5 单元格，输入“ * ”号代表乘号；单击 F5 单元格，在公式中出现的是单价，“× ✓ fx =D5 * 单价”，再单击编辑栏旁“× ✓ fx”的“输入”对钩，确认公式输入完成，出现计算结果，如图 3-4 所示（还可以在公式中锁定 F5 单元格为 $F$5，或者直接输入“5”，即公式为“=D5 * $F$5”或者“=D5 * 5”）。

	A	B	C	D	E
1					
2	XXX区XX号楼X单元水费情况表				
3	单元	水　费			
4	房号	上月	本月	实用	金额
5	101	32	43		
6	102	43	70		
7	201	22	36		
8	202	45	58		
9	301	32	47		
10	302	52	68		
11	401	65	79		
12	402	63	78		
13	501	33	45		
14	502	26	33		
15	601	34	42		
16	602	50	62		
17	合计数:				

图 3-3　水费情况表

	A	B	C	D	E
1					
2	XXX区XX号楼X单元水费情况表				
3	单元	水　费			
4	房号	上月	本月	实用	金额
5	101	32	43	11	55.00
6	102	43	70	27	135.00
7	201	22	36	14	70.00
8	202	45	58	13	65.00
9	301	32	47	15	75.00
10	302	52	68	16	80.00
11	401	65	79	14	70.00
12	402	63	78	15	75.00
13	501	33	45	12	60.00
14	502	26	33	7	35.00
15	601	34	42	8	40.00
16	602	50	62	12	60.00
17	合计数:	497	661	164	820.00

图 3-4　水费绝对引用结果

(7) 在 E5 单元格右下角的填充柄处，拖动鼠标左键进行公式复制，拖动到 E16 单元格，松开鼠标，从 E5 到 E16 所有的单元格均显示出每户应交的水费金额。

三、混合地址公式应用

具体操作如下：

(1) 在一个新工作表中输入员工提成佣金计算表，设置单元格格式，如图 3-5 所示。

	A	B	C	D	E
1	员工提成佣金计算表				
2					
3			发展经销商能力指标		
4	销售指标		弱	中	强
5	级别	销售额	3%	6%	8%
6	1	8000.00			
7	2	6000.00			
8	3	3500.00			
9	4	2000.00			
10	5	1000.00			

图 3-5　员工提成佣金计算表

(2) 在 C6 单元格输入公式"=$B6*C$5"。具体操作如下：在 C6 单元格输入"="号，进入公式编辑；单击 B6 单元格，输入"*"号代表乘号；单击 C5 单元格，在编辑栏中"B6"的"B"字母前输入英文半角的"$"，同样在"C5"的"5"前输入英文半角的"$"（或者用功能键"F4"键进行单元格引用切换），单击编辑栏旁"✗✓fx"的"输入"对钩，确认公式输入完成。

(3) 在 C6 单元格右下角的填充柄处，拖动鼠标左键进行公式复制，拖动到 E10 单元格，计算出 C6:E10 区域中所有的提成金额。

四、跨表计算

具体操作如下：

(1) 新建一个工作表，将工作表重命名为"一月"，内容如图 3-6 所示。

	A	B	C	D	E	F
1	一月销售情况					
2	序号	品牌	型号	价格	数量	合计
3	1	创维	TFT32L16SW	6699	28	187572
4	2	长虹	LT3288	5249	35	183715
5	3	厦华	LC-26U1926	3997	26	103922
6	4	康佳	LC-TM2718G	4197	31	130107
7	5	海信	LC-32U1926	5387	22	118514
8	6	飞利浦	37TA1800/93	10999	15	164985
9	7	TCL	TFT22LEATV	2989	42	125538
10	8	三星	LA40S71BX/XTT	12136	12	145632
11	9	东芝	42WL66C	14987	11	164857
12	10	海尔	D29FA9-AK	6987	20	139740
13	11	三洋	LCD-32CN6	9868	17	167756
14	12	索尼	KLV-40U200A	10200	10	102000

图 3-6　一月销售情况

	A	B	C
1	一季度销售情况		
2	序号	品牌	合计
3	1	创维	
4	2	长虹	
5	3	厦华	
6	4	康佳	
7	5	海信	
8	6	飞利浦	
9	7	TCL	
10	8	三星	
11	9	东芝	
12	10	海尔	
13	11	三洋	
14	12	索尼	

图 3-7　一季度销售情况表

(2) 在"一月"表的基础上，复制工作表制作"二月""三月"工作表，价格和数量自行输入。

(3) 再新建一个工作表，重命名为"一季度"。

(4) 在这个新工作表中输入"一季度销售情况"等信息，设置单元格格式，如图 3-7 所示。

(5) 在 C3 单元格输入公式：先输入"="号，进入公式编辑；单击"一月"工作表标签，单击 F3 单元格，输入"+"号；单击"二月"工作表标签，单击 F3 单元格，输入"+"号；单击"三月"工作表标签，单击 F3 单元格，单击编辑栏旁"✗✓fx"的"输入"对钩，确认公式输入完成，其公式是"fx =一月!F3+二月!F3+三月!F3"。

注意：其中"一月""二月""三月"是工作表名。

(6) 在"一季度"工作表 C3 单元格右下角的填充柄

处,拖动鼠标左键进行公式复制,拖动到 C14 单元格,计算出一季度销售情况的相关数据。

五、合并计算

具体操作如下:

(1)新建一个工作表,表名为"1月",内容如图 3-8 所示。在"1月"表的基础上,复制工作表制作"2月""3月"工作表,价格和数量自行输入(或者引用前面"一月""二月""三月"工作表中的数据)。

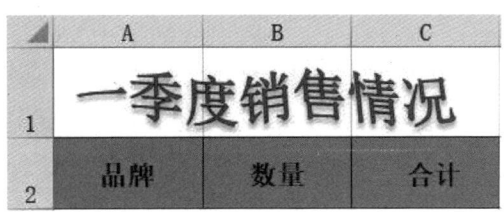

图 3-8 "1月"销售情况

(2)再新建一个工作表,表名是"1季度"。从"1月"工作表中复制第 1、第 2 行,粘贴到"1季度"工作表中。

(3)双击【艺术字】—【编辑文字】,修改名称为"一季度销售情况",调整行距与列宽如图 3-9 所示。

图 3-9 合并计算表头

(4)单击 A3 单元格,单击【数据】工具栏的【数据工具】组中的【合并计算】按钮,出现【合并计算】对话框,如图 3-10 所示。

(5)在【函数】中选择"求和",单击【引用位置】文本框,再单击"1月"工作表标签,拖动选

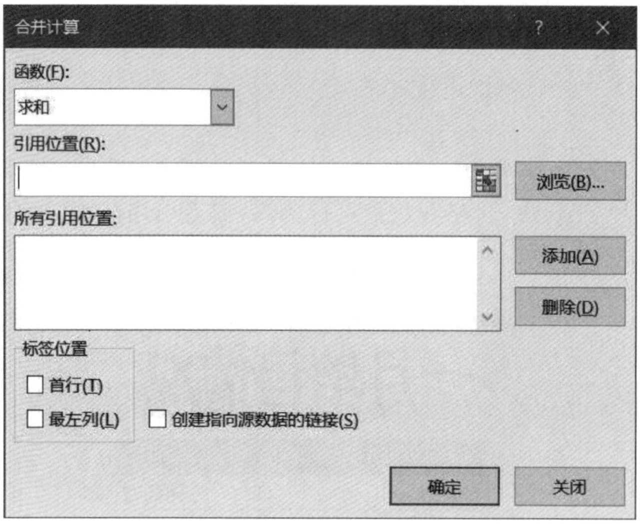

Excel 在会计中的应用(第二版)

图 3-10 【合并计算】对话框

中 A3:C14 区域,单击【添加】按钮;单击"2 月"工作表标签,用鼠标拖动选中 A3:C14 区域,单击【添加】按钮;单击"3 月"工作表标签,拖动选中 A3:C14 区域,单击【添加】按钮;在【标签位置】中,勾选【最左列】和【创建指向源数据的链接】复选框,如图 3-11 所示,单击【确定】按钮。

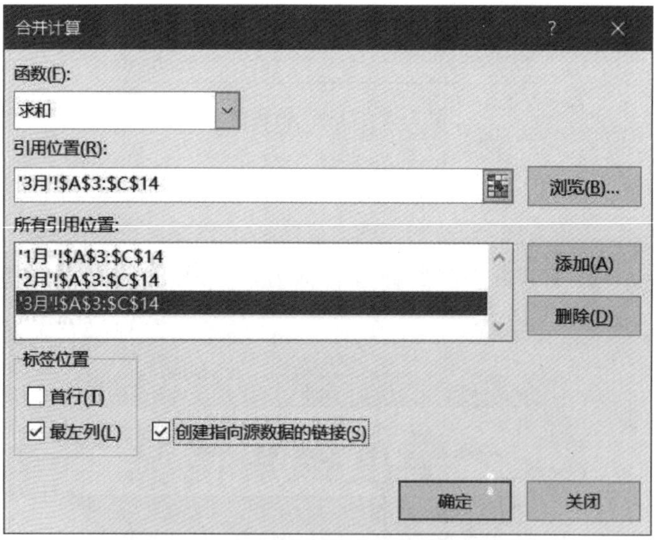

图 3-11 输入【合并计算】对话框信息

(6) 合并计算的结果如图 3-12 所示。

图中行号左侧出现的"1""2"和"+"是有分级的,单击"长虹"前面的"+"号变成"-"号,同时显示引用长虹 1 月、2 月和 3 月的源数据;如果单击"2"则显示引用所有品牌 1 月、2 月和 3 月的源数据;如果再单击"1"则恢复原样。

68

项目三 统计数据的计算

图 3-12 合并计算的结果

任务二 常用函数应用

一、用函数计算一季度的销售总额

具体操作如下：

（1）在一个新工作表中输入一季度销售情况，也可利用前面工作表中的数据，设置相应单元格格式，如图 3-13 所示。

图 3-13 求和函数

69

(2) 选中 B3:E15 区域,单击工具栏"Σ 自动求和"按钮,选中第 15 行和 E 列对应的合计与总计,一次计算出全部的合计数,结果如图 3-14 所示。

	A	B	C	D	E
1	一季度销售情况表				
2	产品名称	一月	二月	三月	合计
3	创维	187572	173030	153065	513667
4	长虹	183715	153360	142744	479819
5	厦华	103922	108220	119815	331957
6	康佳	130107	130816	118494	379417
7	海信	118514	127176	137774	383464
8	飞利浦	164985	174384	194382	533751
9	TCL	125538	124656	109816	360010
10	三星	145632	180990	179820	506442
11	东芝	164857	172428	153978	491263
12	海尔	139740	171200	184896	495836
13	三洋	167756	117588	157856	443200
14	索尼	102000	169983	189772	461755
15	总计	1734338	1803831	1842412	5380581
16	平均值	144528.1667	150319.25	153534.333	448381.75
17	最大值	187572	180990	194382	533751
18	最小值	102000	108220	109816	331957

图 3-14 函数计算结果表

(3) 单击 B16 单元格,单击编辑栏上的"fx"按钮,选中平均函数"AVERAGE",弹出【函数参数】对话框,如图 3-15 所示。

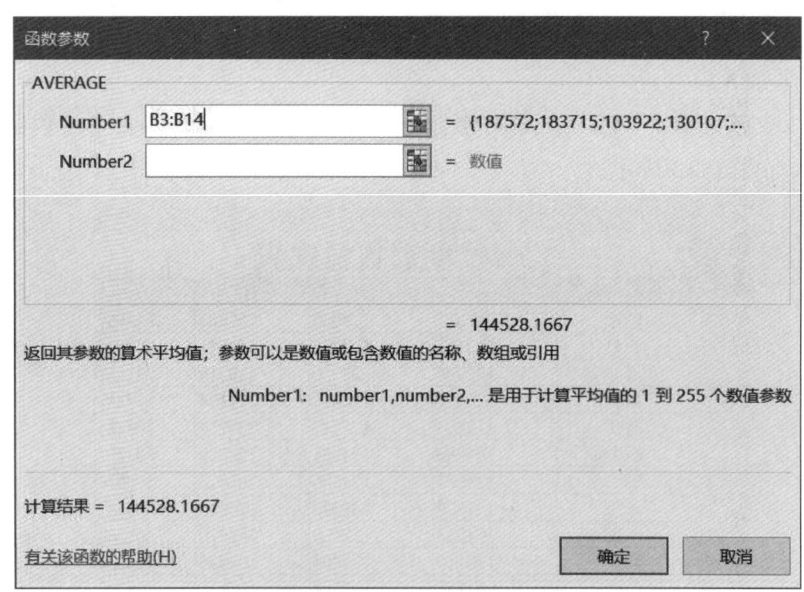

图 3-15 平均函数(AVERAGE)【函数参数】对话框

(4) 在【Number1】文本框中选取范围"B3:B14",单击【确定】按钮。
(5) B16 单元格出现一月份的平均销售额。

（6）在 B16 单元格的填充柄处，拖动鼠标到 E16 单元格计算出二月、三月和一季度的平均销售额。

（7）单击 B17 单元格，单击编辑栏上的"f_x"按钮，选出最大值函数 MAX，出现【函数参数】对话框后，操作同步骤（3）至（6），计算出每月最大销售额。

（8）单击 B18 单元格，单击编辑栏上的"f_x"按钮，选出最小值函数 MIN，出现【函数参数】对话框后，操作同步骤（3）至（6），计算出每月最小销售额。

（9）选中 B5:C5 区域，在 Excel 窗口下端的状态栏上显示出厦华彩电一月、二月的平均销售金额，选中的一月、二月的数值型单元格数目，一月、二月的销售额合计为"平均值：106071 计数：2 求和：212142"。在状态栏上单击鼠标右键，弹出状态栏快捷菜单如图 3-16 所示。

图 3-16　状态栏快捷菜单

二、条件函数

1. 计算工资表

具体操作如下：

（1）在一个新工作表中输入人员工资，设置相应的单元格格式。

（2）输入序号、姓名、部门、职位、基本工资、浮动工资、补贴、三险、病事假、其他等列中的数据,如图 3-17 所示。

	A	B	C	D	E	F	G	H	I	J	K	L	M	N	O	P
1								人员工资								
2	序号	姓名	部门	职位	基本工资	浮动工资	补贴	应发合计	三险	病事假	其他	应扣合计	应发工资	应纳税工资	所得税	实发工资
3	1	刘丹	办公室	经理	18000	2400	500	20900	900			900	20000	15000	1590	18410
4	2	王安	办公室	职员	8730	2000	300	11030	760			760	10270	5270	317	9953
5	3	王浩	办公室	职员	6890	2000	300	9190	760		50	810	8380	3380	128	8252
6	4	刘思宇	办公室	职员	4560	800	300	5660	750	100		850	4810	0	0	4810
7	5	陈菲菲	人事处	经理	9600	2300	500	12400	850			850	11550	6550	445	11105
8	6	高欣悦	人事处	职员	4810	2000	300	7110	800	50		850	6260	1260	37.8	6222.2
9	7	赵秀丽	人事处	职员	3340	1800	300	5440	700			700	4740	0	0	4740
10	8	黄琪	人事处	职员	4620	1800	300	6720	740		50	790	5930	930	27.9	5902.1
11	9	蔡怡帆	人事处	职员	2800	1800	300	4000	680			680	3320	0	0	3320
12	10	赵天琪	财务处	经理	9480	2400	500	12380	880			880	11500	6500	440	11060

图 3-17 人员工资表(部分)

(3) 在"应发合计"列的 H3 单元格输入公式"=SUM(E3:G3)",在 H3 单元格的填充柄处,拖动鼠标复制公式到 H18 单元格,计算所有人员的应发合计。

(4) 在"应扣合计"列的 L3 单元格输入公式"=SUM(I3:K3)",在 L3 单元格的填充柄处,拖动鼠标复制公式到 L18 单元格,计算所有人员的应扣合计。

(5) 在"应发工资"列的 M3 单元格输入公式"=H3−L3",在 M3 单元格的填充柄处,拖动鼠标复制公式到 M18 单元格,计算所有人员的应发工资。

(6) 在工资数据区域外的一个单元格中输入免征额的值,如"5000",再选中这个单元格,单击【公式】工具栏的【定义的名称】组中的【定义名称】,弹出【新建名称】对话框,在【名称】中输入"免征额",单击【确定】按钮,完成单元格名称定义。

(7) 在"应纳税工资"列的 N3 单元格输入公式"=IF(M3<免征额,0,M3−免征额)"。具体操作步骤如下:单击 N3 单元格,单击编辑栏上的"fx"按钮,选择 IF 函数,出现【函数参数】对话框后,在【Logical_test】文本框中点击【拾取】按钮,单击 M3 单元格,输入"<"号,单击工作表中免征额所在的单元格;在【Value_if_true】文本框中输入"0";在【Value_if_false】文本框中点击【拾取】按钮,单击 M3 单元格,输入"−"号,单击工作表中免征额所在的单元格,如图 3-18 所示,单击【确定】按钮。

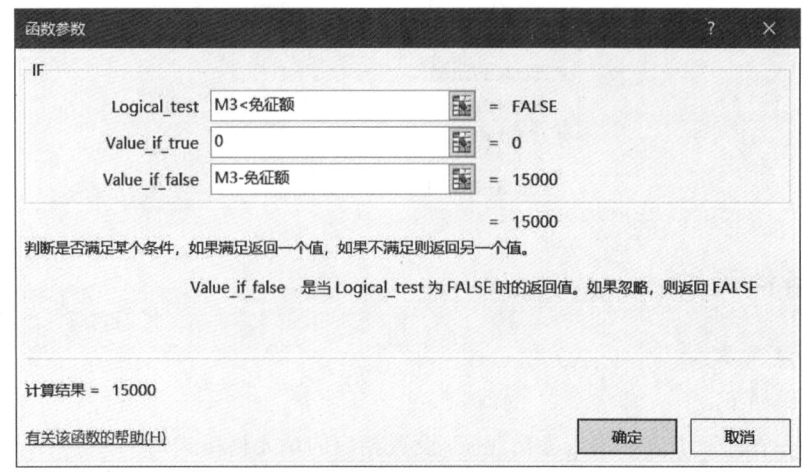

图 3-18 IF 函数【函数参数】对话框

(8) 在 N3 单元格的填充柄处,拖动鼠标到 N18 单元格,计算出所有人员的应纳税工资。

(9) 在工作表的空白处输入个人所得税的税率表,如图 3-19 所示。

	S	T	U	V	W
1					
2			计税规则		
3		工资、薪金所得税率表			
4	级别	应纳税级别低限（元）	应纳税级别高限（元）	税率	速算扣除数
5	1	0	3,000	3%	0
6	2	3,001	12,000	10%	210
7	3	12,001	25,000	20%	1,410
8	4	25,001	35,000	25%	2,660
9	5	35,001	55,000	30%	4,410
10	6	55,001	80,000	35%	7,160
11	7	80,001		40%	15,160

图 3-19 个人所得税计税规则

(10) 在"所得税"列的 O3 单元格输入公式"=IF(N3<3000,N3*0.03,IF(N3<=12000,N3*0.1-210,IF(N3<=25000,N3*0.2-1410,IF(N3<=35000,N3*0.25-2660,IF(N3<=55000,N3*0.3-4410,IF(N3<=80000,N3*0.35-7160,N3*0.4-15160)))))) "。

注意:可以用地址引用方法计算"所得税",公式如下:"=IF(N3<\$U\$5,N3*\$V\$5,IF(N3<=\$U\$6,N3*\$V\$6-\$W\$6,IF(N3<=\$U\$7,N3*\$V\$7-\$W\$7,IF(N3<=\$U\$8,N3*\$V\$8-\$W\$8,IF(N3<=\$U\$9,N3*\$V\$9-\$W\$9,IF(N3<=\$U\$10,N3*\$V\$10-\$W\$10,N3*\$V\$11-\$W\$11))))))"。

(11) 在 O3 单元格的填充柄处,拖动鼠标复制公式到 O18 单元格,计算出所有人员的应纳税工资。

(12) 在"实发工资"列的 P3 单元格输入公式"=M3-O3",在 P3 单元格的填充柄处,拖动鼠标复制公式到 P18 单元格,计算出所有人员的应纳税工资。

2. 销售业绩统计

具体操作如下:

(1) 在一个新工作表中输入"销售业绩"工作表,在 A1 至 F1 单元格分别输入"工号""姓名""性别""销售额""销售等级""销售奖金"。D18 单元格输入"总销售额",D19 单元格输入"总销售奖金",D20 单元格输入"男的销售总额",D21 单元格输入"男的销售奖金总额",D22 单元格输入"大于 90000 的销售总额",D23 单元格输入"销售等级为一等的总销售额",D24 单元格输入"销售等级为一等的总奖金额",设置相应单元格格式,如图 3-20 所示。

(2) 在"销售等级"列的 E2 单元格输入公式"=IF(D2>=90000,"一等",IF(D2>=

	A	B	C	D	E	F
1	工号	姓名	性别	销售额	销售等级	销售奖金
2	001	刘丹	男	66000	三等	600
3	002	王安	女	77000	二等	1500
4	003	王浩	男	88000	二等	1500
5	004	刘思宇	女	99000	一等	3000
6	005	陈菲菲	男	55000	三等	600
7	006	高欣悦	女	46000	三等	600
8	007	赵秀丽	男	98000	一等	3000
9	008	黄琪	女	72000	二等	1500
10	009	蔡怡帆	男	60000	三等	600
11	010	赵天琪	女	100000	一等	3000
12	011	李冠华	男	101000	一等	3000
13	012	刘鸿	女	86000	二等	1500
14	013	郑义	男	67000	三等	600
15	014	张旭	女	91000	一等	3000
16	015	王明明	男	70000	二等	1500
17						
18				总销售额		
19				总销售奖金		
20				男的销售总额		
21				男的销售奖金总额		
22				大于90000的销售总额		
23				销售等级为一等的总销售额		
24				销售等级为一等的总奖金额		

图 3-20 销售业绩表

70000,"二等","三等"))",在 E2 单元格的填充柄处,拖动鼠标复制公式到 E16 单元格,计算出所有人员的销售等级。

(3)在"销售奖金"列的 F2 单元格输入"=IF(D2>=90000,3000,IF(D2>=70000,1500,600))"公式,在 F2 单元格的填充柄处,拖动鼠标复制公式到 F16 单元格,计算出所有人员的销售奖金。

(4)在 F18 单元格输入公式"=SUM(D2:D16)"。

F19 单元格输入公式"=SUM(F2:F16)"。

F20 单元格输入公式"=SUMIF(C2:C16,"男",D2:D16)"。

F21 单元格输入公式"=SUMIF(C2:C16,"男",F2:F16)"。

F22 单元格输入公式"=SUMIF(D2:D16,">=90000",D2:D16)"。

F23 单元格输入公式"=SUMIF(E2:E16,"一等",D2:D16)"。

F24 单元格输入公式"=SUMIF(E2:E16,"一等",F2:F16)"。

计算结果如图 3-21 所示。

三、计数函数

具体操作如下:

(1)在一个新工作表中输入下列数据,设置相应的单元格格式,如图 3-22 所示。

项目三 统计数据的计算

	A	B	C	D	E	F
1	工号	姓名	性别	销售额	销售等级	销售奖金
2	001	刘丹	男	66000	三等	600
3	002	王安	女	77000	二等	1500
4	003	王浩	男	88000	二等	1500
5	004	刘思宇	男	99000	一等	3000
6	005	陈菲菲	女	55000	三等	600
7	006	高欣悦	女	46000	三等	600
8	007	赵秀丽	男	98000	一等	3000
9	008	黄琪	女	72000	二等	1500
10	009	蔡怡帆	男	60000	三等	600
11	010	赵天琪	女	100000	一等	3000
12	011	李冠华	男	101000	一等	3000
13	012	刘鸿	女	86000	二等	1500
14	013	郑义	男	67000	三等	600
15	014	张旭	男	91000	一等	3000
16	015	王明明	男	70000	二等	1500
17						
18					总销售额	1176000
19					总销售奖金	25500
20					男的销售总额	740000
21					男的销售奖金总额	16800
22					大于90000的销售总额	489000
23					销售等级为一等的总销售额	489000
24					销售等级为一等的总奖金额	15000

图 3-21 销售业绩统计数据

	A	B	C	D
1	职务	年龄	学历	毕业成绩
2	编审	45	大学本科	100
3	编审	52	大专	98
4	编审	38	大专	
5	副编审	35	大学本科	89
6	编辑	43	大专	
7	副研究馆员	45	大学本科	100
8	副编审	54	大学本科	99
9	副编审	40	大专	96
10	会计师	39	大学本科	
11	编审	50	大学本科	91
12	一级校对	54	中专	86
13	馆员	49	大学本科	88
14	会计师	48	大学本科	100
15	一级校对	62	大学本科	98
16	一级校对	42	高中	96

图 3-22 计数函数列表

（2）在 A23、B23 单元格分别输入"年龄"，A24 单元格输入"＞30"，B24 单元格输入"＜50"，如图 3-23 所示。选中区域 A23:B24，单击【公式】工具栏的【定义的名称】组中的【定义名称】，弹出【新建名称】对话框，在【名称】中输入"年龄条件"，单击【确定】按钮。

	A	B
23	年龄	年龄
24	>30	<50

图 3-23 计数条件区域设置

(3) 单击 B18 单元格，单击编辑栏上的"f_x"按钮，选择"COUNT"函数，弹出【函数参数】对话框，如图 3-24 所示。在【value1】文本框，单击【拾取】按钮，在工作表中选中区域 D2：D16，单击【确定】按钮，得到公式"＝COUNT(D2:D16)"，计算结果等于"12"，即统计出有毕业成绩的人数是 12 人。

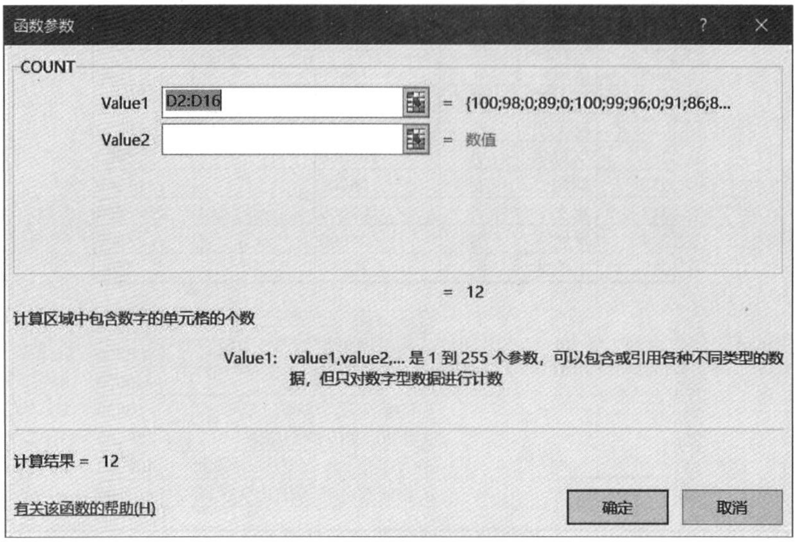

图 3-24　COUNT 函数对话框

(4) 单击 B19 单元格，单击编辑栏上的"f_x"按钮，选择"COUNTBLANK"函数，弹出【函数参数】对话框，如图 3-25 所示。在【Range】文本框中，单击【拾取】按钮，在工作表中选中区域 D2：D16，单击【确定】按钮，得到公式"＝COUNTBLANK(D2:D16)"，计算结果等于"3"，即统计出没有毕业成绩的人数是 3 人。

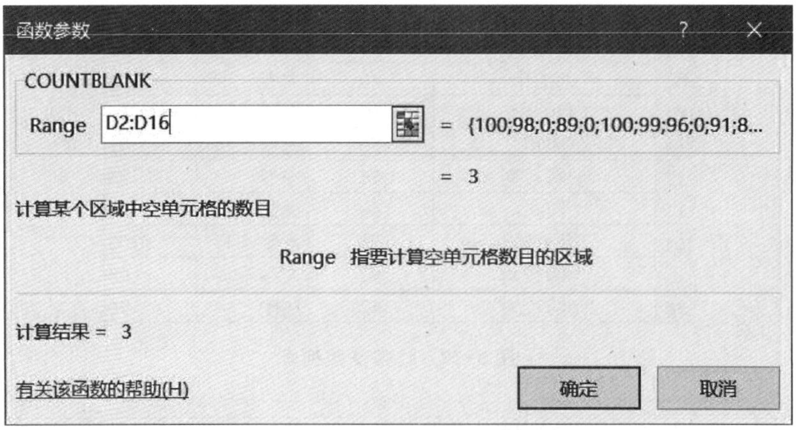

图 3-25　COUNTBLANK【函数参数】对话框

(5) 单击 B20 单元格，单击编辑栏上的"f_x"按钮，选择"COUNTIF"函数，弹出【函数参数】对话框，如图 3-26 所示。在【Range】文本框中，单击【拾取】按钮，在工作表中选中区域

A2:A16;在【Criteria】文本框中,输入"编审",单击【确定】按钮,得到公式"＝COUNTIF(A1:A16,"编审")",计算结果等于"4",即职业为编审的人数有 4 人。

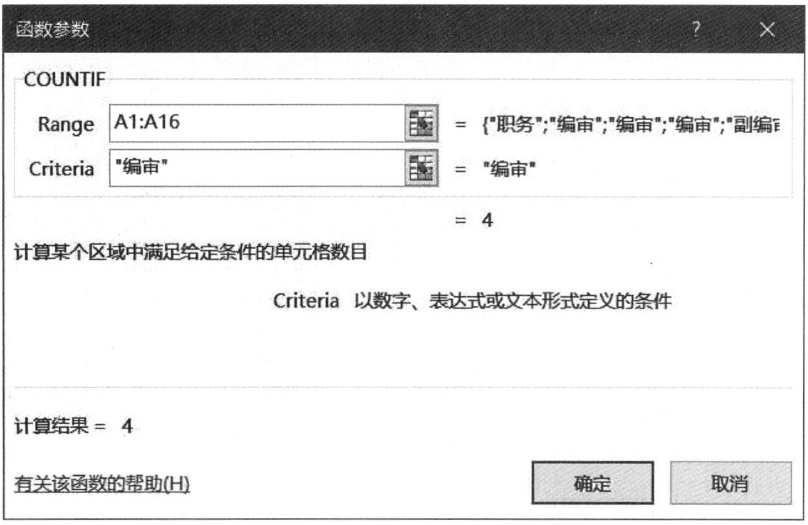

图 3-26　COUNTIF【函数参数】对话框

(6) 单击 B21 单元格,单击编辑栏上的"f_x"按钮,选择"DCOUNT"函数,弹出【函数参数】对话框,在【Database】文本框中,单击【拾取】按钮,在工作表中选中区域 B1:B16;在【Field】文本框中,输入"B1";在【Criteria】文本框中,单击【拾取】按钮,在工作表中选中区域 A23:B24,因为已经定义了名称,所以出现了定义的名称为"年龄条件",如图 3-27 所示。单击【确定】按钮,得到公式"＝DCOUNT(B1:B16,B1,年龄条件)",计算结果等于"10",即年龄在 30 至 50 岁之间的人员有 10 人。

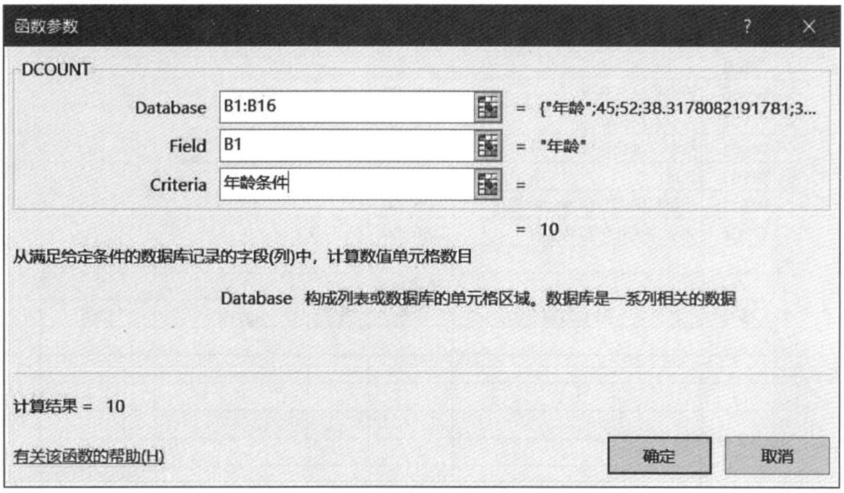

图 3-27　DCOUNT【函数参数】对话框

(7) 统计的结果如图 3-28 所示。

	A	B	C	D
1	职务	年龄	学历	毕业成绩
2	编审	45	大学本科	100
3	编审	52	大专	98
4	编审	38	大专	
5	副编审	35	大学本科	89
6	编辑	43	大专	
7	副研究馆员	45	大学本科	100
8	副编审	54	大学本科	99
9	副编审	40	大专	96
10	会计师	39	大学本科	
11	编审	50	大学本科	91
12	一级校对	54	中专	86
13	馆员	49	大学本科	88
14	会计师	48	大学本科	100
15	一级校对	62	大学本科	98
16	一级校对	42	高中	96
17				
18	有成绩	12	人	
19	无成绩	3	人	
20	编审数量:	4	人	
21	按年龄条件区计数:	10	人	

图 3-28　计数函数结果

四、查找函数

1. LOOKUP 函数

具体操作如下：

（1）在一个新工作表中输入下列数据，设置相应单元格格式，如图 3-29 所示。

	A	B	C	D	E	F
1		图书库				
2	编号	图书名称	单价			
3	W006	计算机文化基础	18.00			
4	W101	办公自动化软件	36.00			
5	W102	概率与统计分析	38.00			
6	W103	论语	22.00			
7	W105	计算机网络与INTERNET应用	25.00			
8	W106	VB程序设计与实例分析	30.00			
9						
10			销售统计			
11	编号	图书名称	单价	数量	小计	日期
12						
13						
14						
15						
16						
17						
18						

图 3-29　LOOKUP 函数数据表

(2) 选中 A3:A8 区域,单击【公式】工具栏【定义的名称】组,选择【定义名称】,弹出【新建名称】对话框,在【名称】输入框中输入"图书编号",如图 3-30 所示,单击【确定】按钮完成名称定义。

(3) 用同样的方法定义 B3:B8 区域为"图书名称",C3:C8 区域为"图书单价"。

(4) 单击 B12 单元格,单击编辑栏上的"f_x"按钮,弹出【插入函数】对话框,在【或选择类别】中选择"查找与引用",在【选择函数】中选择"LOOKUP"函数,如图 3-31 所示,单击【确定】按钮。

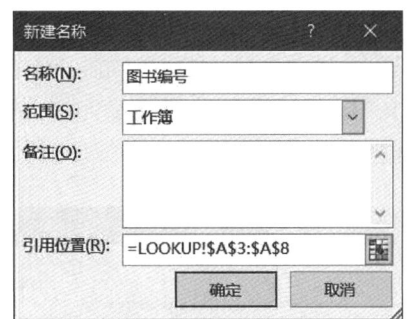

图 3-30 【新建名称】对话框

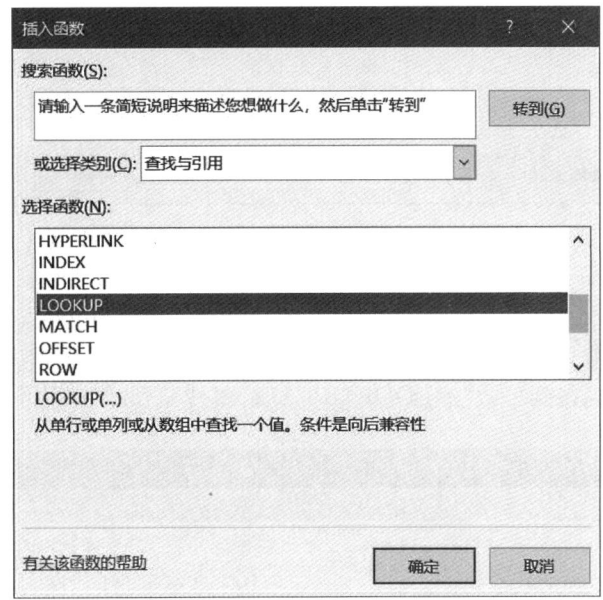

图 3-31 插入 LOOKUP 函数

(5) 在【选定参数】对话框中选择第一个组合参数,如图 3-32 所示,单击【确定】按钮。

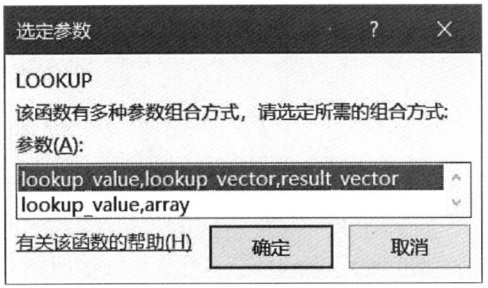

图 3-32 LOOKUP 函数组合参数

(6) 弹出【函数参数】对话框,在【Lookup_value】文本框中,单击【拾取】按钮,在工作表中选中 A12 单元格;在【Lookup_vector】文本框中,单击【拾取】按钮,在工作表中选中区域

A3：A8，因为已经定义了名称，所以出现了定义的名称"图书编号"；在【Result_vector】文本框中，再单击【拾取】按钮，在工作表中选中区域 B3：B8，因为已经定义了名称，所以出现了定义的名称"图书名称"，如图 3-33 所示。单击【确定】按钮，得到公式"＝LOOKUP(A12,图书编号,图书名称)"。

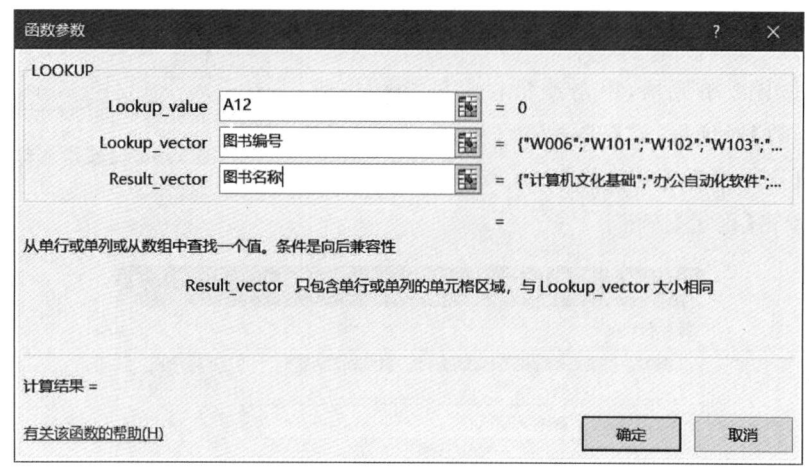

图 3-33　输入 LOOKUP 函数参数 1

（7）单击 C12 单元格，重复步骤(4)至(6)，不同之处是在【Result_vector】文本框中，单击【拾取】按钮，在工作表中选中区域 C3：C8，出现了定义的名称"图书单价"，如图 3-34 所示。单击【确定】按钮，得到公式"＝LOOKUP(A12,图书编号,图书单价)"。

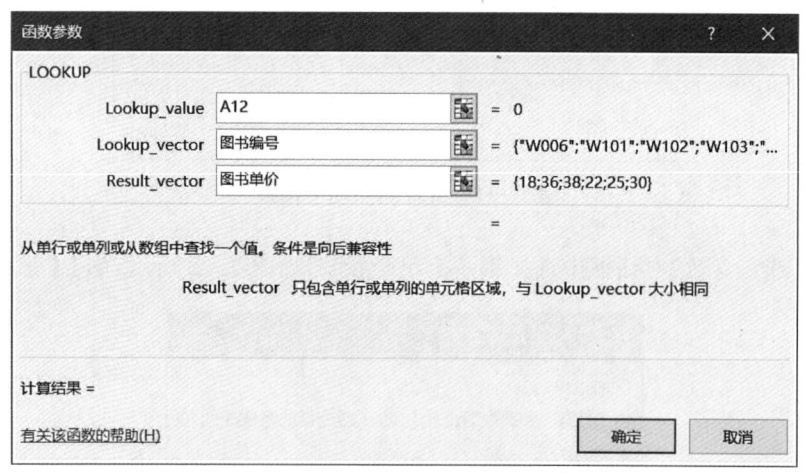

图 3-34　输入 LOOKUP 函数参数 2

（8）在 E12 单元格输入公式"＝C12＊D12"，工作表显示如图 3-35 所示。

10	销售统计				
11	编号	图书名称	单价	数量	小计	日期
12		#N/A	#N/A		#N/A	

图 3-35　输入 LOOKUP 函数显示情况

(9) 在 A12 单元格输入"W106",D12 单元格输入"20",G12 单元格输入"2023-1-10"按回车键确定,结果如图 3-36 所示。

10	销售统计				
11	编号	图书名称	单价	数量	小计	日期
12	w106	VB程序设计与实例分析	30.00	20	600.00	2023年1月10日

图 3-36 引用 LOOKUP 函数结果

(10) 用填充柄复制 B12、C12 和 D12 单元格公式,以后只要在 A 列(编号列)输入图书库已有的图书,对应的图书名称和图书单价就会自动出现。输入数量后,也会自动计算出小计。

(11) 若不想在没有输入图书编号时,在已输入公式的单元格中出现"♯N/A"的提示,可以把 B12 单元格的公式改为"=IF(A12="",",LOOKUP(A12,图书编号,图书名称))",C12 单元格的公式改为"=IF(A12="",",LOOKUP(A12,图书编号,图书单价))",E12 单元格的公式改为"=IF(D12="",",C12*D12)",这样在"图书名称""单价""小计"列中的单元格就不会出现"♯N/A"的提示了。

2. VLOOKUP 函数

具体操作如下:

(1) 在一个新工作表中输入下列数据,设置相应单元格格式,如图 3-37 所示。

	A	B	C	D
1	员工号	姓名	部门	职务
2	A01082	刘丹	办公室	经理
3	A02095	王安	人事处	经理
4	A03236	王浩	综合部	经理
5	A05023	刘思宇	企划部	经理
6	A03507	陈菲菲	开发部	职员
7	A04035	高欣悦	推广部	经理
8	A01048	赵秀丽	综合部	职员
9	A02267	黄琪	开发部	经理
10	A06002	蔡怡帆	财务处	经理
11	A07031	赵天琪	销售部	职员
12	A08056	李冠华	办公室	职员
13	A05241	刘鸿	人事处	职员
14	A07546	郑义	综合部	技术经理
15	A08084	张旭	开发部	技术经理
16	A09095	王明明	财务处	职员
17	A06069	钱媛	销售部	技术经理
18	A07002	赵铭	企划部	职员
19	A05728	孙雅静	推广部	职员
20	A06301	杨晓君	推广部	职员
21	A08563	李博宇	企划部	职员
22	A09002	张向红	销售部	职员
23	A03069	林琳	销售部	职员
24				
25	输入工号		输入姓名	
26	显示姓名		查找所属部门	
27	显示部门		查找职务	
28	显示职务			

图 3-37 引用 VLOOKUP 函数人员情况表

(2) 在 B26 单元格输入公式"=VLOOKUP(B25,A1:D23,2,FALSE)",弹出【函数参数】对话框,如图 3-38 所示。

图 3-38 设置 VLOOKUP 函数参数

其中 Lookup_value 的含义为需要在数据区域第一列中查找的值,它可以为数值、引用或者是文本。Table_array 的含义为需要在其中查找数据的数据区域。CoI_index_num 的含义为 Table_array 中要返回的值的列序号。Range_lookup 参数为可选参数,它是一个逻辑值,如果为 TRUE 或者忽略,则表示返回近似匹配值,也就是说,当不能精确匹配时,则找小于 Lookup_value 的最大数值;如果 Range_lookup 为 FALSE,函数 VLOOKUP 将只找精确的匹配值;如果找不到,就返回错误值"♯N/A"。

(3) 在 B27 单元格输入公式"=VLOOKUP(B25,A1:D23,3,FALSE)"。

(4) 在 B28 单元格输入公式"=VLOOKUP(B25,A1:D23,4,FALSE)"。

(5) 在 E26 单元格输入公式"=VLOOKUP(E25,B1:D23,2,FALSE)"。

(6) 在 E27 单元格输入公式"=VLOOKUP(E25,B1:D23,3,FALSE)"。

(7) 在 B25 和 E25 单元格分别输入某位员工的工号和姓名,则工作表显示结果如图 3-39 所示。

图 3-39 VLOOKUP 函数查找人员情况结果

五、日期函数

具体操作如下:

(1) 在 A1 单元格输入"日期",B1 单元格输入"年",C1 单元格输入"月",D1 单元格输入"日",E1 单元格输入"星期",F1 单元格输入"日期"。各列内容按照下列步骤输入公式,计算得出日期。工作表显示如图 3-40 所示。

	A	B	C	D	E	F
1	日期	年	月	日	星期	日期
2	2021年10月31日	2021年	10月	31日	周日	2021年10月31日
3	2019年5月9日	2019年	5月	9日	周四	2019年5月9日
4	2020年8月10日	2020年	8月	10日	周一	2020年8月10日
5	2016年5月11日	2016年	5月	11日	周三	2016年5月11日
6	2022年11月12日	2022年	11月	12日	周六	2022年11月12日
7	2019年5月13日	2019年	5月	13日	周一	2019年5月13日
8	2018年5月14日	2018年	5月	14日	周一	2018年5月14日
9	2017年6月20日	2017年	6月	20日	周二	2017年6月20日
10	2022年6月21日	2022年	6月	21日	周二	2022年6月21日

图 3-40 日期函数表

（2）在 B2 单元格输入函数，单击编辑栏上的"*fx*"按钮，弹出【插入函数】对话框，在【选择类别】中选择"日期与时间"，在【选择函数】中选择"YEAR"函数，在【Serial_number】文本框中，单击 A2 单元格，如图 3-41 所示，单击【确定】按钮。

设置单元格格式，在【数字】选项卡分类中选择"自定义"，类型中输入"＃＃＃＃"年""（年的引号是一对英文双引号），选中 B2 单元格，用填充柄向下填充，计算出年份。

图 3-41 设置 YEAR 函数参数

（3）在 C2 单元格输入函数，单击编辑栏上的"*fx*"按钮，弹出【插入函数】对话框，在【选择类别】中选择"日期与时间"，在【选择函数】中选择"MONTH"函数，在【Serial_number】文本框中，单击 A2 单元格，如图 3-42 所示，单击【确定】按钮。

设置单元格格式，在【数字】选项卡中的分类中选"自定义"，类型中输入"＃＃"月""（月的引号是一对英文双引号），选中 C2 单元格，用填充柄向下填充，计算出月份。

（4）在 D2 单元格输入函数，单击编辑栏上的"*fx*"按钮，弹出【插入函数】对话框，在【选择类别】中选择"日期与时间"，在【选择函数】中选择"DAY"函数，在【Serial_number】文本框中，单击 A2 单元格，如图 3-43 所示，单击【确定】按钮。

设置单元格格式，在【数字】选项卡中的分类中选"自定义"，类型中输入"＃＃"日""（日的引号是一对英文双引号），选中 D2 单元格，用填充柄向下填充，所有对应日期的日就计算出来了。

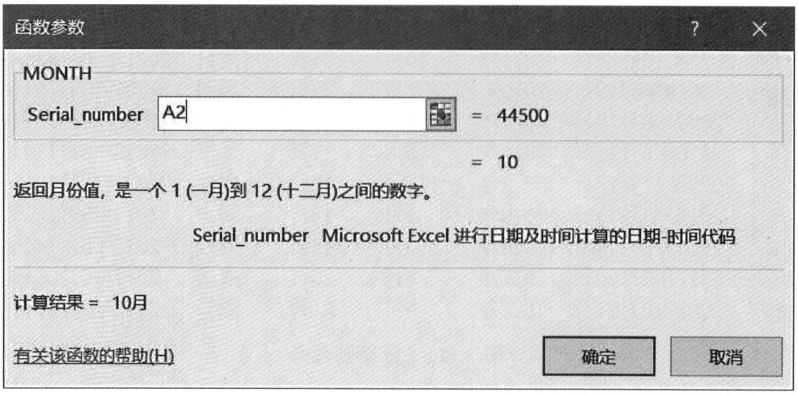

图 3-42 设置 MONTH 函数参数

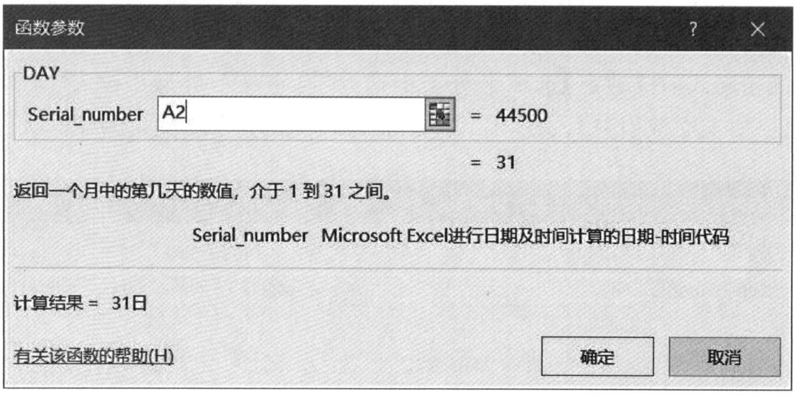

图 3-43 设置 DAY 函数参数

（5）在 E2 单元格输入函数，单击编辑栏上的"f_x"按钮，弹出【插入函数】对话框，在【选择类别】中选择"日期与时间"，在【选择函数】中选择"WEEKDAY"函数，在【Serial_number】文本框中，单击 A2 单元格，在【Return_type】文本框中，输入"1"，如图 3-44 所示，单击【确定】按钮。在 E2 单元格用填充柄向下填充，得到所有对应日期的星期。

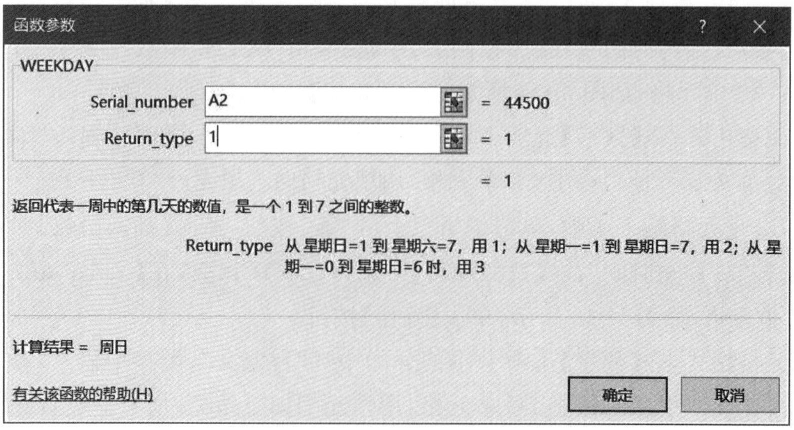

图 3-44 设置 WEEKDAY 函数参数

(6) 在 F2 单元格输入函数,单击编辑栏上的"fx"按钮,弹出【插入函数】对话框,在【选择类别】中选出"日期与时间",在【选择函数】中选择"DATE"函数;在【Year】文本框中,单击 B2 单元格;在【Month】文本框中,单击 C2 单元格;在【Day】文本框中,单击 D2 单元格,如图 3-45 所示,单击【确定】按钮,即把分别存放的年、月、日的单元格数据合成一个日期型数据。在 F2 单元格用填充柄向下填充,得到所有对应日期。

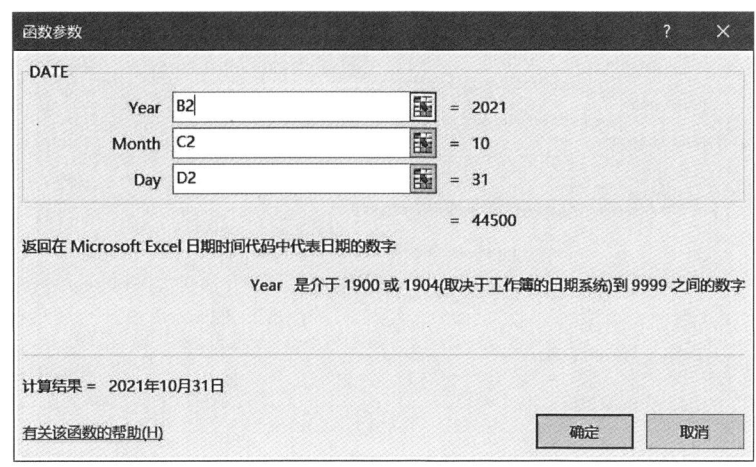

图 3-45　设置 DATE 函数参数

六、定位与提取函数

1. MID 函数

具体操作如下:

(1) 新建一个工作表,在工作表标签处,单击鼠标右键,弹出工作表快捷菜单,执行【重命名】命令,将工作表名称修改为"身份证信息"。

(2) 在工作表"身份证信息"标签处,单击鼠标右键,执行【工作表标签颜色】命令,将工作表标签设置为适合的颜色。

(3) 在 A1 单元格输入"人员身份证信息表",A3 单元格输入"序号",B3 单元格输入"姓名",从其他表复制一些姓名放在"姓名"列,C3 单元格输入"身份证号",D3 单元格输入"出生年月日",E3 单元格输入"年",F3 单元格输入"月",G3 单元格输入"日",H3 单元格输入"星期",I3 单元格输入"性别数字",J3 单元格输入"性别","身份证号"列自行输入人员的身份证号码。工作表显示如图 3-46 所示。

	A	B	C	D	E	F	G	H	I	J
1				人员身份证信息表						
2										
3	序号	姓名	身份证号	出生年月日	年	月	日	星期	性别数字	性别
4	1	王伟	110101197812016019							
5	2	陈美萱	310206198205121268							

图 3-46　身份证信息表

(4) 在 D4 单元格输入函数,单击编辑栏上的"fx"按钮,弹出【插入函数】对话框,在【选择类别】中选择"日期与时间",在【选择函数】中选择"DATE"函数。在【Year】文本框中,选择"MID"函数。在"MID"函数的【Text】文本框中,单击 C4 单元格;在【Start_num】文本框中,输入"7";在【Num_chars】文本框中,输入"4",如图 3-47 所示。

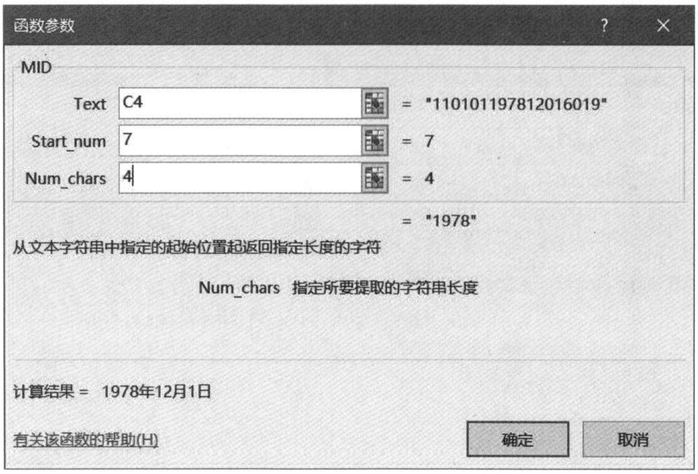

图 3-47 DATE 函数中【Year】文本框中的 MID 函数参数

(5) 用鼠标在编辑栏上的"DATE"函数名处单击,回到"DATE"函数的【函数参数】对话框,再单击【Month】文本框,同【Year】文本框操作方法一样,选择"MID"函数,参数如图 3-48 所示。在编辑栏上的"DATE"函数名处单击,回到"DATE"函数的【函数参数】对话框,单击【Day】文本框,同【Year】文本框操作方法一样,选中"MID"函数,参数如图 3-49 所示。

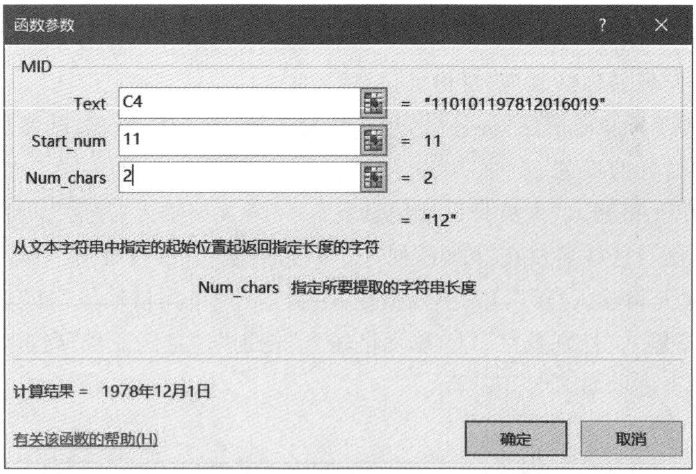

图 3-48 DATE 函数中【Month】文本框中的 MID 函数参数

(6) 单击编辑栏上的"DATE"函数名处,回到"DATE"函数的【函数参数】对话框,如图 3-50 所示,单击【确定】按钮。这样就从身份证号码中提取出生年月日,并用"DATE"函数转化成日期类型数据。

项目三 统计数据的计算

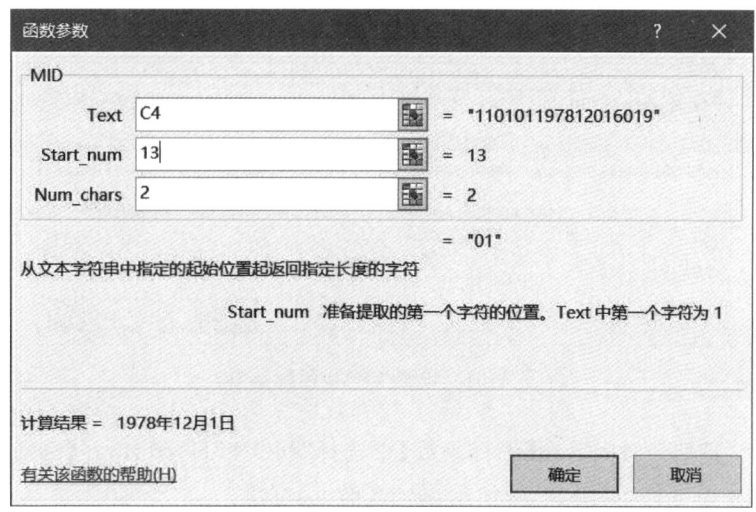

图 3-49 DATE 函数中【Day】文本框的中的 MID 函数参数

图 3-50 日期 DATE 函数对话框

（7）选中 D4 单元格，进行单元格格式设置，在【数字】选项卡中的分类中选择"日期"，类型中选择"2001 年 3 月 14 日"，选中 D4 单元格用填充柄向下填充，所有人员对应的出生日期就计算出来了。

注意：在函数嵌套函数时，从里层嵌套向上返回时，千万不要单击【确定】按钮，而应在编辑栏上单击返回到的函数名处，这样才可以继续编辑输入公式和函数。

（8）在 E4 单元格输入函数，单击编辑栏上的"fx"按钮，弹出【插入函数】对话框，在【选择类别】中选择"日期与时间"，在【选择函数】中选择"YEAR"函数，在【Serial_number】文本框中，单击 D4 单元格，如图 3-51 所示，单击【确定】按钮。

（9）选中 E4 单元格，进行单元格格式设置，在【数字】选项卡中的分类中选"自定义"，类型中输入"＃＃＃＃"年""（年的引号是一对英文双引号），选中 E4 单元格用填充柄向下填充，则所有对应日期的年份就计算出来了。

（10）在 F4 单元格输入函数，单击编辑栏上的"fx"按钮，弹出【插入函数】对话框，在【选

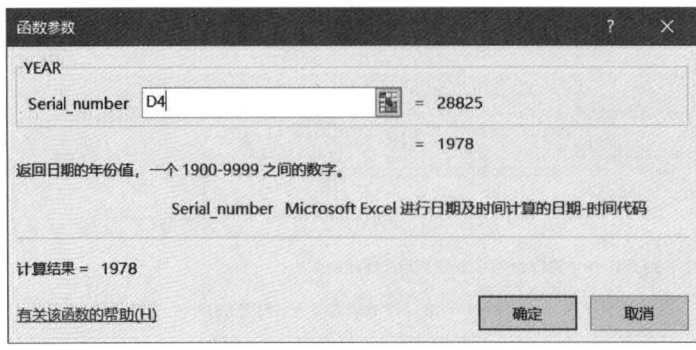

图 3-51 设置 YEAR 函数参数

择类别】中选择"日期与时间",在【选择函数】中选择"MONTH"函数,在【Serial_number】文本框中,单击 D4 单元格,如图 3-52 所示,单击【确定】按钮。

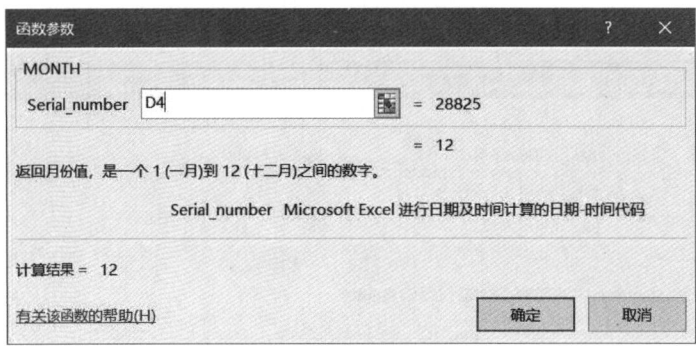

图 3-52 设置 MONTH 函数参数

(11) 选中 F4 单元格,进行单元格格式设置,在【数字】选项卡中的分类中选择"自定义",类型中输入"♯♯"月""(月的引号是一对英文双引号),选中 F4 单元格用填充柄向下填充,则所有对应日期的月份就计算出来了。

(12) 在 G4 单元格输入函数,单击编辑栏上的"fx"按钮,弹出【插入函数】对话框,在【选择类别】中选择"日期与时间",在【选择函数】中选择"DAY"函数,在【Serial_number】文本框中,单击 D4 单元格,如图 3-53 所示,单击【确定】按钮。

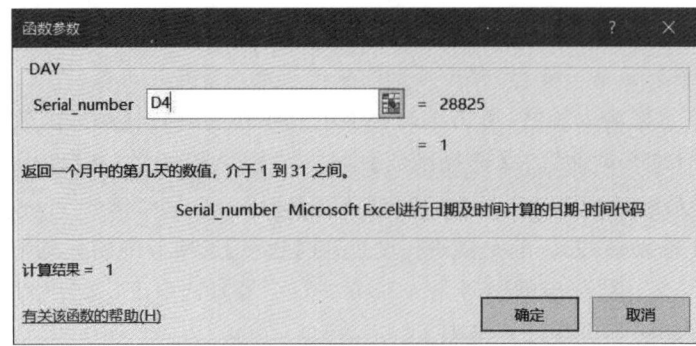

图 3-53 设置 DAY 函数参数

(13) 选中 G4 单元格进行单元格格式设置。在【数字】选项卡中的分类中选择"自定义",类型中输入"♯♯"日""(日的引号是一对英文双引号),选中 G4 单元格用填充柄向下填充,则所有对应日期的日就计算出来了。

(14) 在 H4 单元格输入函数,单击编辑栏上的"fx"按钮,弹出【插入函数】对话框,在【选择类别】中选择"日期与时间",在【选择函数】中选择"WEEKDAY"函数,在【Serial_number】文本框中,单击 D4 单元格,在【Return_type】文本框中,输入"1",如图 3-54 所示,单击【确定】按钮。

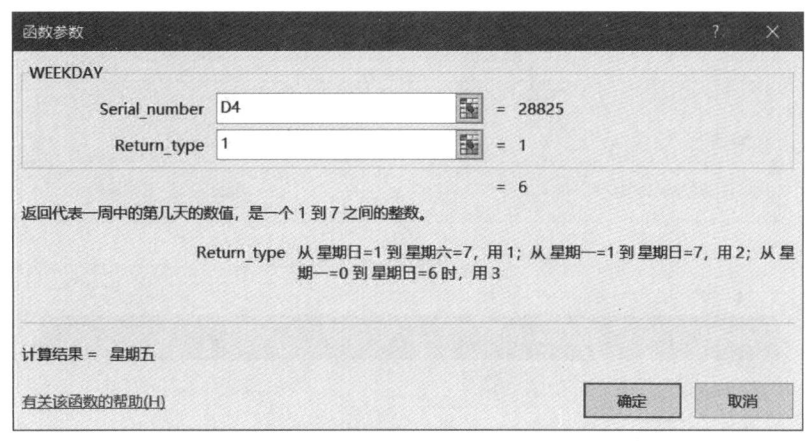

图 3-54 设置 WEEKDAY 函数参数

(15) 选中 H4 单元格进行单元格的格式设置。在【数字】选项卡中的分类中选择"日期",类型中选择"星期三",选中 H4 单元格用填充柄向下填充,则所有对应日期的星期就计算出来了。

注意:①大多数日期函数的参数设置要求必须对日期型数据进行操作,如 YEAR、MONTH、DAY、WEEKDAY 等,而时间函数的参数设置要求必须对日期时间型数据进行操作。②WEEKDAY 函数的参数【Return_type】文本框中可以输入"1""2"和"3",若想设置为中文日期显示格式,必须选"1"。

(16) 在 I4 单元格输入函数,单击编辑栏上的"fx"按钮,弹出【插入函数】对话框,在【选择类别】中选择"文本",在【选择函数】中选择"MID"函数;在【Text】文本框中,单击 C4 单元格;在【Start_num】文本框中,输入"17";在【Num_chars】文本框中,输入"1",如图 3-55 所示,单击【确定】按钮。

(17) 选中 I4 单元格用填充柄向下填充,所有对应身份证性别的数字就计算出来了。

(18) 在 J4 单元格输入函数,单击编辑栏上的"fx"按钮,在【插入函数】对话框中选择"IF"函数,出现【IF 函数参数】对话框后,在【Logical_test】文本框中点击名称框,选择"MOD"函数;在【Number】文本框中,单击 I4 单元格;在【Divisor】文本框中,输入"2",如图 3-56 所示。

(19) 在编辑栏中点击"IF"函数,回到【IF 函数参数】对话框,在【Logical_test】文本框中"MOD(I4,2)"后面输入"=0",使其变成"MOD(I4,2)=0"。在【Value_if_true】文本框中输入"女",在【Value_if_false】文本框中输入"男",如图 3-57 所示,单击【确定】按钮。

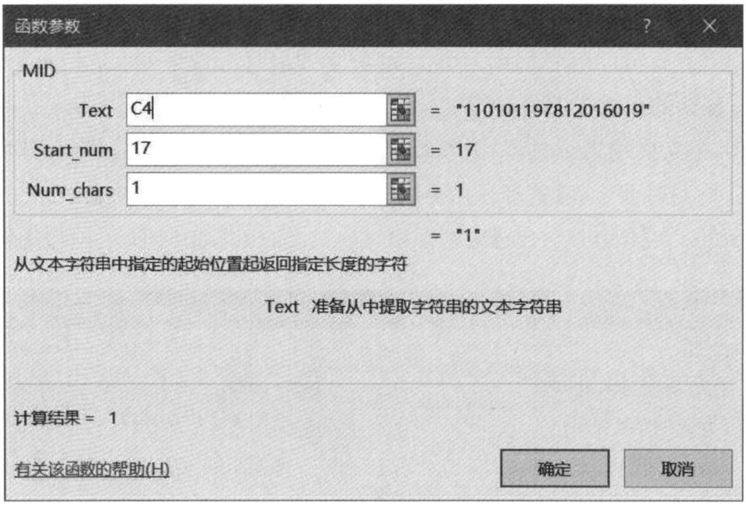

图 3-55　设置 MID 函数参数

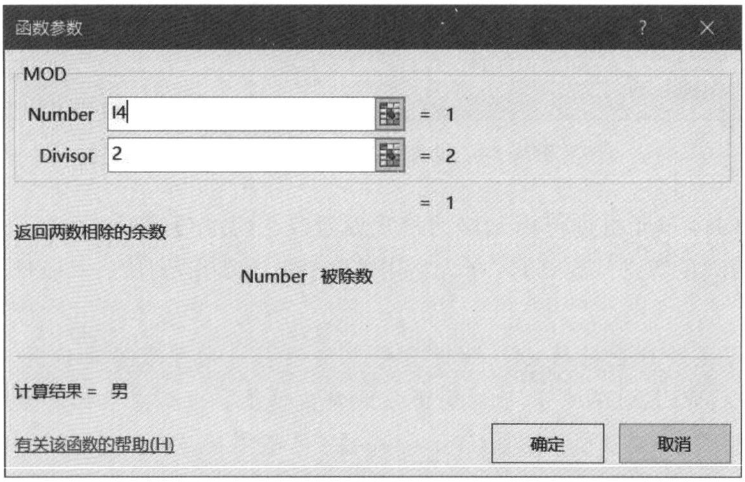

图 3-56　MOD 函数对话框

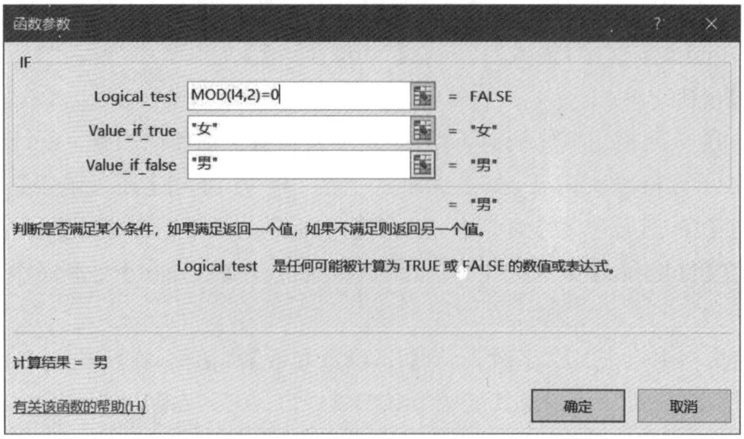

图 3-57　设置 IF 函数参数

(20) 在 J4 单元格用填充柄向下填充,则所有对应身份证的性别就显示出来了。人员身份证信息表最终结果如图 3-58 所示。

	A	B	C	D	E	F	G	H	I	J
1	人员身份证信息表									
2										
3	序号	姓名	身份证号	出生年月日	年	月	日	星期	性别数字	性别
4	1	王伟	110101197812016019	1978年12月1日	1978年	12月	1日	星期五	1	男
5	2	陈美萱	310206198205121268	1982年5月12日	1982年	5月	12日	星期三	6	女

图 3-58　人员身份证信息结果

注意:表中的"性别数字"一列取消,直接输入下列公式显示出每个人的性别,公式为"=IF(MOD(MID(C4,17,1),2)=0,"女","男")"。

2. FIND 函数

具体操作如下:

(1) 新建一个工作表,在工作表标签处,单击鼠标右键,弹出工作表快捷菜单,执行【重命名】命令,将工作表名称修改为"科目信息"。

(2) 在工作表"科目信息"标签处,单击鼠标右键,执行【工作表标签颜色】命令,将工作表标签设置为适合的颜色。

(3) 在工作表中输入下列数据,设置相应单元格格式,如图 3-59 所示。

	A	B	C
1	科目名称	一级科目	二级科目
2	银行存款—工行存款		
3	银行存款—中行存款		
4	库存商品—甲产品		
5	库存商品—乙产品		
6	利润分配—未分配利润		
7	成本—甲产品		
8	生产成本—乙产品		

图 3-59　科目信息

(4) 在一级科目的 B2 单元格输入公式"=LEFT(A2, FIND("—", A2)−1)"。

(5) 在 B2 单元格的填充柄处,拖动鼠标复制公式。

(6) 在二级科目的 C2 单元格输入公式"=MID(A2, FIND("—", A2)+1, LEN(A2)−FIND("—", A2))"。

(7) 在 C2 单元格的填充柄处,拖动鼠标复制公式。科目名称拆分结果,如图 3-60 所示。

	A	B	C
1	科目名称	一级科目	二级科目
2	银行存款—工行存款	银行存款	工行存款
3	银行存款—中行存款	银行存款	中行存款
4	库存商品—甲产品	库存商品	甲产品
5	库存商品—乙产品	库存商品	乙产品
6	利润分配—未分配利润	利润分配	未分配利润
7	成本—甲产品	成本	甲产品
8	生产成本—乙产品	生产成本	乙产品

图 3-60　科目名称拆分结果

任务三 与计算统计数据相关的其他操作

公式和函数是 Excel 中相当重要的内容,在 Excel 中实现数据计算功能全靠它们,但是公式运用灵活、函数种类较多,学习起来比较难,不容易掌握,是 Excel 中的知识难点。

一、公式

1. 公式定义

公式是在工作表中对数据进行分析的等式,可以对工作表数值进行算术运算(如加法、减法或乘法等运算),还可以引用同一工作表中的其他单元格、同一工作簿不同工作表中的单元格,或者其他工作簿的工作表中的单元格。

2. 公式组成

公式由运算符、常量、单元格引用值、名称和工作表函数等元素构成。运算符用来对公式中的各元素进行运算操作。Excel 中的运算符包含算术运算符、比较运算符、文本运算符和引用运算符 4 种类型。所有运算符的输入必须在英文半角状态下。

(1) 算术运算符。算术运算符用来完成基本的数学运算,如加法、减法和乘法等。算术运算符有:+(加)、-(减)、*(乘)、/(除)、%(百分比)、^(乘方)等。

(2) 比较运算符。比较运算符用来对两个数值进行比较,产生的结果为逻辑值 True(真)或 False(假)。比较运算符有=(等于)、>(大于)、<(小于)、>=(大于等于)、<=(小于等于)、<>(不等于)等。

(3) 文本运算符。文本运算符"&"用来将一个或多个文本连接成为一个组合文本。例如,"ABC"&"DEF"的结果为"ABCDEF"。

(4) 引用运算符。引用运算符用来将单元格区域合并运算。引用运算符包括:①区域(":"冒号),表示对包括两个引用在内的所有区域的单元格进行引用,例如,SUM(B1:D5);②联合(","逗号),表示将多个引用合并为一个引用,例如,SUM(B5,B15,D5,D15);③交叉("∨"空格),表示对同时隶属于两个引用的单元格区域的内容的引用。

3. 运算符的优先级

如果公式中同时用到了多个运算符,Excel 将按下面的顺序进行运算:

(1) 如果公式中包含了相同优先级的运算符,Excel 将从左到右进行计算。如果要修改计算的顺序,应把公式需要首先计算的部分输入到圆括号内,即圆括号的运算优先级最高。

(2) 公式中运算符的顺序从高到低依次为:()(圆括号)、:(冒号)、,(逗号)、∨(空格)、-(负号,如-2)、%(百分比)、^(乘幂)、*和/(乘和除)、+和-(加和减)、&(连接符)、比较运算符。

4. 日期和时间的运算

Excel 将日期存储为一系列连续的序列数,而将时间存储为小数,因为时间被看作"天"

的一部分。日期和时间都是数值,可以进行各种运算。

例如,如果要计算两个日期之间的差值,可以用一个日期减去另一个日期。如果通过将单元格的格式设置为"常规"格式,则计算结果将以数字(时间和日期均以"天"为单位)显示。

(1) Excel 支持两种日期系统:1900 年和 1904 年日期系统。默认的日期系统是 1900 年日期系统。如果要改为 1904 年日期系统,应在【文件】菜单中,选择【选项】—【高级】—【计算此工作簿时】,勾选【1904 年日期系统】复选框。

(2) 当在 Excel 中输入日期,但仅为年份输入两位数字时,①如果为年份输入的数字在 00 到 29 之间,则默认为是 2000 到 2029 年。例如,键入"7/30/08",则默认为这个日期为"2008 年 7 月 30 日"。②如果为年份输入的数字在 30 到 99 之间,则默认为是 1930 到 1999 年。例如,键入"7/30/96",则默认为该日期为"1996 年 7 月 30 日"。

5. 公式中的引用

在公式和函数中,经常要引用某一单元格或单元格区域中的数据。单元格的引用需使用工作表中的列标和行号,即单元格的地址。

单元格地址的引用有 3 种:相对引用、绝对引用和混合引用。

(1) 相对引用。相对引用表示某一单元格相对于当前单元格的相对位置。相对引用时,可直接输入单元格的行号和列号或单击单元格,如果公式所在单元格的位置改变,引用也随之改变。例如,在 E9 单元格中输入公式"=E6+E7+E8"后,自动填充 F9 将得到"=F6+F7+F8"的值,即在对 E9 和 F9 单元格填充公式时,公式中引用的单元格地址发生了变化。

(2) 绝对引用。绝对引用表示某一单元格在工作表中的绝对位置。使用绝对引用的公式,无论将其复制到什么位置,总是引用指定的单元格。

单元格的绝对引用的方法:一种是在行号和列号前分别加一个英文半角的"＄"符号;另外一种是给单元格定义名称,在公式中使用名称。在公式中使用的常数也是绝对引用,不会随公式位置的变化而改变。

例如,在 E9 单元格中输入"=E6+＄E＄7+＄E＄8",自动填充 F9 单元格时将得到"=F6+＄E＄7+＄E＄8"的值。因为,在对 E9、F9 单元格填充公式时,由于公式中单元格地址 E7、E8 行号和列号前使用了 ＄ 符号,所以单元格地址 E7、E8 未发生变化。

(3) 混合引用。混合引用是指相对地址与绝对地址的混合使用,例如,E＄6 表示"E"是相对引用,"6"是绝对引用。

6. 引用切换

如果创建了一个公式并希望将相对引用更改为绝对引用(反之亦然),有一种简便的方法,可先选定包含该公式的单元格,然后在编辑栏中选择要更改的引用单元格处并按"F4"键。

每次按"F4"键时,Excel 会在以下组合间切换:绝对列与绝对行(例如,＄A＄1);相对列与绝对行(A＄1);绝对列与相对行(＄A1)以及相对列与相对行(A1),当切换到用户所需的引用时,按回车键确认即可。这样就快速实现了相对引用、绝对引用和混合引用之间的切换。

7. 引用其他工作表数据

引用其他工作表数据的格式一般为"工作表标签！单元格引用"。

如果需要使用三维引用来引用多个工作表上的同一单元格或区域,可按以下步骤进行操作:单击需要输入公式的单元格,输入"="(等于号)。如果需要使用函数,再输入函数名称,接着再键入左圆括号。单击需要引用的第一个工作表标签,按住"Shift"键,单击需要引用的最后一个工作表标签,选中需要引用的单元格或单元格区域,完成公式,按回车键确认。

假设有名称为 Sheet1、Sheet2 和 Sheet3 的三张工作表,现在要用 Sheet1 的 C8 单元格内容乘以"40％",再加上 Sheet2 的 B6 单元格内容乘以"60％"作为 Sheet3 的 A1 单元格的内容,则应该在 Sheet3 的 A1 单元格输入算式"=Sheet1！C8＊40％＋Sheet2！B6＊60％"。具体操作如下:单击 Sheet3 的 A1 单元格,输入"="(等号),单击 Sheet1 的工作表标签,单击 C8 单元格,输入"＊"和"40％";单击 Sheet2 的工作表标签,单击 B6 单元格,输入"＊"和"60％",按回车键确认完成。

8. 引用其他工作簿数据

引用其他工作簿数据的格式一般为"[工作簿名]工作表标签！单元格绝对引用"。

例如,"凭证"工作簿的"Sheet1"工作表的 A1 单元格要引用"销售表"工作簿的"Sheet1"工作表的 A1 单元格的数据,则公式是"=[销售表.xls]Sheet1！＄A＄1"。

除了"凭证"工作簿和"销售表"工作簿都要打开,其他的操作与引用其他工作表数据相同。

9. 公式输入与修改

输入公式的方法有两种:一是直接键入,二是利用插入函数。

(1) 直接键入的具体操作如下:

步骤一,选中需要输入公式的单元格。

步骤二,在所选的单元格中输入等号"=",如果在【插入】菜单中选择了【函数】,或在编辑栏单击" "插入函数按钮,这时将自动插入一个等号。

步骤三,输入公式内容。如果计算中用到单元格中的数据,可用鼠标单击所需引用的单元格,如果输入错误,在未输入新的运算符之前,可再单击正确的单元格;也可使用手工输入的方法引用单元格,即在光标处键入单元格的引用。

步骤四,输入公式后,按"Enter"键,Excel 自动计算并将计算结果显示在单元格中,公式内容显示在编辑栏中。

按"Ctrl+`(位于键盘上数字"1"键的左侧)"键,可使单元格在显示公式内容与公式结果之间进行切换。

(2) 利用插入函数的具体操作如下:在输入的公式中,如果含有函数,【插入函数】将有助于输入函数。在公式中输入函数时,【插入函数】对话框将显示函数的名称、各个参数、函数功能和参数的描述、函数的当前结果和整个公式的结果。如果要显示"插入函数",单击编辑栏上的插入函数按钮" "。

(3) 修改公式的具体操作如下:在已经输入的公式中,可以直接修改。如果含有函数,单击编辑栏上的插入函数按钮" "进入对应函数的对话框进行修改;如果有嵌套的函数,要修改某个函数应先在编辑栏上单击对应函数名,单击插入函数按钮"ƒx"进行修改,也可以继续修改其他的函数,只需在编辑栏单击对应的函数即可。

10. 利用填充功能复制公式

利用拖动填充柄的方式来复制公式:选择公式所在的单元格,移动鼠标到单元格的右下角变成黑"+"字形(即"填充柄"),按住鼠标左键,拖动填充柄到目标区域后,松开鼠标左键,完成公式复制。如果要将同列的其余单元格中的公式进行复制,可以在单元格右下角的填充柄上用鼠标快速单击两下,同列单元格中的所有的公式都复制完成。

11. 数组公式确认

如果要在多个(可以是不相邻)单元格或区域中录入格式相同的公式,可先选中单元格区域,然后输入公式,按"Ctrl+Enter"键(不能只按"Enter"键)。

12. 复制、移动公式

公式和一般的数据一样可以进行编辑,编辑方式同编辑普通的数据一样,一种是双击要编辑的单元格,另外一种是选中要编辑修改的单元格,然后在编辑栏里修改。

复制和粘贴公式,具体操作如下:先选中一个含有公式的单元格,单击工具条上的复制按钮,再选中要复制到的单元格,单击工具条上的粘贴按钮,完成操作。可以发现该方法的效果和使用填充功能的效果是相同的。

公式的其他操作,如移动、删除等,也同一般的数据相同,要注意的是:在有单元格引用的地方,无论使用什么方式填入公式,都存在使用相对引用还是绝对引用的问题。

13. 合并计算

合并计算中共有11种函数可用,引用的地址必须是绝对引用,多个工作表引用时最好是连续的数据区域,而且不同工作表中数据位置应该一致,且行列标志最好一致,这样才能避免引用错误。

合并计算在同一个工作表中时要注意:除只需单击左上角目标单元格外,还要确定左上角目标单元格的右边和下边是否有足够的空间。

14. 合并计算中数据源的链接

合并计算中目标数据最好放在一个新的工作表中,与原数据工作表分开,这样,在合并计算时,确定【创建连至数据源的链接】后,目标工作表保存计算结果,但不更新。在同一个工作表中更改了原数据后会自动更新相关数据。按位置合并计算时,所有原数据的同类型数据按相同位置排列,否则只能用引用方式进行数据处理。

15. 数组公式及其应用

数组公式就是可以同时进行多重计算并返回一种或多种结果的公式。在数组公式中使用两组或多组数据称为数组参数,数组参数可以是一个数据区域,也可以是数组常量。数组公式中的每个数组参数必须有相同数量的行和列。

(1) 数组公式的输入。数组公式的输入步骤如下:

步骤一,选定单元格或单元格区域。如果数组公式将返回一个结果,单击需要输入数组公式的单元格;如果数组公式将返回多个结果,则要选定需要输入数组公式的单元格区域。

步骤二,输入数组公式。

步骤三,同时按"Ctrl+Shift+Enter"组合键,则 Excel 自动在公式的两边加上大括号"{ }"。

特别要注意的是,只有输入公式后同时按"Ctrl+Shift+Enter"组合键,系统才会把公式视为一个数组公式。如果只按"Enter"键,输入的只是一个简单的公式,也只在选中的单元格区域的第一个单元格显示出一个计算结果。

(2) 数组公式中的引用。在数组公式中,通常都使用单元格区域引用,也可以直接键入数值数组,这样键入的数值数组被称为数组常量。若不想在工作表中按单元格逐个输入数值时,可以使用这种方法;若要生成数组常量,必须按如下操作:

步骤一,直接在公式中输入数值,并用大括号"{ }"括起来。

步骤二,不同列的数值用逗号","分开。

步骤三,不同行的数值用分号";"分开。

(3) 编辑数组公式。数组公式的特征之一就是不能单独编辑、清除或移动数组公式所涉及的单元格区域中的某一个单元格。若在数组公式输入完毕后发现错误需要修改,则需要按以下步骤进行:

步骤一,在数组区域中单击任一单元格。

步骤二,单击公式编辑栏,当编辑栏被激活时,大括号"{ }"在数组公式中消失。

步骤三,编辑数组公式内容。

步骤四,修改完毕后,按"Ctrl+Shift+Enter"组合键。

(4) 删除数组公式。选定存放数组公式的所有单元格,按"Delete"键删除。

二、函数

公式和函数是 Excel 最基本、最重要的应用工具,是 Excel 的核心,因此,熟练掌握公式和函数,才能在实际应用中得心应手地使用 Excel。

1. 函数定义

函数是一个预先定义好的内置公式,利用函数可以进行简单或复杂的计算。例如,利用 SUM 函数对单元格或单元格区域所有数值求总和,比创建公式更灵活方便。

2. 函数分类

Excel 2016 提供了 451 个函数,并将它们按功能分为 13 大类,列在【粘贴函数】对话框中,如数学与三角函数、财务函数、日期与时间函数、统计函数、查找与引用函数、数据库函数、文本函数、逻辑函数、信息函数、工程函数等,如图 3-61 所示。

3. 函数的格式

函数的结构以函数名称开始,后按左圆括号、以逗号分隔的参数和右圆括号。如果函数是以公式的形式出现,应在函数名称前面输入等号"="。例如,

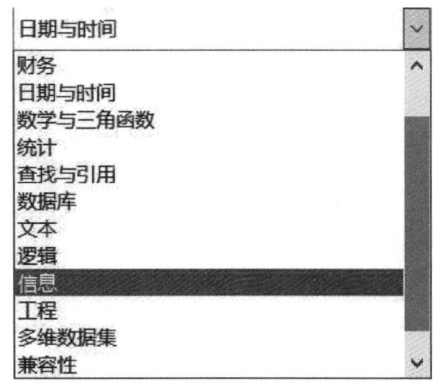

图 3-61 【粘贴函数】对话框

求和可以键入公式"＝SUM(G4:G8)"。

4．函数处理数据的方式

函数处理数据的方式与公式处理数据的方式是相同的,通过引用参数、接收数据,最后返回结果。在函数中使用参数可以是数字、文本、逻辑值或单元格引用,给定的参数必须能产生有效的值,参数也可以是常量、公式或其他函数。大多数情况下,返回的是计算的结果,也可以返回文本、引用、逻辑值、数值或工作表的信息等。

5．函数的结构

在创建包含函数的公式时,如果用户不清楚该函数的基本语法,可在公式选项板的帮助栏中输入正确的函数,操作步骤如下:

(1) 单击需要输入函数的单元格。

(2) 单击编辑栏中【编辑公式】按钮。

(3) 单击【函数】下拉列表框右端的下拉箭头。

(4) 单击选定需要添加到公式中的函数。如果函数没有出现在列表中,可单击【其他函数】查看其他函数列表。当选定某一函数后,会打开公式选项板。

(5) 输入参数。如果用户不清楚函数中各参数的含义,可单击各参数右侧的文本查阅公式选项板下方的提示。

(6) 完成输入公式后,按"Enter"键或单击【确定】按钮。

6．函数的嵌套

在某些情况下,用户可能需要将某函数作为另一函数的参数使用,即函数的参数又引用了函数,这就是函数的嵌套。当嵌套函数作为参数使用时,它返回的数值类型必须是与参数使用的数值类型相同的数值。如果嵌套函数返回的数值类型不正确,Excel 将显示"♯VALUE!"(错误值)。

公式中最多可以包含七级嵌套函数。当函数 B 作为函数 A 的参数时,函数 B 称为第二级函数。

7．函数的输入方法

在函数的输入中,对于比较简单的函数,可采用直接键入的方法。对于较复杂的函数,可利用公式选项板输入。公式选项板的使用方法如下:

(1) 选取要插入函数的单元格。

(2) 单击【公式】工具栏的【函数库】组中的【插入函数】按钮,或者进入公式编辑左边的名称框,之后变成了一个函数的选择列表框,单击这个列表框的下拉箭头,出现【函数分类】列表框。

(3) 在【函数分类】列表框中选择合适的函数类型,在【函数名】列表框中选择所需的函数名。

(4) 单击【确定】按钮,将打开所选函数的【公式选项板】对话框,该对话框显示了该函数的函数名、每个参数、参数的描述和函数的功能。

(5) 根据提示输入每个参数值。为了操作方便,可单击参数框右侧的【拾取】按钮,将对话框的其他部分隐藏,从工作表上单击相应的单元格,然后再次单击该按钮,恢复原对话框。

(6) 单击【确定】按钮,完成函数的使用。

8. 公式选项板

公式选项板如图3-62所示。

图3-62 公式选项板

注意:如果单击编辑栏上的"="号,只是打开【公式选项板】对话框,它显示了最近使用的函数名称。若选定某个函数则显示函数功能并对每个参数进行了说明,填上对应数据能够给出函数和整个公式的当前结果。通过单击编辑栏中的函数名可编辑公式中的函数,进而可更改编辑框中的参数。

9. 自动求和使用

Excel中的求和功能有很多用法,最简单的就是自动求和功能。自动求和计算是一种最常用的公式计算,Excel提供了快捷的自动求和方法,即使用工具栏自动求和按钮"Σ 自动求和▼"来进行,它将自动对活动单元格上方或左侧的数据进行求和计算。操作通常有两种:第一种,光标放在求和结果单元格,单击工具栏"Σ 自动求和▼"按钮,Excel将自动出现求和函数 SUM 以及求和数据区域,或重新输入数据区域修改公式,单击编辑栏旁"✕ ✓ ƒx"的"输入"对勾可以确定公式。第二种,选中要求和的连续数据区域和存放结果单元格,单击工具栏"Σ 自动求和▼"按钮,计算出合计数。

10. 函数引用范围

在函数中选择区域连续用拖动法,或者使用"Shift"键配合鼠标单击区域左上角和右下角单元格,若单元格不连续,可以使用"Ctrl"键来配合鼠标进行拖动选取。

三、Excel 常见错误信息一览

初用 Excel,每个人都会惊叹其与众不同的功能和得心应手的操作。但 Excel 有时也会出现一些错误,诸如"♯♯♯♯♯"或"♯VALUE!"等。想要改正这些因公式错误而导致的问题并不困难,关键是要弄清到底是什么出了错,这样才能对症下药。常见的错误信息及产生的原因通常有以下几种：

1. ＃＃＃＃＃

若单元格中出现"＃＃＃＃＃"，极有可能是因为该单元格中公式所产生的结果太长，该单元格容纳不下；也可能是对日期或时间做减法时出现负值所造成的，通常把列宽加宽就能解决。

2. ＃DIV/O！

当在单元格中出现"＃DIV/O！"，毫无疑问是除法公式出了问题。这时，需要检查一下除数是否为0，或者除数是否指向了一个空单元格（以及包含空单元格的单元格）。解决的办法是修改除数，使其不为0，或是修改单元格引用，使所引用的单元格指向不为0值的单元格。

3. ＃VALUE！

单元格中出现"＃VALUE！"的原因有：一是在需要数字或逻辑值时输入了文本；二是在需要赋单一数据的运算符或函数时，赋给了一个数值区域。确认公式或函数所需的运算符或参数正确，并且公式引用的单元格中包含有效的数值，就可解决此问题。

4. ＃NAME？

单元格中出现"＃NAME？"，这可能是公式中使用了Excel不能识别的文本，也可能是删除了公式中使用的共同名称或使用了不存在以及拼写错误的名称。解决此问题的方法首先是确认函数或公式中引用的名称确实存在，如果所需的名称事先并没有被确定，用户需要添加相应的名称。其次在输入公式过程中要保证引用名称输入的正确性。

5. ＃N/A

在函数或公式中没有可用数值时，单元格中会出现"＃N/A"。如果某些单元格暂时没有数值，可以在这些单元格中输入"＃N/A"，这样，公式在引用这些单元格时不进行数值计算，而是返回"＃N/A"。解决的办法是仔细检查函数或公式中引用的单元格，确认已在其中正确地输入了数据。

6. ＃REF！

单元格中出现"＃REF！"，这是因为该单元格引用无效。例如，删除了有其他公式引用的单元格，或是把移动单元格粘贴到了其他公式引用的单元格中等。解决的方法是检查函数或公式中引用的单元格是否被删除，或者启动相应的应用程序。

7. ＃NUM！

公式或函数中某个数字有问题时，单元格中会出现"＃NUM！"。例如，在需要数字参数的函数中使用了不能接受的参数，或者公式产生的数字太大或太小等。用户在计算过程中如果能够首先检查数字是否会超出相应的限定区域，并确认函数内使用的参数都是正确的，就可以避免出现此类错误。

8. ＃NULL！

当单元格中出现"＃NULL！"，这是试图为两个并不相交的区域指定交叉点时产生的错误。例如,使用了不正确的区域运算符或不正确的单元格引用等。解决这个问题的方法是:如果要引用两个并不交叉的区域,应该使用联合运算符即逗号;如果确实是需要使用交叉运算符,用户需重新选择函数或公式中的区域引用,并保证两个区域有交叉的区域。

9. 检查公式中的错误

为了尽快找到公式中出现的错误,还可以按以下步骤进行检查:

(1) 检查所有圆括号是否都成对出现,符号是不是英文半角状态。

(2) 检查是否已经输入了所有必选的项数。

(3) 检查在函数中输入函数嵌套时是否没有超过等级。

(4) 检查引用的工作簿或工作表名称中包含非字母字符时是否使用单引号引起来。

(5) 检查每一个外部引用包含的工作簿的名称及路径是否正确。

(6) 检查在公式中输入数字时是否为它们设置格式等。

课后训练与操作视频

名　　称
1. 公式概念与组成任务单
2. 单元格地址引用任务单
3. 跨表引用与合并计算任务单
4. 常用函数任务单
5. 条件函数任务单
6. 计数函数任务单
7. 查找函数任务单
8. 日期函数任务单
9. 定位与提取函数任务单
10. 公式输入与修改任务单
11. 公式中常见错误信息任务单

　　项目三任务单　　　　项目三视频

项目四　数据的分析与处理

【情景导入】

公司要开阶段性会议，需要各部门的数据。小李把自己负责的部分数据用图表直观地展现出来，将一条条枯燥的数据变得清晰明确，发送给主管方便其汇报。因其在之前的工作中灵活运用 Excel，被主管推荐到人力资源部帮忙处理分析人员档案。小李运用数据的排序、筛选与分类汇总功能，制作数据透视表对数据进行综合展示，顺利圆满地完成工作任务。

知识目标与技能目标

任　　务	知识目标、技能目标
任务一　用图表分析数据	图表
任务二　数据的排序	排序
任务三　数据的筛选	筛选
任务四　数据的分类汇总	分类汇总
任务五　数据透视表	数据透视表
任务六　与数据分析及处理相关的其他操作	数据分析处理拓展

任务一　用图表分析数据

一、用柱形图分析对比销售情况

具体操作如下：

（1）制作一张"一季度销售情况表"，进行相应的格式设置，如图 4-1 所示。

（2）选中 A2:D14，在【插入】工具栏中的【图表】组中单击【柱形图】按钮，选择【簇状柱形图】，出现一季度产品销售情况对比图，如图 4-2 所示。

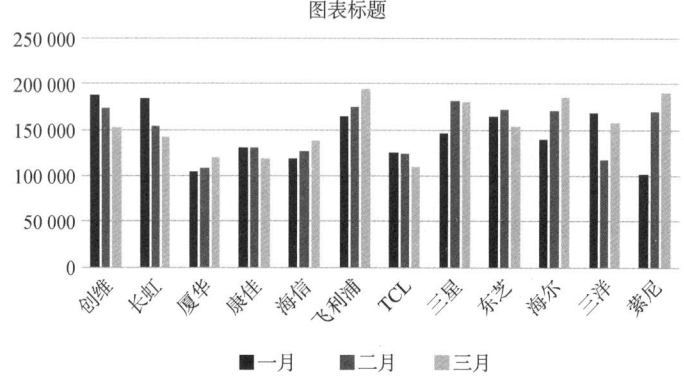

图 4-1 一季度销售情况表

图 4-2 一季度产品销售情况对比图表

（3）同时在工具栏区出现【图表工具】工具栏，此工具栏有两个子工具栏，分别是【设计】和【格式】。【设计】工具栏如图 4-3 所示，在此工具栏中可以对图表进行数据选择和转换、更改图表样式、调整图表布局、移动位置等。

图 4-3 【设计】工具栏

（4）在【格式】工具栏中可以对图表的所选部分进行艺术字样式更改、形状样式更改、排列变化等操作，如图 4-4 所示。

（5）选中任何一个图表后，在图表的右上方都会出现图表元素、图表样式和图表筛选按钮三个图表快捷按钮，可以使用这些按钮中的选项对图表进行更改和设置的操作，如图 4-5 所示。

（6）选中"Y 分类轴"，进行设置坐标轴格式。右击图表中"Y 分类轴"任意位置，弹出快捷菜单，执行【设置坐标轴格式】命令，弹出【设置坐标轴格式】对话框，如图 4-6 所示。在【坐

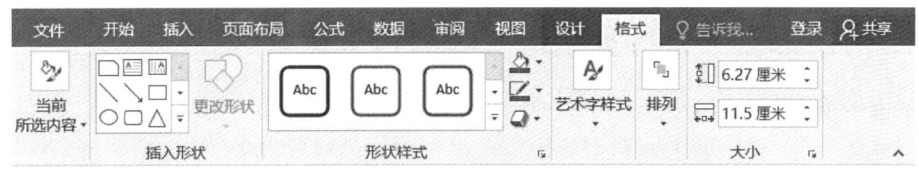

图 4-4 【格式】工具栏

标轴选项】中输入如下内容:最小值为"0",最大值为"200000",主要刻度单位为"20000",次要刻度单位为"4000",单击【关闭】按钮。

图 4-5 【布局】工具栏

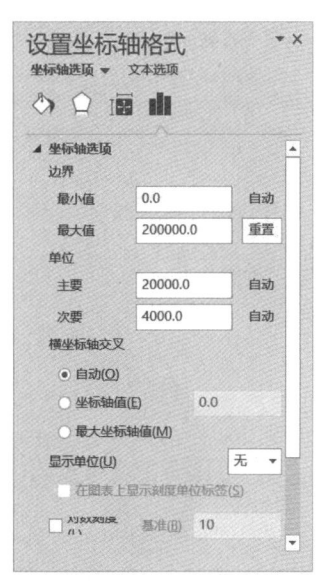

图 4-6 【设置坐标轴格式】对话框

(7) 设置图例格式,更改字体和字号。

(8) 设置水平坐标轴的文字倾斜－55度。

(9) 返回工作表,拖动图表到适当位置,并调整到适合的大小。

(10) 图表调整后的效果如图 4-7 所示。

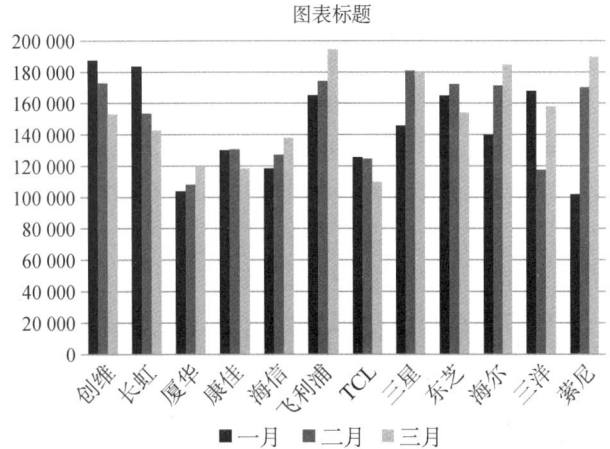

图 4-7 图表调整后的效果

二、用饼形图分析各类土地所占的百分比

具体操作如下:

(1) 制作一张"我国的土地利用类型"表,进行相应的格式设置,如图4-8所示。

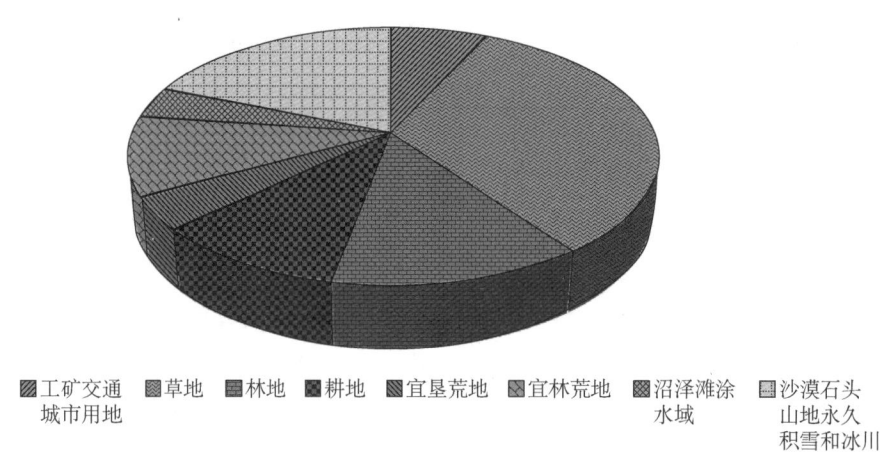

图4-8 "我国的土地利用类型"表样

(2) 选中A3:H4,在【插入】工具栏中的【图表】组中单击【饼图】按钮,选择【三维饼图】,效果图如图4-9所示。

图4-9 土地利用类型三维饼图

(3) 输入图表标题为"我国的土地利用类型"并设置格式。

(4) 调整图例在右侧并且使所有名称都显示出来。

(5) 选中整个图表向外拖拽任意一块图块,则所有图块成分离状,右击任意一个图块,弹出快捷菜单,执行【数据标签】—【添加数据标签】命令,右击任意图块,弹出快捷菜单,执行【设置数据标签格式】命令,在【设置数据标签格式】对话框中进行相关设置,如图4-10所示。

(6) 单击【关闭】按钮,出现如图4-11所示的效果。

(7) 在做出的饼图上修改要调整的内容。如双击【工矿交通城市用地】类别名称处,在其边框处拖动,放置到适合的位置,就会出现引导线由图形连接到新移动的【工矿交通城市用地】类别名称处。也可以对某一图形双击选中调整,如拖动【耕地】图形移动位置,其他图形保持原位。还可以选择要调整的地方进行设置调整,如图4-12所示。

项目四 数据的分析与处理

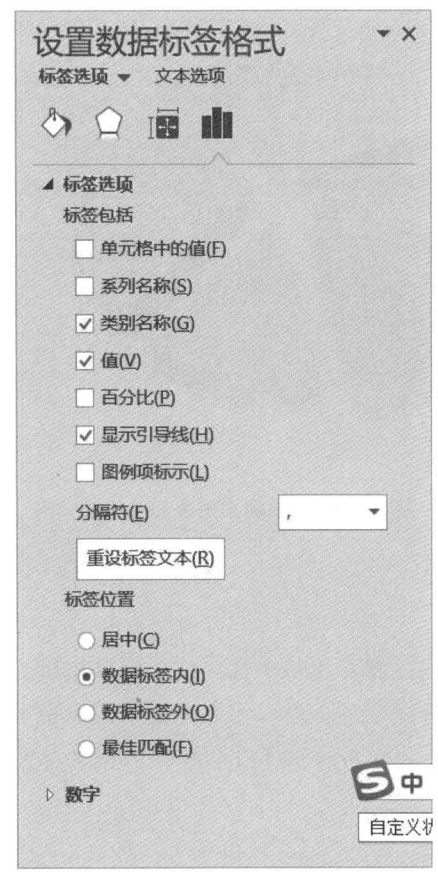

图4-10 土地利用图表的数据标签设置

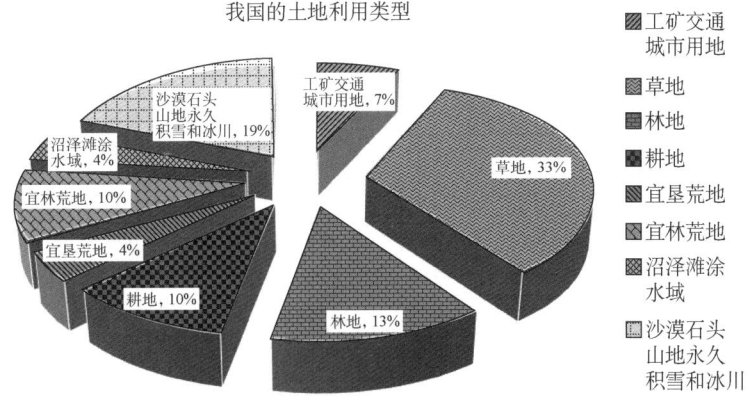

图4-11 设置数据标签后的效果

105

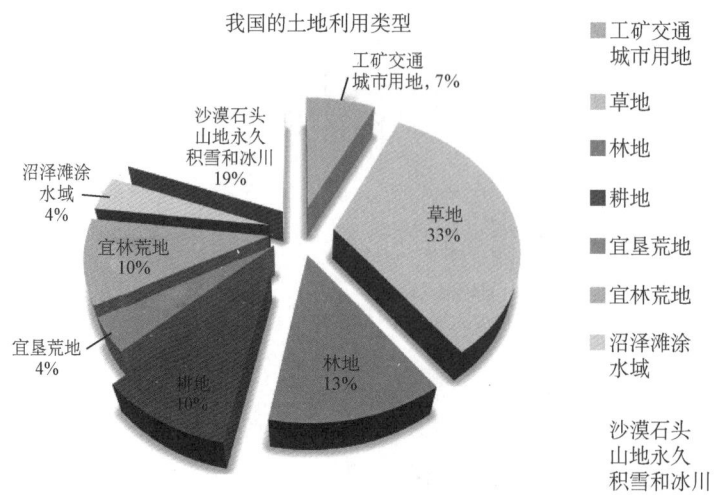

图 4-12　土地利用图表调整后的效果

三、动态图表

在企业的经营活动中，往往需要为每个部门建立大量相似的图表，如果在一张工作表上建立太多的图表，既费时也显得凌乱不堪。可以建立动态图表来解决这个问题，当需要了解某个部门的销售情况时，只需将鼠标移到工作表中该部门的单元格上，即可立即显示出该部门的销售图表。

具体操作如下：

(1) 设计某企业 8 个销售部门半年内各月的销售情况表如图 4-13 所示，在 A1:G10 中输入各部门的销售情况。

	A	B	C	D	E	F	G
1	各部门上半年度销售情况表						
2	部门	一月	二月	三月	四月	五月	六月
3	甲	69	53	61	67	55	64
4	乙	65	78	81	72	70	72
5	丙	77	71	44	51	60	53
6	丁	69	74	49	77	65	72
7	戊	50	46	53	61	63	57
8	己	51	47	40	77	66	62
9	庚	40	60	59	51	60	54
10	辛	58	79	63	45	75	47

图 4-13　销售情况表样

(2) 在 A11 单元格输入"动态图表数据区域"并设置格式。

(3) 把 A2:G2 单元格的内容复制到 A12:G12 单元格中。

(4) 在单元格 A13 中输入公式"＝INDIRECT(ADDRESS(CELL("row"),COLUMN(A3)))",并把该公式向右逐格复制到 G13 中,这时 A13:G13 出现一串"0",并出现循环引用,单击【确定】按钮,如图 4-14 所示。

		动态图表数据区域					
11							
12	部门	一月	二月	三月	四月	五月	六月
13	各部门上	0	0	0	0	0	0

图 4-14 公式的循环引用

这里公式中的函数 COLUMN 的意思是返回参数所在的列标,CELL("row")的意思是返回当前光标所在的行号,ADDRESS(行号,列号)的意思是返回由行号和列号确定的单元格,INDIRECT 的意思是返回参数所确定的单元格内容。

(5) 单击 A3 单元格,按 F9 键对工作表数据重新计算,显示甲部门的数据。

(6) 选中区域 A12:G13,插入"折线图",并进行相应的格式设置,动态图表就建立起来了,显示是甲部门的销售情况。

(7) 若单击 A6 单元格,再按 F9 键,就会显示丁部门的销售情况,如图 4-15 所示。

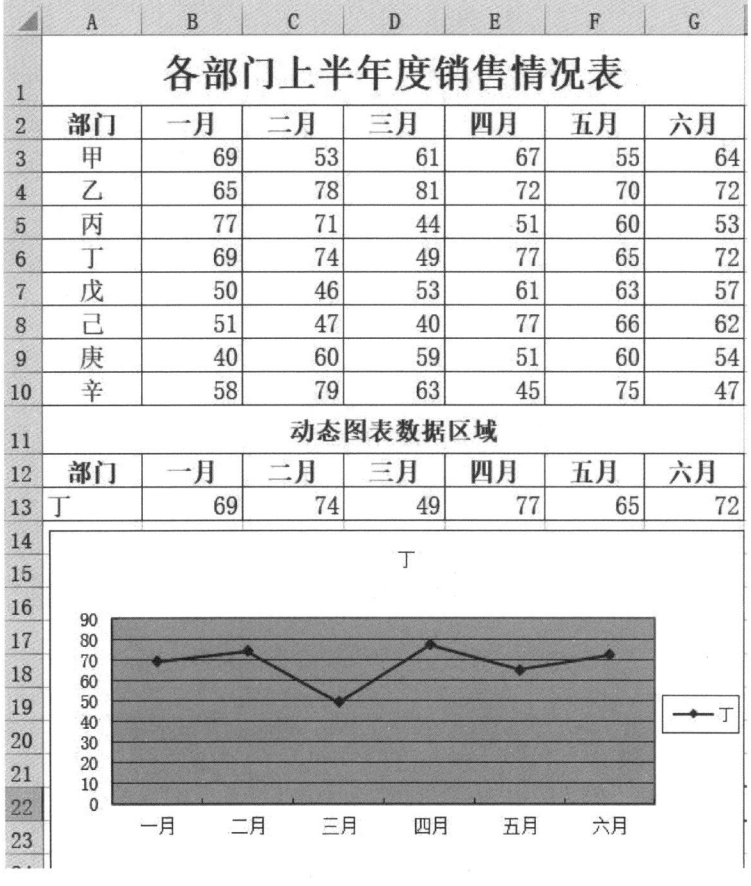

图 4-15 动态图表效果

任务二　数据的排序

在查阅数据的时候,经常会希望表中的数据可以按一定的顺序排列,以方便查看。

【例 4-1】对人员档案表(图 4-16)按性别排序,若性别相同按工作日期排序。这样一次可以按照多个列名称进行排序,即多重排序。

图 4-16　人员档案表样

具体操作如下:

(1) 选定数据区域 A4:L24。

(2) 在【开始】工具栏的右侧【编辑】组中单击【排序和筛选】按钮,选择【自定义排序】。

(3) 在【排序】对话框中,单击【主要关键字】下拉列表框的下拉箭头,选择【性别】,点击右侧的【升序】。

(4) 单击【添加条件】按钮,单击新增的【次要关键字】下拉列表框的下拉箭头,选择【工作日期】,点击右侧的【降序】按钮,如图 4-17 所示。

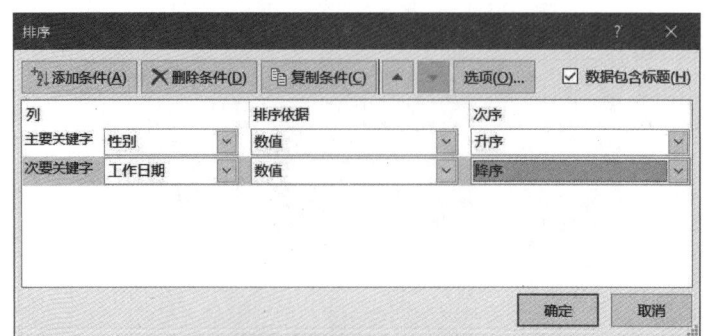

图 4-17　【排序】对话框

(5) 点击【确定】按钮,排序结果如图4-18所示。

	A	B	C	D	E	F	G	H	I	J	K	L
1						人员档案表						
2												
3												
4	序号	姓名	部门	性别	民族	籍贯	出生年月	年龄	工作日期	工龄	文化程度	现级别
5	13	郑义	财务处	男	满	辽宁大连	1997年6月	25	2020年5月	3	大学本科	馆员
6	20	李博宇	销售部	男	藏	四川德阳	1993年10月	29	2017年7月	6	研究生	副编审
7	14	张旭	销售部	男	汉	福建南安	1989年2月	34	2013年10月	10	研究生	编审
8	11	李冠华	财务处	男	汉	湖南南县	1990年7月	32	2012年11月	11	大学本科	编审
9	4	刘思宇	办公室	男	汉	山东济南	1988年4月	34	2009年6月	14	大专	校对
10	1	刘丹	办公室	男	汉	浙江绍兴	1981年1月	42	2007年12月	16	研究生	职员
11	17	赵铭	销售部	男	汉	安徽太湖	1983年1月	40	2005年3月	18	大学本科	编辑
12	9	蔡怡帆	人事处	男	汉	江苏沛县	1976年9月	46	2000年5月	23	研究生	编审
13	15	王明明	销售部	男	藏	湖北武汉	1973年12月	49	1996年1月	28	大学本科	校对
14	3	王浩	办公室	男	汉	山东青岛	1972年9月	50	1994年1月	30	大学本科	校对
15	12	刘鸿	财务处	男	汉	河北文安	1968年12月	54	1992年1月	32	研究生	职员
16	2	王安	办公室	女	回	陕西蒲城	1996年1月	27	2020年5月	3	研究生	副编审
17	5	陈菲菲	人事处	女	回	宁夏永宁	1992年5月	30	2014年5月	9	大学	副馆员
18	6	高欣悦	人事处	女	汉	河北石家庄	1991年1月	32	2013年5月	10	大学	职员
19	10	赵天琪	财务处	女	汉	山东招远	1986年11月	36	2008年7月	15	大学肄业	编审
20	16	钱媛	销售部	女	汉	北京市	1985年4月	37	2007年3月	16	大学本科	会计师
21	7	赵秀丽	人事处	女	汉	北京丰台	1982年2月	41	2006年6月	17	研究生	职员
22	18	孙雅静	销售部	女	汉	山西万荣	1980年3月	42	2001年7月	22	大专	职员
23	8	黄琪	人事处	女	汉	河北保定	1978年7月	44	1999年7月	24	中专	职员
24	19	杨晓君	销售部	女	汉	江苏南通	1970年8月	52	1988年1月	36	高中	编审

图4-18 排序后结果

【例4-2】图4-19是一张股市的表格,从上到下按照股票的序号排列。从中找到涨跌幅度最大的几种股票,并找到近日走红和看跌的单股。

	A	B	C	D	E	F	G	H	I
1				股票信息					
2	序号	昨收盘	开盘	最高	最低	收盘	涨跌	振幅	成交量
3	10001	15.9	16.10	17.12	14.70	16.15	1.57%	15.22%	39522
4	10002	9.79	9.86	9.86	9.30	9.59	-2.04%	5.72%	11389
5	10003	5.03	5.01	5.08	4.95	4.98	-0.99%	2.58%	8465
6	10004	7.9	8.68	8.78	8.20	8.68	9.87%	7.34%	15640
7	10005	7.19	7.25	7.35	6.93	7.06	-1.81%	5.84%	8465
8	10006	11.36	12.56	12.81	12.26	12.39	9.07%	4.84%	15640
9	10007	7.15	7.20	7.40	7.06	7.32	2.38%	4.76%	9276
10	10008	6.86	6.58	6.80	6.41	6.76	-1.46%	5.69%	8465
11	10009	22.67	23.45	24.09	22.35	23.45	3.44%	7.68%	53217
12	10010	17.92	17.54	18.61	17.03	18.01	0.50%	8.82%	31681

图4-19 股票数据

若想让该表按照股票的涨跌幅度来排列,具体操作如下:单击"涨跌"单元格,在【开始】工具栏右侧的【编辑】组中单击【排序和筛选】按钮,选择【降序】,或者在【数据】工具栏的【排序和筛选】组中单击【降序】按钮" "。表中的数据就按照涨跌的幅度从大到小排列,如图4-20所示。

	A	B	C	D	E	F	G	H	I
1	股票信息								
2	序号	昨收盘	开盘	最高	最低	收盘	涨跌	振幅	成交量
3	10004	7.9	8.68	8.78	8.20	8.68	9.87%	7.34%	15640
4	10006	11.36	12.56	12.81	12.26	12.39	9.07%	4.84%	15640
5	10009	22.67	23.45	24.09	22.35	23.45	3.44%	7.68%	53217
6	10007	7.15	7.20	7.40	7.06	7.32	2.38%	4.76%	9276
7	10001	15.9	16.10	17.12	14.70	16.15	1.57%	15.22%	39522
8	10010	17.92	17.54	18.61	17.03	18.01	0.50%	8.82%	31681
9	10003	5.03	5.01	5.08	4.95	4.98	-0.99%	2.58%	8465
10	10008	6.86	6.58	6.80	6.41	6.76	-1.46%	5.69%	8465
11	10005	7.19	7.25	7.35	6.93	7.06	-1.81%	5.84%	8465
12	10002	9.79	9.86	9.86	9.30	9.59	-2.04%	5.72%	11389

图 4-20　股票按涨跌幅度排序结果

若想让该表格按照收盘涨跌幅度升序来排列，具体操作如下：在【数据】工具栏的【排序和筛选】组中，单击【升序】按钮"↑"。

若想让涨跌相同的股票按照成交量的大小来排列，具体操作如下：在【开始】工具栏右侧的【编辑】组中单击【排序和筛选】按钮，选择【自定义排序】，打开【排序】对话框。在【排序】对话框中可以设置多个排序的条件，这里只要设置两个。现在工作表排序的关键字是【涨跌】，按【降序】排列；需再设置次要关键字，点击【添加条件】按钮，单击【次要关键字】下拉列表框的下拉箭头，从列表中选择【成交量】，选择【降序】；注意标题行的设置，勾选【数据包含标题】复选框，即标题行不参与排序，如图 4-21 所示，然后单击【确定】按钮。

图 4-21　排序对话框选择【数据包含标题】

对于多重条件的排序，也可以不使用菜单，先对成交量进行排列，单击成交量单元格，在【数据】工具栏的【排序和筛选】组中单击【降序】按钮"↓"，单击涨跌单元格，在【数据】工具栏的【排序和筛选】组中单击【降序】按钮"↓"，现在的排序就和使用菜单法的排序相同。

注意:多重条件的排序一定是主要关键字有重复的再按照次要关键字排序才有效果。如果选择多个关键字,除前面关键字对应的内容有相同的才有效,否则没有必要设置多个关键字。

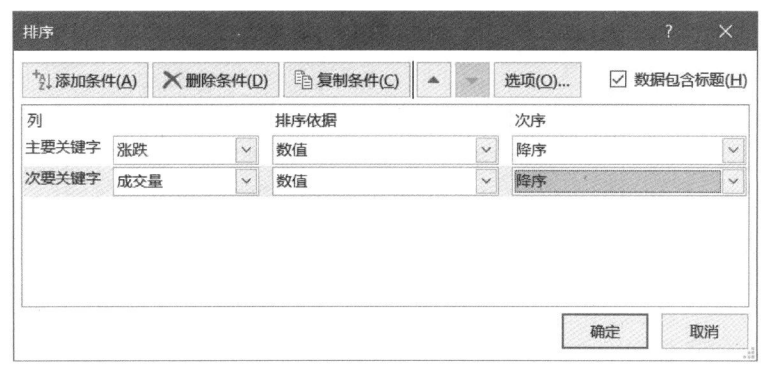

图 4-22 多重排序

任务三 数据的筛选

一、自动筛选

具体操作如下:
(1) 打开已建立的人员档案表。
(2) 选中 A4 单元格,在【开始】工具栏右侧的【编辑】组中单击【排序和筛选】按钮,选择【筛选】,在所选范围的第一行出现自动筛选的下拉列表箭头,如图 4-23 所示。

	A	B	C	D	E	F	G	H	I	J	K	L
1						人员档案表						
2												
3												
4	序▼	姓名▼	部门▼	性别▼	民族▼	籍贯▼	出生年月▼	年龄▼	工作日期▼	工龄▼	文化程▼	现级别▼
5	1	刘丹	办公室	男	汉	浙江绍兴	1981年1月	42	2007年12月	16	研究生	职员
6	2	王安	办公室	女	回	陕西蒲城	1996年1月	27	2020年1月	3	研究生	副编审
7	3	王浩	办公室	男	汉	山东青岛	1972年6月	50	1994年1月	30	大学本科	校对
8	4	刘思宇	办公室	男	汉	山东济南	1988年4月	34	2009年6月	14	大专	校对
9	5	陈菲菲	人事处	女	回	宁夏永宁	1992年5月	30	2014年5月	9	大学	副馆员
10	6	高欣悦	人事处	女	汉	河北石家庄	1991年1月	32	2013年5月	10	大学	职员
11	7	赵秀丽	人事处	女	汉	北京丰台	1982年2月	41	2006年6月	17	研究生	职员
12	8	黄琪	人事处	女	汉	河北保定	1978年7月	44	1999年7月	24	中专	职员
13	9	蔡怡帆	人事处	女	汉	江苏沛县	1976年9月	46	2000年5月	23	研究生	编审
14	10	赵天琪	财务处	女	汉	山东招远	1986年7月	36	2008年7月	15	大学肄业	编审
15	11	李冠华	财务处	男	汉	湖南南县	1990年7月	32	2012年11月	11	大学本科	编审
16	12	刘鸿	财务处	男	汉	河北文安	1968年12月	54	1992年1月	32	研究生	职员
17	13	郑义	财务处	男	满	辽宁大连	1997年6月	25	2020年5月	3	大学本科	馆员
18	14	张旭	销售部	男	汉	福建南安	1989年2月	34	2013年10月	10	研究生	编审
19	15	王明明	销售部	男	藏	湖北武汉	1973年12月	49	1996年1月	28	大学本科	校对
20	16	钱媛	销售部	女	汉	北京市	1985年4月	37	2007年3月	16	大学本科	会计师
21	17	赵铭	销售部	男	汉	安徽太湖	1983年1月	40	2005年3月	18	大学本科	编审
22	18	孙雅静	销售部	女	汉	山西万荣	1980年3月	42	2001年7月	22	大专	职员
23	19	杨晓君	销售部	女	汉	江苏南通	1970年8月	52	1988年1月	36	高中	编审
24	20	李博宇	销售部	男	藏	四川德阳	1993年10月	29	2017年7月	6	研究生	副编审

图 4-23 自动筛选状态

（3）选中"年龄"单元格右边的下拉列表，选择【数字筛选】，选择【10 个最大的值】，弹出【自动筛选前 10 个】对话框，如图 4-24 所示。

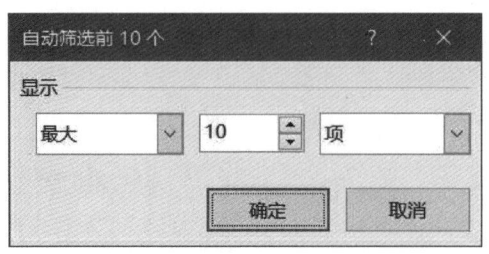

图 4-24 【自动筛选前 10 个】对话框

（4）在【显示】下拉列表中，"最大"表示数值最大（最好）的前 10 个记录，"最小"表示数值最小（最差）的前 10 个记录。中间的编辑框中的数值表示显示的记录行数，系统默认值为"10"，也可以根据需要输入其他数值。选中最大前 10 项，单击【确定】按钮，显示结果如图 4-25 所示。

图 4-25 自动筛选年龄前 10 个结果

二、自定义自动筛选

具体操作如下：

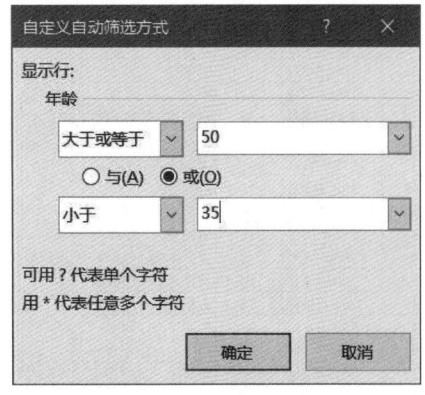

（1）在【开始】工具栏右侧的【编辑】组中单击【排序和筛选】按钮，选择【筛选】。

（2）选中"年龄"单元格右边的下拉列表，选择【数字筛选】，选择【自定义筛选】。

（3）在【自定义自动筛选方式】对话框中，填入筛选条件，如年龄大于等于 50 或小于 35 的所有员工，如图 4-26 所示。

（4）单击【确定】按钮，结果显示如图 4-27 所示。

图 4-26 【自定义自动筛选方式】对话框

项目四　数据的分析与处理

A	B	C	D	E	F	G	H	I	J	K	L
1						人员档案表					
2											
3											
4	序号	姓名	部门	性别	民族	籍贯	出生年月	年龄	工作日期	工龄	文化程度	现级别
6	2	王安	办公室	女	回	陕西蒲城	1996年1月	26	2020年5月	3	研究生	副审
7	3	王浩	办公室	女	汉	山东青岛	1972年6月	50	1994年1月	29	大学本科	校对
8	4	刘思宇	办公室	女	汉	山东济南	1988年4月	34	2009年6月	14	大专	校对
9	5	陈菲菲	人事处	男	回	宁夏永宁	1992年5月	30	2014年5月	9	大学	副馆员
10	6	高欣悦	人事处	男	汉	河北石家庄	1991年1月	31	2013年5月	10	大学	职员
15	11	李冠华	财务处	女	汉	湖南南县	1990年7月	32	2012年11月	10	大学本科	编审
16	12	刘鸿	财务处	男	汉	河北文安	1968年12月	53	1992年1月	31	研究生	职员
17	13	郑义	财务处	男	满	辽宁大连	1997年6月	25	2020年5月	3	大学本科	馆员
18	14	张旭	销售部	男	汉	福建南安	1989年2月	33	2013年10月	9	研究生	编审
23	19	杨晓君	销售部	女	汉	江苏南通	1970年8月	51	1988年1月	35	高中	编审
24	20	李博宇	销售部	男	藏	四川德阳	1993年10月	28	2017年7月	6	研究生	副编审

图 4-27　自定义自动筛选结果

三、高级筛选

具体操作如下：

（1）先设置一个条件区域，条件区域的第一行输入排序的字段名称，在第二行及后面的行中输入条件，建立一个条件区域，如图 4-28 所示。

年龄	年龄	民族	文化程度	现级别
>20	<30	回	研究生	
			大学本科	
		藏		编审

图 4-28　条件区域

（2）选中数据区域中的一个单元格，在【数据】工具栏的【排序和筛选】组中单击【高级筛选】，Excel 自动选择筛选的区域，单击【条件区域】框中右侧的【拾取】按钮，选中刚才设置的条件区域中的一部分，如："文化程度"和"现级别"这两列，单击【拾取】按钮，返回【高级筛选】对话框，单击【确定】按钮，筛选结果如图 4-29 所示。

A	B	C	D	E	F	G	H	I	J	K	L
1						人员档案表					
2											
3											
4	序号	姓名	部门	性别	民族	籍贯	出生年月	年龄	工作日期	工龄	文化程度	现级别
5	1	刘丹	办公室	男	汉	浙江绍兴	1981年1月	42	2007年12月	16	研究生	职员
6	2	王安	办公室	女	回	陕西蒲城	1996年1月	27	2020年5月	3	研究生	副审
7	3	王浩	办公室	男	汉	山东青岛	1972年6月	50	1994年1月	30	大学本科	校对
11	7	赵秀丽	人事处	女	汉	北京丰台	1982年2月	41	2006年6月	17	研究生	职员
13	9	蔡怡帆	人事处	男	汉	江苏沛县	1976年9月	46	2000年5月	23	研究生	编审
14	10	赵天琪	财务处	女	汉	山东招远	1986年11月	36	2008年7月	15	大学肄业	编审
15	11	李冠华	财务处	男	汉	湖南南县	1990年7月	32	2012年11月	11	大学本科	编审
16	12	刘鸿	财务处	男	汉	河北文安	1968年12月	54	1992年1月	32	研究生	职员
17	13	郑义	财务处	男	满	辽宁大连	1997年6月	25	2020年5月	3	大学本科	馆员
18	14	张旭	销售部	男	汉	福建南安	1989年2月	34	2013年10月	10	研究生	编审
19	15	王明明	销售部	男	藏	湖北武汉	1973年12月	49	1996年1月	28	大学本科	校对
20	16	钱媛	销售部	女	汉	北京市	1985年4月	37	2007年3月	16	大学本科	会计师
21	17	赵铭	销售部	男	汉	安徽太湖	1983年1月	40	2005年3月	18	大学本科	编辑
23	19	杨晓君	销售部	女	汉	江苏南通	1970年8月	52	1988年1月	36	高中	编审
24	20	李博宇	销售部	男	藏	四川德阳	1993年10月	29	2017年7月	6	研究生	副编审

图 4-29　高级筛选结果

此结果是从所有人员中找出文化程度是研究生或者文化程度为大学本科或者现级别为编审的人员。

四、去除筛选标记和状态

1. 恢复自动筛选前的状态

具体操作如下：在进行筛选的下拉列表箭头处，单击自动筛选的下拉列表箭头，选择【全部】即可恢复（或者选择【从××××中清除筛选】，其中××××是列名称）。若多重筛选，则需要在已做筛选的每列处，分别选择【全部】，但是下拉列表箭头仍然存在。

2. 删除自动筛选

具体操作如下：在【数据】工具栏的【排序和筛选】组中单击【筛选】按钮，如图4-30所示，全部数据恢复到自动筛选前状态。

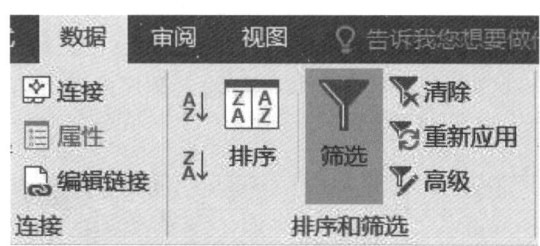

图4-30　删除自动筛选下拉列表箭头

3. 去除高级筛选

具体操作如下：在【数据】工具栏的【排序和筛选】组中单击【清除】按钮，如图4-31所示，即可恢复到筛选前的原始状态。

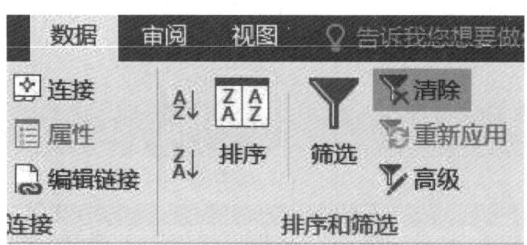

图4-31　恢复到筛选前的原始状态

任务四　数据的分类汇总

一、简单分类汇总

具体操作如下：

（1）打开已建立的人员档案表。

（2）选中 A4:L24 区域，按“文化程度”升序排序。

（3）在【数据】工具栏的【分级显示】组中单击【分类汇总】，弹出【分类汇总】对话框，在【分类字段】中选择“文化程度”，在【汇总方式】中选择“平均值”，在【选定汇总项】中选择“年龄”和“工龄”，勾选【替换当前分类汇总】和【汇总结果显示在数据下方】复选框，如图 4-32 所示。

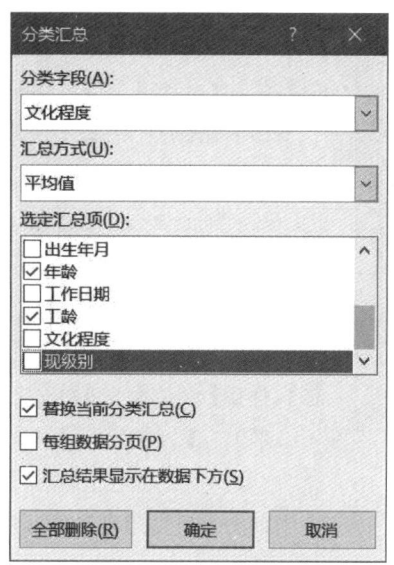

图 4-32　分类汇总对话框

（4）单击【确定】按钮，按文化程度分类汇总的结果如图 4-33 所示。

人员档案表

序号	姓名	部门	性别	民族	籍贯	出生年月	年龄	工作日期	工龄	文化程度	现级别
5	陈菲菲	人事处	女	回	宁夏永宁	1992年5月	30	2014年5月	9	大学	副馆员
6	高欣悦	人事处	女	汉	河北石家庄	1991年1月	32	2013年5月	10	大学	职员
							2		2	大学 计数	
3	王浩	办公室	男	汉	山东青岛	1972年6月	50	1994年1月	30	大学本科	校对
11	李冠华	财务处	男	汉	湖南南县	1990年7月	32	2012年11月	11	大学本科	编审
13	郑义	财务处	男	满	辽宁大连	1997年6月	25	2020年5月	3	大学本科	馆员
15	王明明	销售部	男	藏	湖北武汉	1973年12月	49	1996年1月	28	大学本科	校对
16	钱媛	销售部	女	汉	北京市	1985年4月	37	2007年3月	16	大学本科	会计师
17	赵铭	销售部	男	汉	安徽太湖	1983年1月	40	2005年3月	18	大学本科	编辑
							6		6	大学本科 计数	
10	赵天琪	财务处	女	汉	山东招远	1986年11月	36	2008年7月	15	大学肄业	编审
							1		1	大学肄业 计数	
4	刘思宇	办公室	男	汉	山东济南	1988年4月	34	2009年6月	14	大专	校对
18	孙雅静	销售部	女	汉	山西万荣	1980年3月	42	2001年7月	22	大专	职员
							2		2	大专 计数	
19	杨晓君	销售部	女	汉	江苏南通	1970年8月	52	1988年1月	36	高中	编审
							1		1	高中 计数	
1	刘丹	办公室	男	汉	浙江绍兴	1981年1月	42	2007年12月	16	研究生	职员
2	王安	办公室	女	回	陕西蒲城	1996年1月	27	2020年5月	3	研究生	副编审
7	赵秀丽	人事处	女	汉	北京丰台	1982年2月	41	2006年6月	17	研究生	职员
9	蔡怡帆	人事处	男	汉	江苏沛县	1976年9月	46	2000年5月	23	研究生	编审
12	刘鸿	财务处	男	汉	河北文安	1968年12月	54	1992年1月	32	研究生	职员
14	张旭	销售部	男	汉	福建南安	1989年2月	34	2013年10月	10	研究生	编审
20	李博宇	销售部	男	藏	四川德阳	1993年10月	29	2017年7月	6	研究生	副编审
							7		7	研究生 计数	
8	黄琪	人事处	女	汉	河北保定	1978年7月	44	1999年7月	24	中专	职员
							1		1	中专 计数	
							20		20	总计数	

图 4-33　按文化程度分类汇总结果

二、多重分类汇总

具体操作如下:

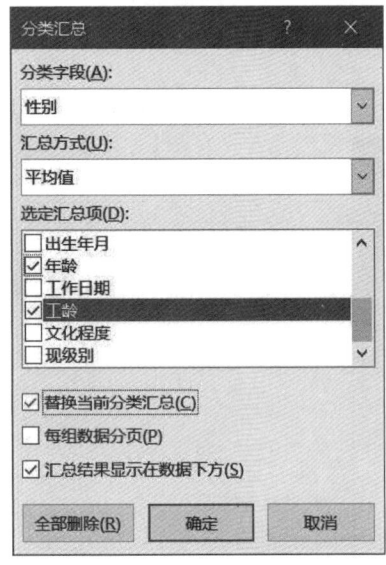

图4-34 【分类汇总】对话框

(1) 选中所有分类汇总的区域,在【数据】工具栏的【分级显示】组中单击【分类汇总】,弹出【分类汇总】对话框,单击【全部删除】,恢复选中区域分类汇总前状态。

(2) 选中A4:L24区域,按"性别"升序进行排序。

(3) 在【数据】工具栏的【分级显示】组中单击【分类汇总】,弹出【分类汇总】对话框。

(4) 在【分类字段】中选择"性别",在【汇总方式】中选择"平均值",在【选定汇总项】中选择"年龄"和"工龄",勾选【替换当前分类汇总】和【汇总结果显示在数据下方】复选框,如图4-34所示。

(5) 单击【确定】按钮,显示结果如图4-35所示。

(6) 在【数据】工具栏的【分级显示】组中单击【分类汇总】,弹出【分类汇总】对话框。

(7) 在【分类字段】中选择"性别",在【汇总方式】中选择"计数",在【选定汇总项】中选择"性别",取消勾选【替换当前分类汇总】复选框,如图4-36所示。

图4-35 按性别分类汇总结果

(8) 单击【确定】按钮,按性别多重分类汇总的结果如图4-37所示。

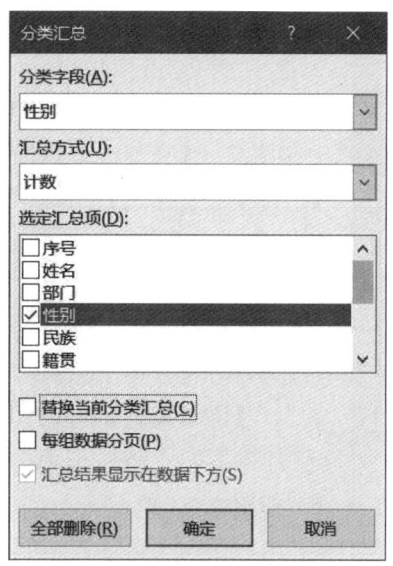

图 4-36 【分类汇总】对话框

	A	B	C	D	E	F	G	H	I	J	K	L
1	人员档案表											
2												
3												
4	序号	姓名	部门	性别	民族	籍贯	出生年月	年龄	工作日期	工龄	文化程度	现级别
5	1	刘丹	办公室	男	汉	浙江绍兴	1981年1月	42	2007年12月	16	研究生	职员
6	3	王浩	办公室	男	汉	山东青岛	1972年6月	50	1994年1月	30	大学本科	校对
7	4	刘思宇	办公室	男	汉	山东济南	1988年4月	34	2009年6月	14	大专	校对
8	9	蔡怡帆	人事处	男	汉	江苏泰县	1976年9月	46	2000年5月	23	研究生	编审
9	11	李冠华	财务处	男	汉	湖南南县	1990年7月	32	2012年11月	11	大学本科	编审
10	12	刘鸿	财务处	男	汉	河北文安	1968年12月	54	1992年1月	32	研究生	职员
11	13	郑义	财务处	男	满	辽宁大连	1997年6月	25	2020年5月	3	大学本科	馆员
12	14	张旭	销售部	男	汉	福建南安	1989年2月	34	2013年10月	10	研究生	编审
13	15	王明明	销售部	男	藏	湖北武汉	1973年12月	49	1996年1月	28	大学本科	校对
14	17	赵铭	销售部	男	汉	安徽太湖	1983年1月	40	2005年3月	18	大学本科	编审
15	20	李博宇	销售部	男	藏	四川德阳	1993年10月	29	2017年7月	6	研究生	副编审
16			男 平均值					40		17		
17			男 计数	11								
18	2	王安	办公室	女	回	陕西蒲城	1996年1月	27	2020年5月	3	研究生	副编审
19	5	陈菲菲	人事处	女	回	宁夏永宁	1992年5月	30	2014年5月	9	大学	副馆员
20	6	高欣悦	人事处	女	汉	河北石家庄	1991年1月	32	2013年5月	10	大学	职员
21	7	赵秀丽	人事处	女	汉	北京丰台	1982年2月	41	2006年6月	17	研究生	职员
22	8	黄琪	人事处	女	汉	河北保定	1978年7月	44	1999年7月	24	中专	职员
23	10	赵天琪	财务处	女	汉	山东招远	1986年11月	36	2008年7月	15	大学肄业	职员
24	16	钱媛	销售部	女	汉	北京市	1985年4月	37	2007年3月	16	大学本科	会计师
25	18	孙雅静	销售部	女	汉	山西万荣	1980年3月	42	2001年7月	22	大专	职员
26	19	杨晓君	销售部	女	汉	江苏南通	1970年8月	52	1988年1月	36	高中	编审
27			女 平均值					38		17		
28			女 计数	9								
29			总计平均值					39		17		
30			总计数	21								

图 4-37 按性别多重分类汇总效果图

三、嵌套分类汇总

具体操作如下：

（1）复制一个没有进行过分类汇总的人员档案表。

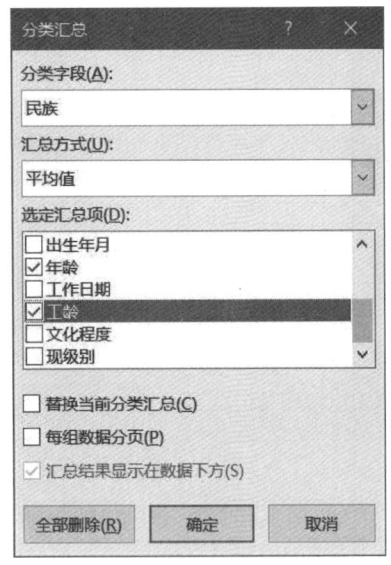

图 4-38 【分类汇总】对话框

(2) 选中 A4:L24 区域,按主关键字"性别"升序,次关键字"民族"升序排序。

(3) 进入【数据】工具栏的【分级显示】组中单击【分类汇总】,弹出【分类汇总】对话框,在【分类字段】中选择"性别",在【汇总方式】中选择"计数",在【选定汇总项】中选"性别",勾选【替换当前分类汇总】和【汇总结果显示在数据下方】复选框,单击【确定】按钮。

(4) 进入【数据】工具栏的【分级显示】组中单击【分类汇总】,弹出【分类汇总】对话框,在【分类字段】中选择"民族",在【汇总方式】中选择"平均值",在【选定汇总项】中选"年龄"和"工龄",取消勾选【替换当前分类汇总】复选框,如图 4-38 所示。

(5) 单击【确定】按钮,则先按性别分类再嵌套按民族分类的汇总结果,如图 4-39 所示。

序号	姓名	部门	性别	民族	籍贯	出生年月	年龄	工作日期	工龄	文化程度	现级别
					人员档案表						
序号	姓名	部门	性别	民族	籍贯	出生年月	年龄	工作日期	工龄	文化程度	现级别
15	王明明	销售部	男	藏	湖北武汉	1973年12月	49	1996年1月	28	大学本科	校对
20	李博宇	销售部	男	藏	四川德阳	1993年10月	29	2017年7月	6	研究生	副编审
				藏 平均值			39		17		
1	刘丹	办公室	男	汉	浙江绍兴	1981年1月	42	2007年12月	16	研究生	职员
3	王浩	办公室	男	汉	山东青岛	1972年6月	50	1994年1月	30	大学本科	校对
4	刘思宇	办公室	男	汉	山东济南	1988年4月	34	2009年6月	14	大专	校对
9	蔡怡帆	人事处	男	汉	江苏沛县	1976年9月	46	2000年5月	23	研究生	编审
11	李冠华	财务处	男	汉	湖南南县	1990年7月	32	2012年11月	11	大学本科	编审
12	刘鸿	财务处	男	汉	河北文安	1968年12月	54	1992年1月	32	研究生	职员
14	张旭	销售部	男	汉	福建南安	1989年2月	34	2013年10月	10	研究生	大学本科
17	赵铭	销售部	男	汉	安徽太湖	1983年1月	40	2005年3月	18	大学本科	编辑
				汉 平均值			42		19		
13	郑义	财务处	男	满	辽宁大连	1997年6月	25	2020年5月	3	大学本科	馆员
				满 平均值			25		3		
			男 计数	11							
6	高欣悦	人事处	女	汉	河北石家庄	1991年1月	32	2013年5月	10	大学	职员
7	赵秀丽	人事处	女	汉	北京丰台	1982年2月	41	2006年6月	17	研究生	职员
8	黄琪	人事处	女	汉	河北保定	1978年7月	44	1999年7月	24	中专	职员
10	赵天琪	财务处	女	汉	山东招远	1986年11月	36	2008年7月	15	大学毕业	编审
16	钱媛	销售部	女	汉	北京市	1985年4月	37	2007年3月	16	大学本科	会计师
18	孙雅静	销售部	女	汉	山西万荣	1980年3月	42	2001年7月	22	大专	职员
19	杨晓君	销售部	女	汉	江苏南通	1970年8月	52	1988年6月	36	高中	编审
				汉 平均值			41		20		
2	王安	办公室	女	回	陕西蒲城	1996年1月	27	2020年5月	3	研究生	副编审
5	陈菲菲	人事处	女	回	宁夏永宁	1992年5月	30	2014年5月	9	大学	副馆员
				回 平均值			29		6		
			女 计数	9							
				总计平均值			39		17		
			总计数	20							

图 4-39 嵌套分类汇总结果

任务五　数据透视表

一、制作数据透视表

具体操作如下：

(1) 建立“人员工资”工作表，部分工作表如图 4-40 所示。

	A	B	C	D	E	F	G	H	I	J	K	L	M	N	O	P
2	序号	姓名	部门	职位	基本工资	浮动工资	补贴	应发合计	三险	病事假	其他	应扣合计	应发工资	应纳税工资	所得税	实发工资
3	1	刘丹	办公室	经理	2800	2400	500	5700	700			700	5000	2000	175	4825
4	2	王安	办公室	职员	1730	2000	300	4030	560			560	3470	470	23.5	3446.5
5	3	王浩	办公室	职员	1890	2000	300	4190	540		50	590	3600	600	35	3565
6	4	刘思宇	办公室	职员	1560	2000	300	3860	530	100		630	3230	230	11.5	3218.5
7	5	陈菲菲	人事处	经理	2600	2300	500	5400	650			650	4750	1750	150	4600
8	6	高欣悦	人事处	职员	1810	2000	300	4110	600	50		650	3460	460	23	3437
9	7	赵秀丽	人事处	职员	1340	1800	300	3440	500			500	2940	0	0	2940
10	8	黄琪	人事处	职员	1620	1800	300	3720	540		50	590	3130	130	6.5	3123.5
11	9	蔡怡帆	人事处	职员	1270	1800	300	3370	480			480	2890	0	0	2890
12	10	赵天琪	财务处	经理	2480	2400	500	5380	680			680	4700	1700	145	4555

图 4-40　人员工资表(部分)

(2) 单击数据清单或数据库中的任意非空单元格，进入【插入】工具栏的【表格】组中单击【数据透视表】，再选择【数据透视表】，弹出【创建数据透视表】对话框，在【请选择要分析的数据】默认情况下，系统将自动选取整个数据清单作为数据源。如果数据源区域需要修改，则可在【表/区域】中单击【拾取】按钮，选定区域提取数据源。确定数据源后，在【选择放置数据透视表的位置】中选择【新工作表】，如图 4-41 所示。

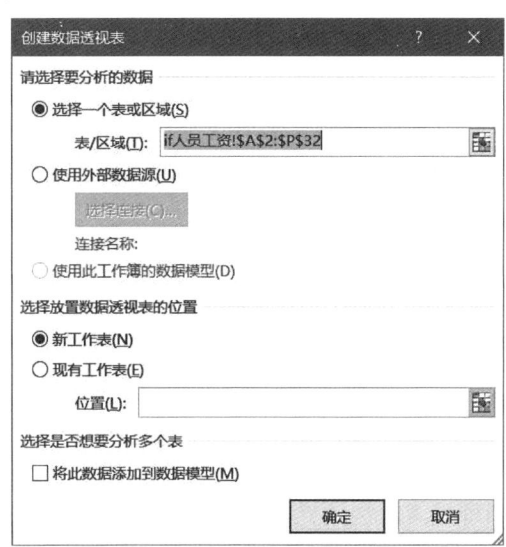

图 4-41　【创建数据透视表】对话框

(3) 单击【确定】按钮，出现新创建的数据透视表，效果如图 4-42 所示。

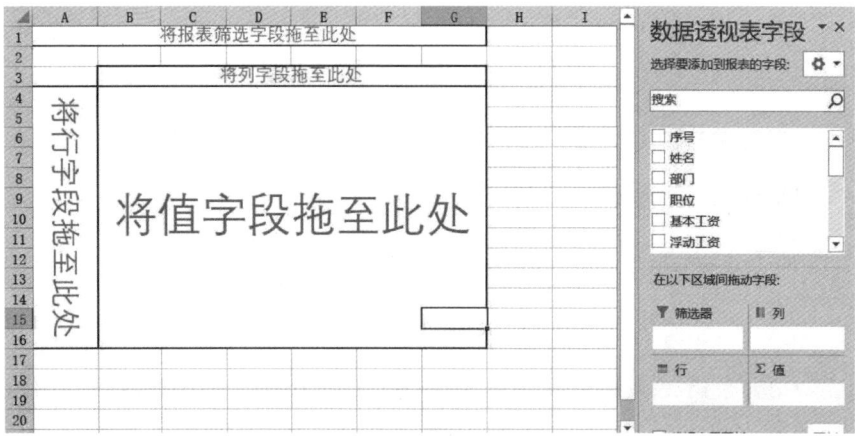

图 4-42 新创建的数据透视表

（4）在【选择要添加到报表的字段】中，拖动需要的字段放到对应的【行标签】【列标签】和【∑数值】区域，如图 4-43 所示。

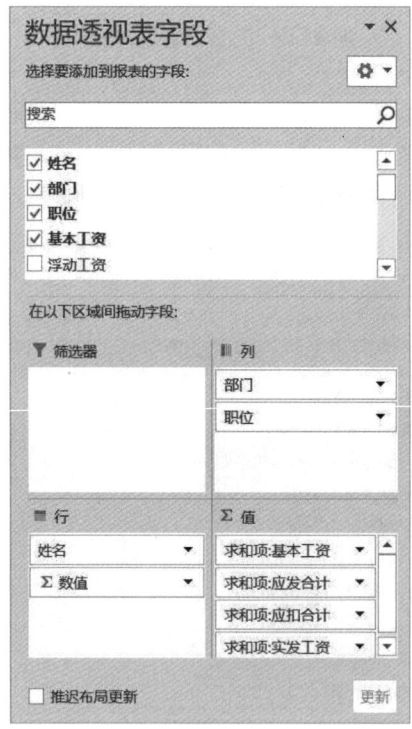

图 4-43 【数据透视表字段列表】对话框

（5）设置完成后，数据透视表的部分效果，如图 4-44 所示。

（6）单击数据透视表任意单元格，在工具栏区会出现【数据透视表工具】工具栏，其中又分为【设计】和【分析】子工具栏，如图 4-45 所示，可以对数据透视表进行排序、筛选、数据更新、计算和显示部分的调整等操作。

项目四　数据的分析与处理

	A	B	C	D	E	F	G
1							
2							
3			部门	职位			
4			⊟办公室		⊟财务处		总计
5	姓名	数据	经理	职员	经理	职员	
6	⊟李冠华	求和项:基本工资				1760	1760
7		求和项:应发合计				3960	3960
8		求和项:应扣合计				570	570
9		求和项:实发工资				3236	3236
10	⊟刘丹	求和项:基本工资	2800				2800
11		求和项:应发合计	5700				5700
12		求和项:应扣合计	700				700
13		求和项:实发工资	4615				4615
14	⊟刘鸿	求和项:基本工资				1550	1550
15		求和项:应发合计				3750	3750
16		求和项:应扣合计				680	680
17		求和项:实发工资				2948	2948
18	⊟刘思宇	求和项:基本工资		1560			1560
19		求和项:应发合计		3860			3860
20		求和项:应扣合计		630			630
21		求和项:实发工资		3092			3092

图 4-44　数据透视表的部分效果

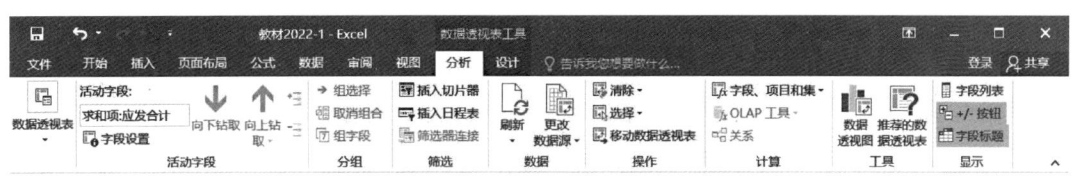

图 4-45　【数据透视表的工具】—【分析】工具栏

（7）【数据透视表工具】工具栏的【设计】子工具栏,如图 4-46 所示,可以进行设置数据透视表的格式和布局等操作。

图 4-46　【数据透视表工具】—【设计】工具栏

（8）自行选择设置数据透视表的功能操作,变换原有的数据透视表的数据和状态,如图 4-47 所示。

这样,通过数据透视表,即可看出每个人员的工资情况和各部门或职位的合计数,以此为基础对每个人员和部门的工资进行分析。

121

图 4-47 变换后数据透视表效果

二、数据透视分析

具体操作如下：

(1) 在上面建立的数据透视表上，可以进行多角度的统计与分析。比如要了解部门是"办公室"的人员工资情况，可在【部门】下拉列表中选中"办公室"，单击【确定】按钮，办公室的工资情况，如图 4-48 所示。

图 4-48 数据透视表—办公室工资情况

(2) 在【部门】下拉列表中选中"财务处"，在【职位】下拉列表中选中"经理"和"职员"，单击【确定】按钮，则显示办公室和财务处中"经理"和"职员"的工资情况，如图 4-49 所示。

图 4-49　数据透视表修改显示数据结果

（3）【数据透视表工具】工具栏的【设计】子工具栏，在【数据透视表样式选项】和【数据透视表样式】中选择一种数据透视表的格式和布局，如图4-50所示。

图 4-50　数据透视表套用格式

三、修改数据透视表中数据和字段

具体操作如下:

(1) 单击数据透视表任意单元格,工具栏区会出现【数据透视表工具】工具栏,在【分析】子工具栏的【显示】组中应用【字段标题】字段标题 和【+/- 显示或隐藏按钮】+/- 按钮,观察数据表的变化,如图 4-51 所示。

(2) 增加字段到数据透视表中,操作如下:在【数据透视表字段列表】对话框中拖动"浮动工资"和"三险"字段到【Σ数值】区域,如图 4-52 所示,添加字段后数据透视表结果,如图 4-53 所示。

		办公室		财务处		总计
		经理	职员	经理	职员	
李冠华						
	求和项:基本工资				1760	1760
	求和项:应发合计				3960	3960
	求和项:应扣合计				570	570
	求和项:实发工资				3236	3236
刘丹						
	求和项:基本工资	2800				2800
	求和项:应发合计	5700				5700
	求和项:应扣合计	700				700
	求和项:实发工资	4615				4615
刘鸿						
	求和项:基本工资				1550	1550
	求和项:应发合计				3750	3750
	求和项:应扣合计				680	680
	求和项:实发工资				2948	2948
刘思宇						
	求和项:基本工资		1560			1560
	求和项:应发合计		3860			3860
	求和项:应扣合计		630			630
	求和项:实发工资		3092			3092

图 4-51 数据透视表显示变化

图 4-52 添加字段后的数据透视表字段列表

(3) 如果要调整字段位置,只需在【数据透视表字段列表】对话框的【以下区域间拖动字段】中,单击字段右侧的下拉列表选择要移动的位置,如图 4-54 所示。

(4) 从数据透视表中移除字段,操作如下:在【数据透视表字段列表】对话框中,在【选择要添加到报表的字段】中取消勾选"浮动工资"和"三险"字段,即不选中该字段名称复选框,或者单击字段右侧的下拉列表,选择【删除字段】,如图 4-55 所示。

(5) 要想查看数据透视表中某数据项的明细数据,只需双击该数据项。还可以通过工具栏上【显示/隐藏明细数据】按钮("展开整个字段和"折叠整个字段),在数据透视表中显示/隐藏明细数据。

		办公室		财务处		总计
		经理	职员	经理	职员	
李冠华						
	求和项:基本工资				1760	1760
	求和项:浮动工资				1900	1900
	求和项:三险				570	570
	求和项:应发合计				3960	3960
	求和项:应扣合计				570	570
	求和项:实发工资				3236	3236
刘丹						
	求和项:基本工资	2800				2800
	求和项:浮动工资	2400				2400
	求和项:三险	700				700
	求和项:应发合计	5700				5700
	求和项:应扣合计	700				700
	求和项:实发工资	4615				4615
刘鸿						
	求和项:基本工资				1550	1550
	求和项:浮动工资				1900	1900
	求和项:三险				530	530
	求和项:应发合计				3750	3750
	求和项:应扣合计				680	680
	求和项:实发工资				2948	2948
刘思宇						
	求和项:基本工资		1560			1560
	求和项:浮动工资		2000			2000
	求和项:三险		530			530
	求和项:应发合计		3860			3860
	求和项:应扣合计		630			630
	求和项:实发工资		3092			3092

图 4-53 添加字段后的数据透视表

图 4-54 数据透视表中移动字段位置　　图 4-55 数据透视表中删除字段

（6）当数据清单中的数据发生变化时，需要对数据透视表进行更新，具体操作如下：单击数据透视表中的任意单元格，单击鼠标右键，在弹出的快捷菜单中选择【更新数据】项，也可在数据透视表的【数据】菜单中选择【更新数据】项或者单击工具栏上刷新数据按钮"　"。

任务六　与数据分析及处理相关的其他操作

一、图表操作

Excel 具有较丰富的图表功能,不仅可以生成条形图、折线图、饼形图等标准图表,还可以生成较为复杂的三维立体图表。对各种财务数据进行图表处理,可以更直观地进行财务分析,找出工作表中不容易被发现的问题,使财务管理工作更有效率。

1. 图表类型

Excel 提供了约 14 种标准图表类型,包括面积图、柱形图、条形图、折线图、饼图、圆环图、气泡图、雷达图、股价图、曲面图、散点图、锥形图、圆柱图、棱锥图等,每种图表类型又有几种不同的子类型。此外,Excel 还提供了约 20 种自定义图表类型,用户可根据不同的需要选用适当的图表类型。

2. 插入图表

插入图表有两种方法:一是可在【插入】工具栏右侧的【图表】组中单击【创建图表】按钮,进入【插入图表】对话框;二是在【插入】工具栏右侧的【图表】组中单击【×××图】按钮。

3. 设置图表格式

设置坐标、标题、图例等格式的方法非常简单,可将鼠标移到坐标、标题、图例上方,单击鼠标右键,在快捷菜单上选择相应的项目即可。例如,要改变 X 坐标大小,在 X 轴上单击鼠标右键,在快捷菜单中选择【坐标轴格式】项,弹出【坐标轴格式】对话框,选择需要修改的项目进行设置。

4. 改变图表大小

单击图表区域,图表边框处出现 8 个操作柄,用鼠标指向某个操作柄,当指针呈现双箭头时,按住鼠标左键,拖动操作柄到需要的位置上,然后放开鼠标左键,完成操作。

5. 移动或复制图表

移动图表的操作:单击图表区域,图表边框处出现 8 个操作柄,在图表区域按住鼠标左键不放,拖动鼠标将图表移到需要的地方。

复制图表的操作:单击图表区域,图表边框处出现 8 个操作柄,在图表区域按住鼠标左键不放,拖动鼠标将图表移到需要的地方,按"Ctrl"键,然后放开鼠标。若需要将图表复制到其他工作表或其他文件中,用剪贴板方法,选中图表,按"Ctrl+C"键,在需要放置图表的工作表或其他文件的适当位置,按"Ctrl+V"键,即将图表复制到需要的位置。

6. 添加数据标志

在图表上添加数据标志,可以更直观地表示因素的变化情况。添加数据标志的具体操作步骤如下:在需要显示数据标志的数据点右击,选择【添加数据标签】中的【添加数据标签】按钮,右击需要显示数据标志的数据点,弹出【设置数据标签格式】对话框,在【标签选项】中

项目四 数据的分析与处理

选择【值】,如图 4-56 所示,单击【确定】按钮,完成修改。也可以通过【设置数据系列格式】对话框,进行其他方面的修改或格式化。

7. 改变图表颜色、填充、边框

改变图表颜色、填充、边框,可通过【设置图表区域格式】对话框完成,具体操作如下:单击图表区域,单击鼠标右键,在弹出的快捷菜单中,执行【设置图表区域格式】命令,弹出【设置图表区格式】对话框,即可进行相应的修改。

8. 改变图表类型

如果经常设置同种类型的图表,那么可以自定义一个图表类型,直接套用,操作如下:在这个图表的空白区域单击鼠标右键,从菜单中选择【更改图表类型】进行设置。

9. 添加趋势线

添加趋势线可以使数据变化成曲线,可以直观地展现数据的变化趋势,还可以通过这个趋势线来预测下一步数据的变化情况。

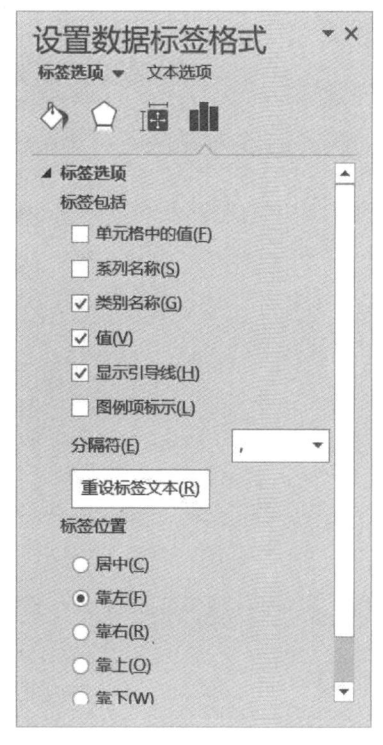

图 4-56 修改图表的数据标签

利用图 4-13 中各部门的上半年数据,选中 A2:G10 区域,用图表生成上半年销售情况趋势如图 4-57 所示。

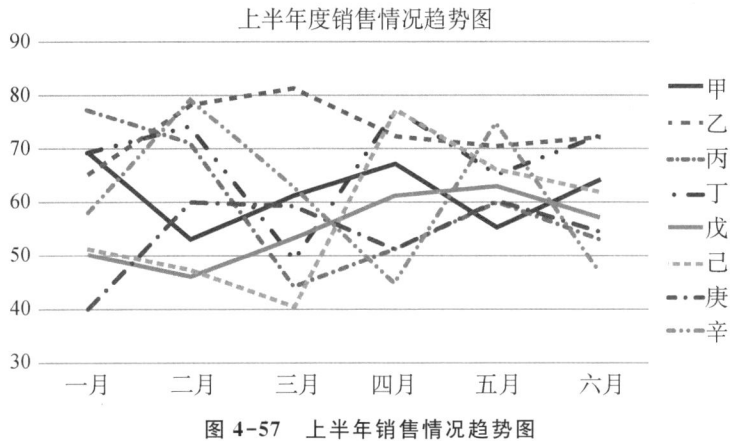

图 4-57 上半年销售情况趋势图

选中要添加趋势线的部门如丙部门,具体操作方法如下:

步骤一:在图表中丙部门的数据线上任意位置单击鼠标,在弹出的【图表工具】—【设计】工具栏的【图表布局】组中单击【添加图表元素】下的【趋势线】【其他趋势线选项】,弹出【设置趋势线格式】对话框,如图 4-58 所示,再从现在的类型选项卡中选择类型如"多项式",顺序为"2",单击【确定】按钮。

步骤二:在图表中丙部门的数据线上任意位置单击鼠标右键打开快捷菜单,单击【添加趋势线】,弹出【设置趋势线格式】对话框,从现在的类型选项卡中选择类型如"多项式",顺序

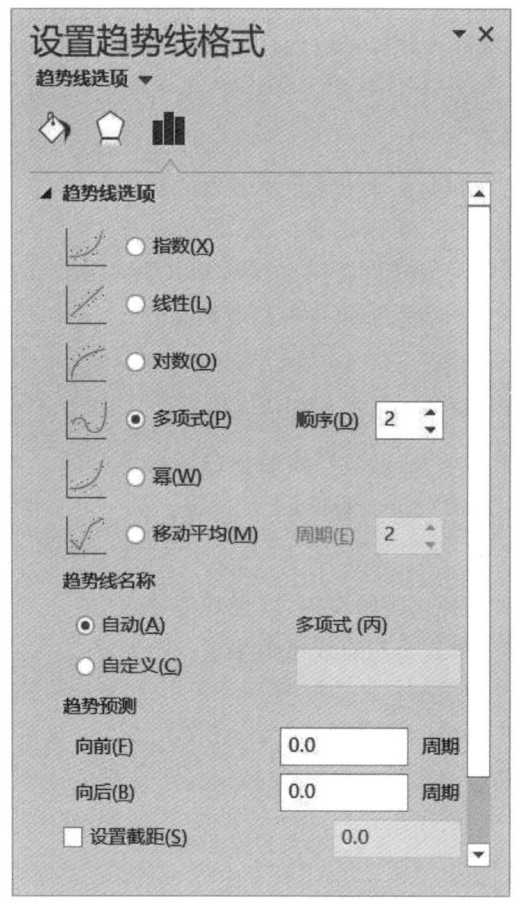

图 4-58 【设置趋势线格式】对话框

为"2",单击【确定】按钮。

这样图表中就多了一条刚刚添加的趋势线,从这条线可以清楚地看出变化趋势,如图 4-59 所示。

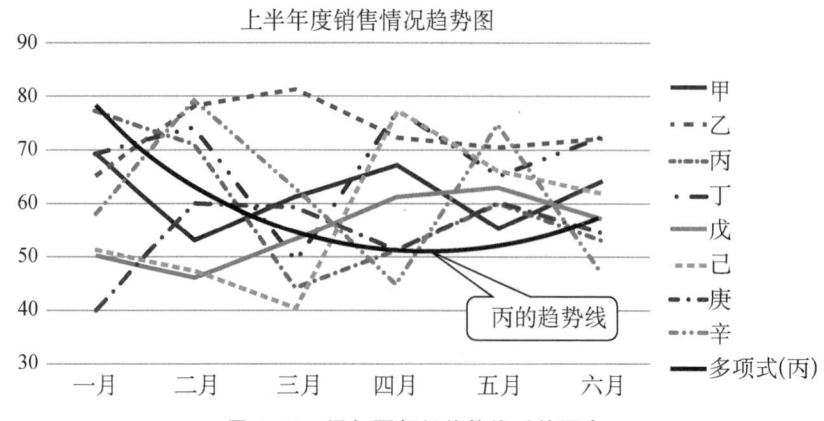

图 4-59 添加丙部门趋势线后的图表

利用这条趋势线可以预测下一步的市场走势；双击趋势线，打开【设置趋势线格式】对话框，在【趋势预测】一栏中将【向前】输入框中的数字改为"1"，单击【确定】按钮。

二、图表基本类型

Excel 提供了 14 种标准的图表类型，每一种都具有多种组合和变换。根据数据和使用要求的不同，可以选择不同类型的图表。在众多的图表类型中，选用哪一种图表更好呢？图表的选择主要与数据的形式有关，其次才考虑感观效果和美观性。下面将介绍一些常用的图表类型。

1. 柱形图

柱形图由一系列垂直条组成，通常用来比较一段时间内两个或两个以上项目的相对尺寸。例如，不同产品季度或年销售量对比、在几个项目中不同部门的经费分配情况、每年各类资料的数目等。

2. 条形图

条形图由一系列水平条组成，使得对于时间轴上的某一点，两个或两个以上项目的相对尺寸具有可比性。比如，条形图可以比较每个季度、3 种产品中任意 1 种的销售数量。条形图中的每一条在工作表中是一个单独的数据点或数，它与柱形图的行和列刚好是调转过来的，有时可以互换使用。

3. 面积图

面积图显示一段时间内变动的幅值。当有几个部分的数据正在变动时，可以通过面积图看到各部分的变动情况，以及总体的变化情况。

4. 饼图

饼图可用于展示几个数据在其形成的总和中所占的百分比。整个饼代表总和，每一个数用一个楔形或薄片代表。比如，不同产品的销售量占总销售量的百分比、各单位的经费占总经费的比例、收集的藏书中每一类的占比情况等。

饼图虽然只能展示一个数据列的情况，但因为清楚明了，易学好用，所以在实际工作中较常用。如果有多个系列的数据，可以使用环形图。

5. 折线图

折线图被用来展示一段时间内的趋势。比如，数据在一段时间内呈增长趋势，另一段时间内处于下降趋势，便可通过折线图对将来作出预测。

折线图一般在工程上应用较多，如速度—时间曲线、推力—耗油量曲线、升力系数—马赫数曲线、压力—温度曲线、疲劳强度—转数曲线、传输功率代价—传输距离曲线等。若是其中一个数据有几种情况，折线图里就有几条不同的线，比如五名运动员在万米赛跑中的速度变化，就有五条折线，可以互相对比，也可以添加趋势线对速度进行预测。

6. 股价图

股价图是具有三个数据序列的折线图，被用来表示特定时期内一种股票的最高价、最低价和收盘价。通过在最高、最低数据点之间画线形成垂直线条，而轴上的小刻度代表收盘价。股价图多用于金融、商贸等行业，用来描述商品价格、货币兑换率、温度、压力测量等。

7. 雷达图

雷达图显示数据如何围绕中心点或其他数据变动。每个类别的坐标值从中心点辐射，来源于同一序列的数据同线条相连。利用雷达图可以绘制几个内部关联的序列，作出可视对比。比如，3台具有五个相同部件的机器，我们可以在雷达图上绘制出每一台机器上每一部件的磨损量。

8. XY散点图

XY散点图展示成对的数和它们所代表的趋势之间的关系。对于每一数对，一个数被绘制在X轴上，而另一个数被绘制在Y轴上。过两点的轴垂线，相交处在图表上有一个标记。当大量的数对被绘制后，就会出现一个图形。散点图的重要作用是可以用来绘制函数曲线，从简单的三角函数、指数函数、对数函数到更复杂的混合型函数，都可以利用散点图快速准确地绘制出曲线，所以在教学、科学计算中经常会被用到。

还有其他一些类型的图表，比如圆柱图、圆锥图、棱锥图，都是从条形图和柱形图变化而来的，没有突出的特点，而且用得相对较少。需要说明的是：以上只是图表的一般应用情况，有时一组数据，可以用多种图表来表现，要根据具体情况加以选择。对有些图表，如果一个数据序列绘制成柱形图，另一个绘制成折线图或面积图，会更清晰、直观。

三、排序的相关知识

排序可以用【数据】工具栏的【排序和筛选】组中的升序按钮"" 、降序按钮"" 和排序按钮来完成，也可使用【开始】工具栏右侧的【编辑】组中的【排序和筛选】下的升序按钮"" 、降序按钮"" 和【自定义排序】按钮来完成。

1. 使用工具栏排序

一般只需在标题行单击要排序的列名称，单击升序按钮"" 或降序按钮"" ，即可完成整个数据表的排序；也可以选中一列，单击升序按钮"" 或降序按钮"" ，出现【排序提醒】对话框，如图4-60所示。

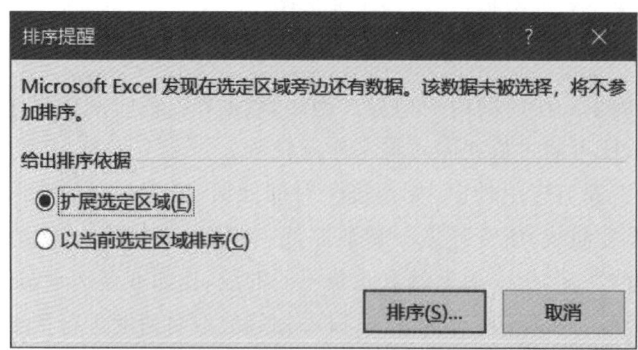

图4-60 【排序提醒】对话框

如果选中【以当前选定区域排序】，那么进行排列的就只有被选中的数据，其他列的数据不会变动。这样就有可能张冠李戴，数据混乱，因此，没有特殊情况不使用此功能。实际操作中,为避免数据混乱,应在【排序提醒】对话框中选择【扩展选定区域】,单击【排序】按钮。

2. 按行排序

有时需要按照行来排序,这在 Excel 中也可以实现。打开【排序】对话框,单击【选项】按钮,打开【排序选项】对话框,可以设置排序的次序、方向、方法、是否区分大小写等;选择"方向"中的【按行排序】,如图 4-61 所示,单击【确定】按钮。

3. 无标题行排序

若选择的数据区域没有列标题,可以按无标题行排列,打开【排序】对话框,取消勾选【数据包含标题】复选框,则【主要关键字】下拉列表框中的内容就发生了变化,如图 4-62 所示;不过由于这里不能正确识别标题列,所以单击【确定】按钮后的排序会出现一些问题,因此,最好先选中要排序的单元格,然后再进行排序。

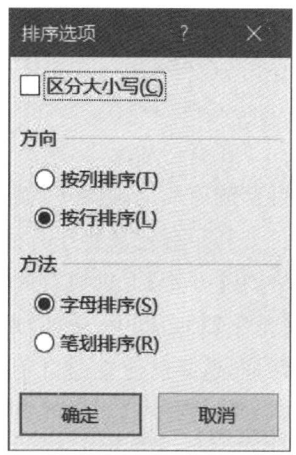

图 4-61 【排序选项】对话框

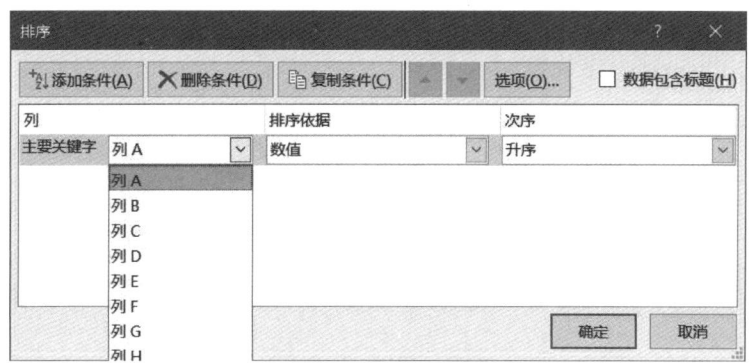

图 4-62 无标题行排序

排序可以把要查阅的数据,按一定的顺序进行排列,方便查看,它能按多种不同的关键字进行排列。如果只显示所需的数据行,使用"排序"功能就不方便了,可以使用"筛选"功能。

4. 数据排序的规则

Excel 允许对字符、数字等数据按大小顺序进行升序或降序排列,要进行排序的数据称为关键字。不同类型的关键字的排序规则如下:

(1) 数值:按数值的大小,排列顺序为从小数到大数、从负数到正数。

(2) 字母:按字母先后顺序排列为:

0123456789(空格)!"

$ % & '

( ) * + , - . / : ;

< = > ? @ [\ ] ^ _ `

| ~ ABCDEFGHIJKLMNOPQRSTUVWXYZ。

(3) 日期:按日期的先后。

(4) 汉字:按汉语拼音的顺序或按笔画顺序。

(5) 逻辑值:升序时 False 排在 True 前面,降序时则相反。

(6) 错误值:所有的错误值都是相等的。

(7) 空白(不是空格)单元格总是排在最后。

5. 自定义序列排序

在有些情况下,对数据的排序顺序可能非常特殊,既不按数值大小次序,也不按汉字的拼音顺序或笔画顺序,而是按照指定的特殊次序,这时就需要自定义排序。

利用自定义排序方法进行排序,具体操作如下:单击数据区域中要进行排序的任意单元格,在【开始】工具栏右侧的【编辑】组中单击【排序和筛选】下的【自定义排序】按钮,在弹出的【排序】对话框中,选择【次序】—【自定义序列】,如图 4-63 所示。系统弹出【自定义序列】对话框,选择已建立的自定义序列或系统提供的自定义序列,如图 4-64 所示,单击【确定】按钮,回到【排序】对话框,单击【确定】按钮,即可对数据进行自定义排序。

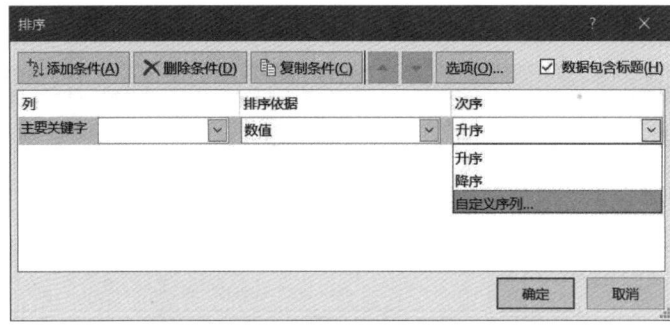

图 4-63 【排序】对话框中的自定义序列

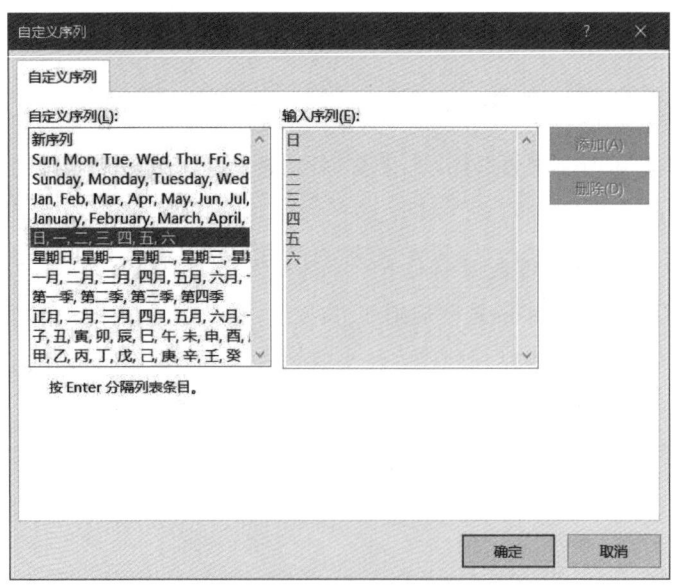

图 4-64 【自定义序列】对话框

6. 恢复排序前状态

在制作表格时,除了物体的必要属性如人员中的姓名、性别等,还会人为增加序号列,其目的就是恢复制作原始表的初始状态。

四、筛选的相关知识

1. 记录单

记录单检索数据每次只能显示一个数据行,当查询的数据较多,或要把查询的结果汇总成表时,就需要使用筛选工具。自动筛选提供了快速检索数据清单或数据库的方法,通过简单的操作,就能筛选出需要的数据。

2. 数据筛选

数据筛选是指把数据库或数据清单中所有不满足条件的数据记录隐藏起来,只显示满足条件的数据记录。可从系统显示的可用筛选条件中,选择需要的条件,也可以自定义筛选条件。当选择或设定好条件后,即可显示出满足条件的所有数据,其他数据则被隐藏。

利用"自动筛选"功能查找数据时,可单击数据清单或数据库中的任意非空单元格,也可选中要筛选的数据区域。

3. 自定义自动筛选

用户可根据具体条件对【自定义自动筛选方式】对话框的各栏进行设置。

【例4-3】在籍贯中查找含有"北"和"山"的人员,其中用到了"与"和"或"条件里的"或"条件。

具体操作如下:在【籍贯】右侧的自动筛选下拉列表中,选择【自定义】,在【籍贯】下拉列表中选择"包含",右侧输入框中输入"北",勾选【或】复选框,再选"包含",右侧输入框中输入"山",如图4-65所示。单击【确定】按钮,筛选结果如图4-65所示。

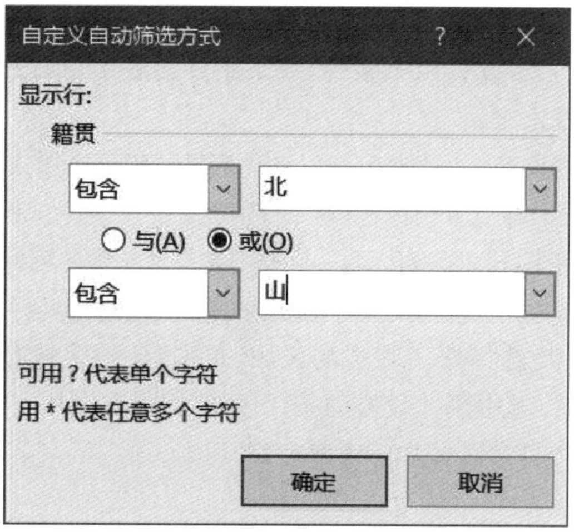

图4-65 【自定义自动筛选方式】对话框

Excel 在会计中的应用(第二版)

序号	姓名	部门	性别	民族	籍贯	出生年月	年龄	工作日期	工龄	文化程度	现级别
3	王浩	办公室	男	汉	山东青岛	1972年6月	50	1994年1月	30	大学本科	校对
4	刘思宇	办公室	男	汉	山东济南	1988年4月	34	2009年6月	14	大专	校对
6	高欣悦	人事处	女	汉	河北石家庄	1991年1月	32	2013年5月	10	大学	职员
7	赵秀丽	人事处	女	汉	北京丰台	1982年2月	41	2006年6月	17	研究生	职员
8	黄琪	人事处	女	汉	河北保定	1978年7月	44	1999年7月	24	中专	职员
10	赵天琪	财务处	女	汉	山东招远	1986年11月	36	2008年7月	15	大学肄业	编审
12	刘鸿	财务处	男	汉	河北文安	1968年12月	54	1992年1月	32	研究生	职员
15	王明明	销售部	男	藏	湖北武汉	1973年12月	49	1996年1月	28	大学本科	校对
16	钱媛	销售部	女	汉	北京市	1985年4月	37	2007年3月	16	大学本科	会计师
18	孙雅静	销售部	女	汉	山西万荣	1980年3月	42	2001年7月	22	大专	职员

图 4-66　例题的筛选结果

4. 自动筛选中的通配符

在设置自动筛选的自定义条件时,条件里可以使用通配符"?"和"＊",其中问号"?"代表任意单个字符,星号"＊"代表任意一组字符。"?"和"＊"必须是英文半角字符。

如【例 4-3】也可以使用通配符,如图 4-67 所示,筛选结果相同。

图 4-67　自动筛选的自定义条件使用通配符

5. 高级筛选

在自动筛选时,一列最多设置两个条件,如果条件比较多,可以使用"高级筛选"功能一次把想要看到的数据都找出来。

设置高级筛选,首先要设置一个条件区域。条件区域的第一行输入排序的字段名称(字段名称可以是多个,也可以重复),即放置列标题;第二行则放置筛选条件。所以建立一个条件区域,应该至少有两行,需要注意的是,这里的列标题一定要与数据清单中的列标题文字完全一样。

具体操作如下:选中数据区域中的一个单元格,在【数据】工具栏的【排序和筛选】组中单击【高级筛选】。Excel 自动选择好了筛选的区域,单击【条件区域】对话框中的【拾取】按钮(右侧带红色箭头的按钮),选中刚才设置的条件区域(可以是其中一部分),单击拾取框中的【拾取】按钮返回【高级筛选】对话框,单击【确定】按钮。

6. 高级筛选条件

设置条件区域的筛选条件时,同一行上的条件认为是"与"的关系,而不同行上的条件认为是"或"的关系。设置高级筛选条件可以对一个特定的列指定三个以上的条件(多行或多列),也可以指定计算条件(运用公式和函数)。

7. 利用筛选批量删除空行

有时需要删除 Excel 工作簿中的空行,一般做法是将空行一一找出,然后删除。如果工作表的行数很多,这样做就非常不方便。这时,可以利用"自动筛选"功能,把空行全部找到,然后一次性删除。

具体操作如下:在【数据】工具栏的【排序和筛选】组中单击【筛选】按钮,这时在每一列的顶部,都出现一个下拉列表框,在典型列的下拉列表框中选择"空白",如图 4-68 所示。所有空行都被选中(别把标题选中)的情况下,在【开始】工具栏的【单元格】组中单击【删除】下的【删除工作表行】按钮。这时所有的空行都已被删去,在【数据】工具栏的【排序和筛选】组中单击【筛选】按钮,工作表中的数据就全恢复了。

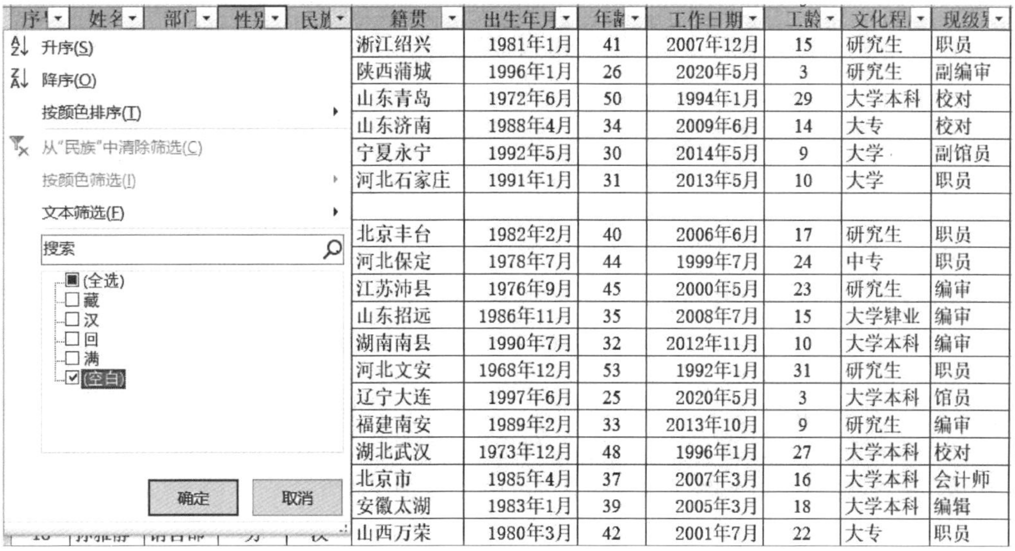

图 4-68 利用筛选删除空白行

五、分类汇总相关知识

1. 分类汇总准备工作

若要进行分类汇总,为了获得最佳效果,请为需要排序的区域加上列标志,即确保要进行分类汇总的数据为下列格式:表的第一行每一列都有标志,并且同一列中应包含相似的数据,在区域中没有空行或空列。只有这样,要进行分类汇总的行才是组合到一起的,才可以为包含数字的列进行分类汇总计算。

如果数据不是以列表的形式来组织的,或者只需简单汇总,则可使用自动求和"∑",而不使用自动分类汇总。

一个数据清单中可以使用多种计算来显示分类汇总。总计的值取自于明细资料,而不是分类汇总中的资料。在具有自动重新计算功能状态下,也就是在编辑明细数据时,将自动重新计算相应的分类汇总和总计值。

2. 分类汇总分级显示

在分类汇总中的数据是分级显示的,现在工作表的左上角出现了区域"<u>1 2 3</u>",单击"1",表中就只显示这个总计平均值项,如图4-69所示。

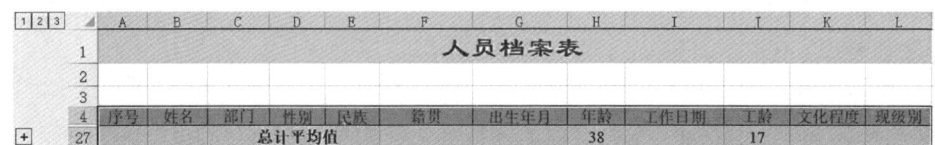

图 4-69　分类汇总分级显示 1

单击"2",只出现这些汇总的部分,这样可以清楚地看到每个分类的汇总平均值,如图4-70所示。单击"3",则可显示所有的内容。

图 4-70　分类汇总分级显示 2

3. 删除分类汇总

删除分类汇总时,同时也将删除分级显示,以及随分类汇总一起插入列表中的所有分页符。具体操作如下:在含有分类汇总的列表中,单击有分类汇总的任意单元格,进入【数据】工具栏的【分级显示】组中单击【分类汇总】,弹出【分类汇总】对话框,单击【全部删除】按钮。

4. 分类汇总隐藏数据

将分类汇总添加到列表中时,列表就会分级显示,可以显示列表结构。单击分级显示符号"<u>1 2 3</u>"或"+"和"−"可创建汇总报表,以便为每个分类汇总显示或隐藏明细数据行,这样可以隐藏明细数据,只显示汇总或某一级。

5. 分类汇总位置

如果想在每个分类汇总后有一个自动分页符,则勾选【每组数据分页】复选框。如果希望分类汇总结果出现在分类汇总的行的上方,而不是在行的下方,则取消勾选【汇总结果显示在数据下方】复选框。还可再次使用【分类汇总】命令添加多个具有不同汇总函数的分类汇总。若要防止覆盖已存在的分类汇总,则应取消勾选【替换当前分类汇总】复选框。

6. 嵌套分类汇总

可以将更小的分组的分类汇总插入现有的分类汇总组中。具体操作如下:根据多列对区域进行排序,首先对外部分类汇总列排序,进行分类汇总,其次选择要进行嵌套分类汇总的内部列排序,进行分类汇总,如此重复。对多个嵌套的分类汇总,重复进行上一步,应从最外层的分类汇总开始进行。

7. 分级显示

工作表数据中的明细数据行或列分组,以便能够创建汇总报表。分级显示可汇总整个工作表或其中一部分区域。

(1) 设置分级显示。表的分级也可以手动来设置。具体操作如下:首先要将同样的一个部分组合成一个组,选中要组合的行,进入【数据】工具栏的【分级显示】组中单击【创建组】按钮,就可以将选中的部分与其下面的一行设置为一个组。

但是这样设置的组有一个问题,在显示较高级别的条目时显示出来的并不是想要的。这是因为在设置分组的时候将较高级别的条目默认为所选择行的下面一行,而这里的前一级是在数据记录的上面。解决方法如下:进入【数据】工具栏的【分级显示】组中,选择其中的【设置】按钮" ",打开【设置】对话框,如图4-71所示,取消勾选【明细数据的下方】复选框,单击【确定】按钮,设置好组合的选项,然后取消当前组的设置。

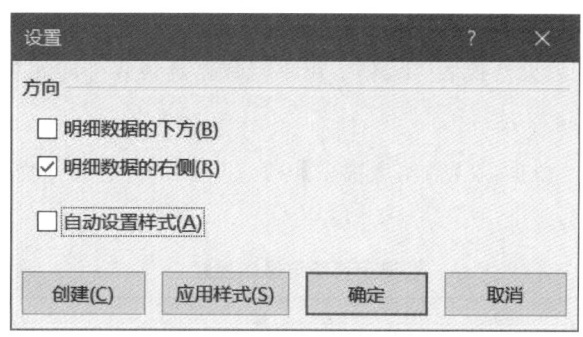

图4-71 组及分级显示设置

(2) 取消组所设置的行。具体操作如下:进入【数据】工具栏的【分级显示】组中单击【取消组合】下的【取消组合】按钮,再次使用【创建组】命令就可以将当前选中的行同前面一行形成一个组。

如果要把所有的分级显示全部删除,进入【数据】工具栏的【分级显示】组中单击【取消组合】下的【清除分级显示】按钮。

(3) 列也同样可以设置分组显示,其方法同行基本一样。设置分组也可以选中要设置分组的行或列的几个单元格,使用【创建组】按钮,弹出【创建组】对话框,从中选择创建行或创建列的组,单击【确定】按钮。

使用【数据】—【组及分级显示】子菜单中的【显示明细数据】和【隐藏明细数据】两个命令可以显示或隐藏当前选中的单元格所在组的明细。

六、数据透视表相关知识

1. 概念

数据透视表是用于快速汇总大量数据的交互式表格,用户可以旋转其行或列查看对原数据的不同汇总,也可以通过显示不同的页来筛选数据,进行汇总和分析,还可以显示所关心区域的数据明细。通过对源数据表的行、列重新排列,使得要表达的数据信息更清楚明了。

2. 数据源

要保证数据源是一个数据清单或数据库,即数据表的每列必须有列标题且列标题只能在一行内,不能有复杂或者复合表头。

3. 数据透视图

根据数据透视表可以直接生成图表:单击【插入】工具栏的【表格】组中【数据透视图】按钮,Excel会自动根据当前的数据透视表生成一个图表并切换到图表中,不难看出这个图表跟前面看到的图表基本一致,不同的只是多了几个下拉箭头,这是透视表中的字段。选择【全部】,单击【确定】按钮,可以看到图表中的数据发生了变化。透视图的设置与图表的格式设置一样,有很多在透视表中使用的方法也可以在这个图表中使用。

4. 调整数据透视表

选中数据透视表中的任意一个单元格,出现【数据透视表】工具栏,选择需要调整的工具进行调整。若要取消"数据透视表"工具栏,可单击数据透视表外的任意单元格。

5. 清除数据透视表数据

选中数据透视表的数据,在【数据透视表】—【选项】工具栏的【操作】组中,单击【清除】下的【全部清除】按钮。

课后训练与操作视频

名　　称
1. 制作简单图表任务单
2. 制作动态图表任务单
3. 制作双坐标轴图表任务单
4. 数据排序任务单
5. 数据筛选任务单
6. 数据分类汇总任务单
7. 数据透视表任务单

项目四任务单　　　　项目四视频

项目五　工作表的常用功能

【情景导入】

> 小李在财务部工作已经游刃有余,能够胜任大部分财务部的基础工作。小李发现财务的数据对公司而言是非常重要的,数据的安全在日常工作中一刻也不能放松,他把重要的表格文件加密保存,为了打印出的表格更美观,可读性更好,对页面设置进行了调整。他把工作表常用功能的操作和技巧都一一记录下来,准备与其他同事分享。

知识目标与技能目标

任　　务	知识目标、技能目标
任务一　大量数据的工作表处理	记录单、拆分冻结
任务二　数据的保护	数据保护
任务三　数据的打印	页面设置
任务四　与工作表的常用功能相关的其他操作	数据保护、数据打印、窗口拓展

任务一　大量数据的工作表处理

一、记录单(数据清单)

1. 利用记录单输入人员档案表

具体操作如下:

(1) 在一个新的工作表中,输入工作表标题文字"人员档案表",在 A4:L4 单元格输入第一行,列标题:序号、姓名、部门、……现级别。

(2) 选中 A4:L4 区域,单击【记录单】按钮,没有具体数据就会出现提示信息,如图 5-1 所示,单击【确定】按钮。

注意:Excel 高版本中默认的工具栏如果没有【记录单】按钮,需要通过"自定义功能区"功能把其加入工具栏区,如【数据】工具栏区。

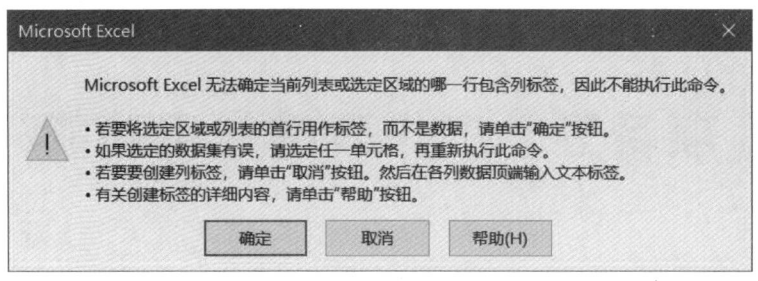

图 5-1 记录单提示信息

(3) 在【记录单】对话框中,如图 5-2 所示,单击【新建】按钮,在列标题对应的输入区,输入相应的数据记录,完成后,单击【新建】按钮,输入下一条记录。输完所有人员,如图 5-3 所示,单击【关闭】按钮。

注意:年龄和工龄先不输入,在下一步使用公式输入。

图 5-2 【记录单】对话框

(4) 在 H5 单元格输入公式"=TRUNC((TODAY()-G5)/365)",拖动填充至 H24。
(5) 在 J5 单元格输入公式"=ROUNDUP((TODAY()-I5)/365,0)",拖动填充至 J24。
(6) 设置相应格式,保存工作簿文件。

注意:TRUNC 函数是将数字截为整数或保留指定位数的小数。ROUNDUP 函数是向上舍入的任意实数。ROUNDDOWN 函数是向下舍入的任意实数。INT 函数将数值向下取整为最接近的整数。

2. 利用记录单查找数据记录

具体操作如下:

(1) 单击记录单或数据库中的任意非空单元格。
(2) 单击【记录单】按钮,系统弹出【人员档案】对话框,如图 5-4 所示。

人员档案表

序号	姓名	部门	性别	民族	籍贯	出生年月	年龄	工作日期	工龄	文化程度	现级别
1	刘丹	办公室	男	汉	浙江绍兴	1981年1月	42	2007年12月	16	研究生	职员
2	王安	办公室	女	回	陕西蒲城	1996年1月	27	2020年5月	3	研究生	副编审
3	王浩	办公室	男	汉	山东青岛	1972年6月	50	1994年1月	30	大学本科	校对
4	刘思宇	办公室	男	汉	山东济南	1988年4月	34	2009年6月	14	大专	校对
5	陈菲菲	人事处	女	回	宁夏永宁	1992年5月	30	2014年5月	9	大学	副馆员
6	高欣悦	人事处	女	汉	河北石家庄	1991年1月	32	2013年5月	10	大学	职员
7	赵秀丽	人事处	女	汉	北京丰台	1982年2月	41	2006年6月	17	研究生	职员
8	黄琪	人事处	女	汉	河北保定	1978年7月	44	1999年7月	24	中专	职员
9	蔡怡帆	人事处	男	汉	江苏沛县	1976年9月	46	2000年5月	23	研究生	编审
10	赵天琪	财务处	女	汉	山东招远	1986年11月	36	2008年7月	15	大学肄业	编审
11	李冠华	财务处	男	汉	湖南南县	1990年7月	32	2012年11月	11	大学本科	编审
12	刘鸿	财务处	男	汉	河北文安	1968年12月	54	1992年1月	32	研究生	职员
13	郑义	财务处	男	满	辽宁大连	1997年6月	25	2020年5月	3	大学本科	馆员
14	张旭	销售部	男	汉	福建南安	1989年2月	34	2013年10月	10	研究生	编审
15	王明明	销售部	男	藏	湖北武汉	1973年12月	49	1996年1月	28	大学本科	校对
16	钱媛	销售部	女	汉	北京市	1985年4月	37	2007年3月	16	大学本科	会计师
17	赵铭	销售部	男	汉	安徽太湖	1983年1月	40	2005年3月	18	大学本科	编辑
18	孙雅静	销售部	女	汉	山西万荣	1980年3月	42	2001年7月	22	大专	职员
19	杨晓君	销售部	女	汉	江苏南通	1970年8月	52	1988年1月	36	高中	编审
20	李博宇	销售部	男	藏	四川德阳	1993年10月	29	2017年7月	6	研究生	副编审

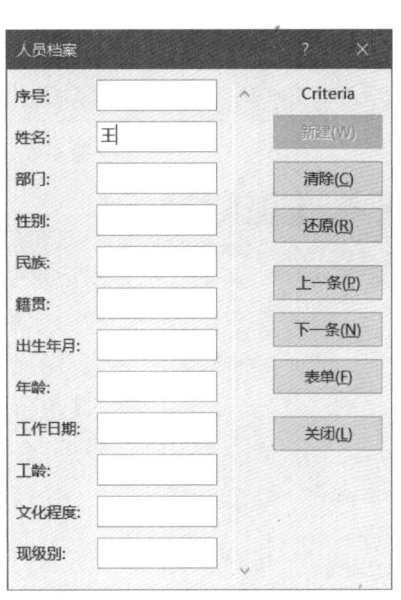

图 5-3　人员档案表样

(3) 单击记录单中的【条件】按钮，弹出【人员档案】条件对话框，在【新建】按钮(不可选)的上方显示的内容是“Criteria(条件)”，如图 5-5 所示。

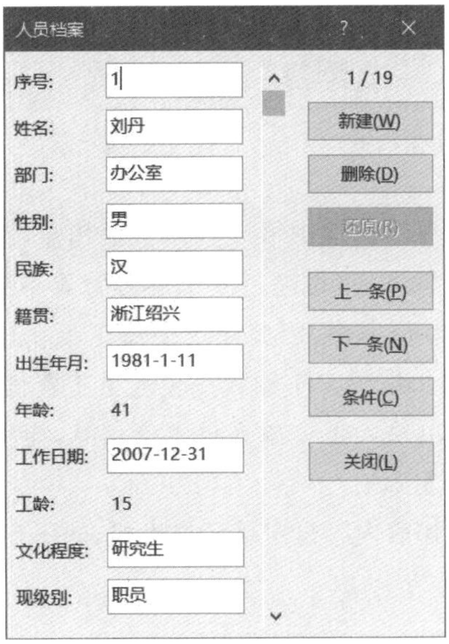

图 5-4　【人员档案】对话框

图 5-5　【人员档案】条件对话框

(4) 输入条件，如要查找姓“王”的记录，则在【姓名】栏中输入“王”，单击【上一条】或【下一条】按钮，逐次显示满足条件的记录行。还可以使用多个条件联合查找记录，此处不再叙述。

若要回到原始的记录单状态，单击【表单】按钮，在记录单原始状态下才能进行【新建】【增加】【删除】操作。而条件对话框中的【清除】操作，只能清除，不能删除。

3. 添加新的记录

在记录单对话框中，单击【新建】按钮，出现各字段均为空白的新建记录单，在记录单中输入各字段的值,输入完毕后,单击【新建】按钮,即完成添加新记录。

4. 修改或删除记录

在记录单对话框中,即可对某一记录的各字段进行修改。若要删除显示的记录,只需单击记录单上的【删除】按钮即可。

二、拆分冻结

1. 输入工资汇总表

具体操作如下:

(1) 在 A1 单元格输入"工资汇总表"。

(2) 在 A3:P3 单元格分别输入"序号""部门""姓名""一月"……"十二月""汇总"。

(3) 选中 A3:P3 单元格,单击【记录单】按钮,出现提示信息图 5-6,单击【确定】按钮。

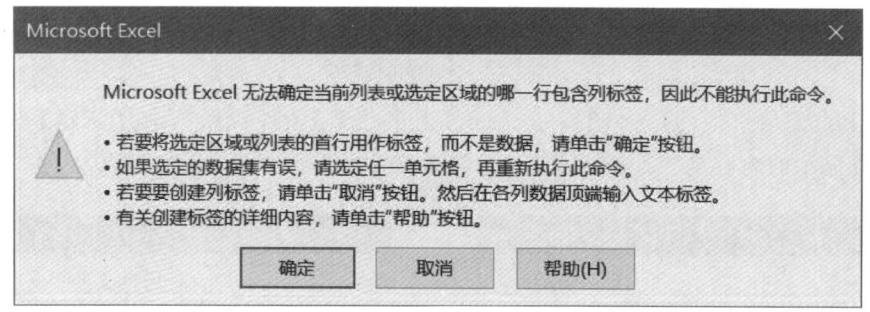

图 5-6 记录单提示信息

(4) 在记录单对话框中输入具体人员信息,也可以不用记录单的形式输入,但是超过一个屏幕就看不到行标题和列标题,容易串行串列,因此建议使用记录单输入全部人员的数据信息。按图 5-7 输入一个人员工资信息后,单击【新建】按钮,再输入下一条人员工资信息,全部输入完毕后,单击【关闭】按钮。

(5) 根据工作表内容设定单元格格式,如图 5-8 所示。

2. 拆分冻结工作表

具体操作如下:

(1) 查找某员工的某月工资,可以使用记录单的方法,一次只能看到一个人员的信息;也可以用拆分的方法,能看见多行多列人员信息。

(2) 单击 D4 单元格,在【视图】菜单的【窗口】组中选择【拆分】按钮,如图 5-9 所示。

(3) 拆分结果如图 5-10 所示,可以看到窗口被分为四部分,水平、垂直滚动条变为 2 个,通过滚动条可以分别移

图 5-7 用记录单输入人员工资信息

	A	B	C	D	E	F	G	H	I	J	K	L	M	N	O	P
1	工资汇总表															
2																
3	编号	部门	姓名	一月	二月	三月	四月	五月	六月	七月	八月	九月	十月	十一月	十二月	汇总
4	001	办公室	陈鹏	800.00	800.00	800.00	800.00	800.00	880.00	880.00	880.00	880.00	880.00	880.00	1180.00	10460.00
5	002	办公室	王卫平	685.00	685.00	685.00	685.00	685.00	753.50	753.50	753.50	753.50	753.50	753.50	1053.50	8999.50
6	003	办公室	张晓寰	685.00	685.00	685.00	685.00	685.00	753.50	753.50	753.50	753.50	753.50	753.50	1053.50	8999.50
7	004	办公室	杨宝春	613.00	613.00	613.00	613.00	613.00	674.30	674.30	674.30	674.30	674.30	674.30	974.30	8085.10
8	005	人事处	许东东	800.00	800.00	800.00	800.00	800.00	880.00	880.00	880.00	880.00	880.00	880.00	1180.00	10460.00
9	006	人事处	王川	613.00	613.00	613.00	613.00	613.00	674.30	674.30	674.30	674.30	674.30	674.30	974.30	8085.10
10	007	人事处	沈克	800.00	800.00	800.00	800.00	800.00	880.00	880.00	880.00	880.00	880.00	880.00	1180.00	10460.00
11	008	人事处	艾芳	800.00	685.00	685.00	685.00	685.00	753.50	753.50	753.50	753.50	753.50	753.50	1053.50	9114.50
12	009	人事处	王小明	613.00	613.00	613.00	613.00	613.00	674.30	674.30	674.30	674.30	674.30	674.30	974.30	8085.10
13	010	财务处	胡海涛	613.00	613.00	613.00	613.00	613.00	674.30	674.30	674.30	674.30	674.30	674.30	974.30	8085.10
14	011	财务处	庄凤仪	800.00	800.00	800.00	800.00	800.00	880.00	880.00	880.00	880.00	880.00	880.00	1180.00	10460.00
15	012	财务处	沈奇峰	685.00	685.00	685.00	685.00	685.00	753.50	753.50	753.50	753.50	753.50	753.50	1053.50	8999.50
16	013	财务处	连威	613.00	613.00	613.00	613.00	613.00	674.30	674.30	674.30	674.30	674.30	674.30	974.30	8085.10
17	014	统计处	岳晋生	613.00	613.00	613.00	613.00	613.00	674.30	674.30	674.30	674.30	674.30	674.30	974.30	8085.10
18	015	统计处	林海	685.00	685.00	685.00	685.00	685.00	753.50	753.50	753.50	753.50	753.50	753.50	1053.50	8999.50
19	016	统计处	刘学燕	613.00	613.00	613.00	613.00	613.00	674.30	674.30	674.30	674.30	674.30	674.30	974.30	8085.10
20	017	统计处	钱五一	685.00	685.00	685.00	685.00	685.00	753.50	753.50	753.50	753.50	753.50	753.50	1053.50	8999.50
21	018	后勤处	李春	613.00	613.00	613.00	613.00	613.00	674.30	674.30	674.30	674.30	674.30	674.30	974.30	8085.10
22	019	后勤处	方方	613.00	613.00	613.00	613.00	613.00	674.30	674.30	674.30	674.30	674.30	674.30	974.30	8085.10
23	020	后勤处	李红	800.00	800.00	800.00	800.00	800.00	880.00	880.00	880.00	880.00	880.00	880.00	1180.00	10460.00

图 5-8　工资汇总表

图 5-9　【视图】菜单中【拆分】按钮

动任意一个窗口。每个窗口都可以显示工作表的全部内容。

图 5-10　拆分窗口效果图

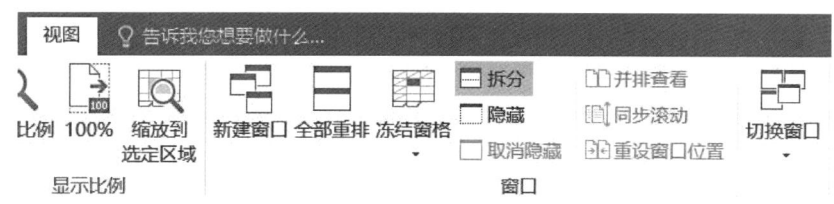

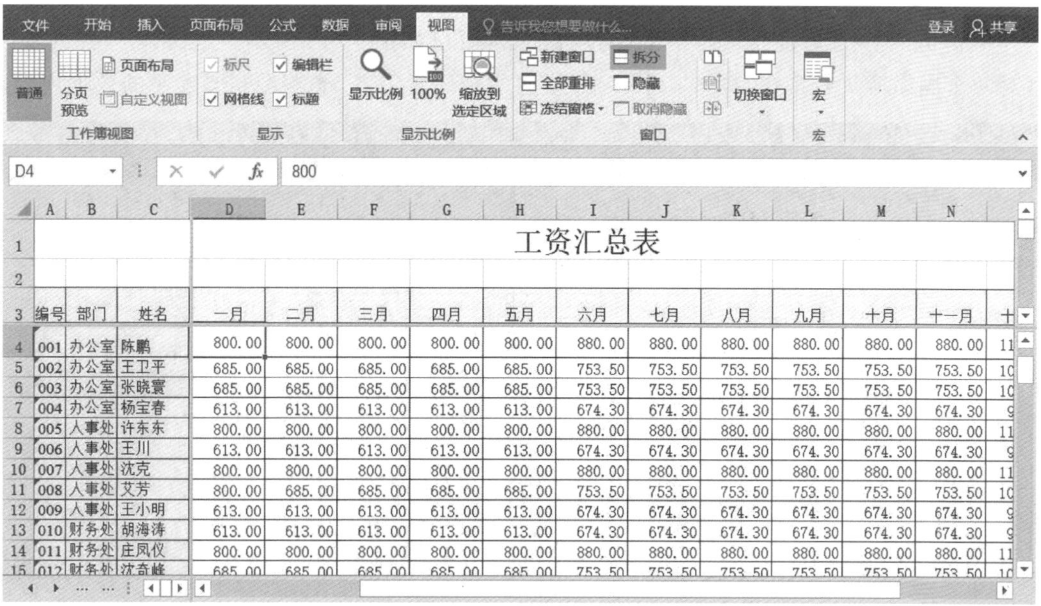

(4) 在拆分好的工作表【视图】工具栏的【窗口】组中,单击【冻结窗格】下的【冻结拆分窗格】按钮,拆分条由粗线变成一条细线,水平、垂直滚动条均恢复成1个。通过滚动条只能移动右下方一个窗口,其他3个窗口都不可以单独移动,只能显示工作表冻结前露出的部分内容。通过冻结窗格,可以锁住表头,轻松查看和修改数据,不容易串行串列弄错数据。

3．重排窗口

具体操作如下:

(1) 打开两个Excel文件,如"人事工资"和"工资"两个工作簿文件。

(2) 在【视图】工具栏的【窗口】组中,单击【切换窗口】菜单,就能在菜单下方查看打开的两个Excel工作簿的名称,如图5-11所示。名称前的复选框被选中的为当前活动工作簿,若想切换当前活动工作簿,在窗口菜单中单击工作簿名称即可,或在任务栏单击要操作的工作簿。

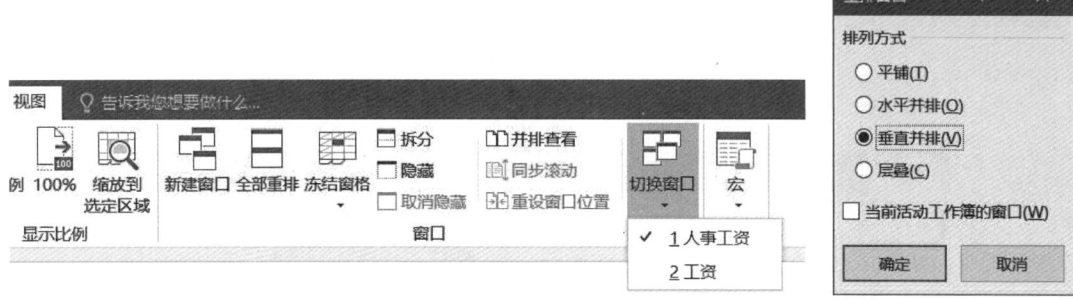

图5-11　窗口菜单　　　　　　　　图5-12　【重排窗口】对话框

(3) 在【视图】工具栏的【窗口】组中,单击【全部重排】,弹出【重排窗口】对话框,如图5-12所示。

(4) 单击选中【垂直并排】,单击【确定】按钮,窗口如图5-13所示。这样用户就可以同时对两个工作簿进行操作,操作其中一个时,另一个还显示着,能够看到要参照的数据内容。

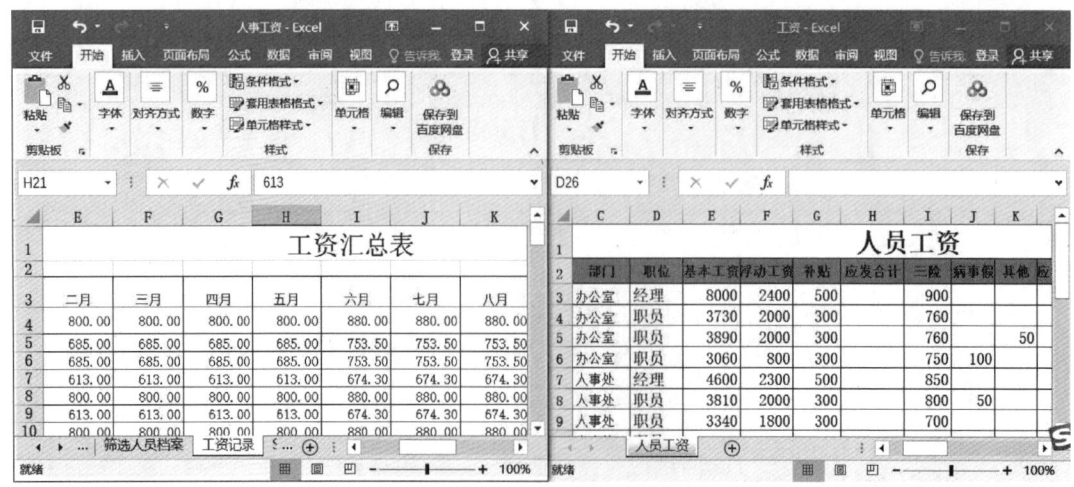

图5-13　垂直并排窗口

任务二 数据的保护

一、保护工作簿

具体操作如下：

（1）打开"工资"工作簿。

（2）在【审阅】工具栏的【更改】组中，单击【保护工作簿】按钮。

（3）弹出【保护结构和窗口】对话框，如图 5-14 所示。

（4）勾选【结构】和【窗口】复选框，输入密码，单击【确定】按钮。

（5）弹出【确认密码】对话框，再次输入密码，如图 5-15 所示，单击【确定】按钮。

图 5-14 【保护结构和窗口】对话框

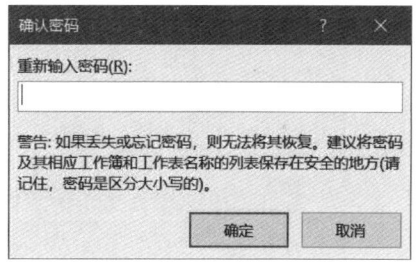

图 5-15 【确认密码】对话框

（6）此时工作簿处于保护状态，工作表无法实现移动、复制和隐藏等操作，如图 5-16 所示。

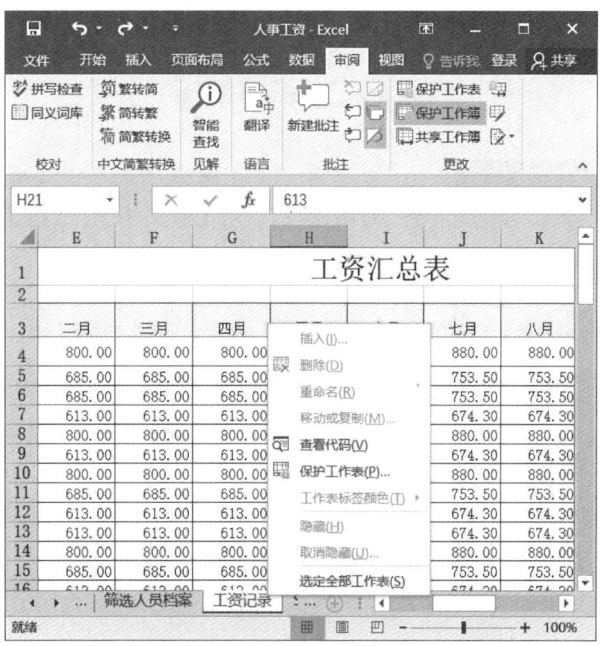

图 5-16 保护窗口后窗口状态

(7) 要对已经保护的工作簿做移动、复制和隐藏等操作，则需取消保护工作簿。在【审阅】工具栏的【更改】组中，单击【保护工作簿】按钮。在【撤消工作簿保护】对话框中，输入保护时输入的密码，如图 5-17 所示，单击【确定】按钮，撤消工作簿的保护状态。

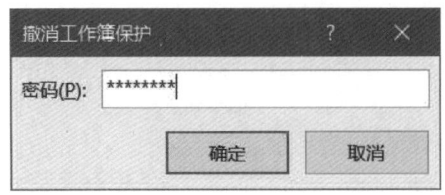

图 5-17 【撤消工作簿保护】对话框

(8) 单击【文件】菜单，选择【另存为】命令，单击【工具】下拉列表，如图 5-18 所示。

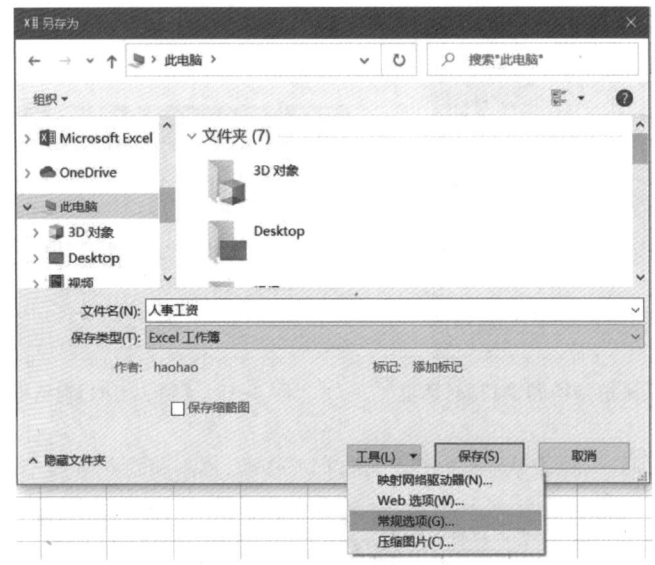

图 5-18 【另存为】对话框

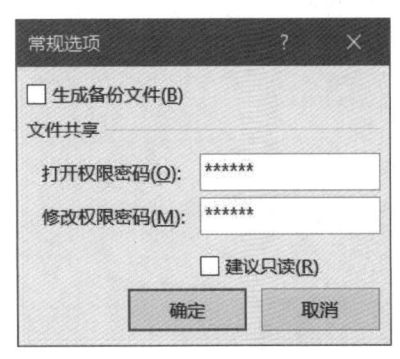

图 5-19 【常规选项】对话框

(9) 单击【常规选项】，弹出【常规选项】对话框，如图 5-19 所示。在【打开权限密码】和【修改权限密码】文本框中分别输入密码（最好不同），单击【确定】按钮。

(10) 在【确认密码】对话框的【重新输入密码】文本框中，输入密码，如图 5-20 所示，单击【确定】按钮。

(11) 在【确认密码】对话框的【重新输入修改权限密码】文本框中，输入密码，如图 5-21 所示，单击【确定】按钮。

(12) 回到【另存为】对话框中，单击【保存】按钮。

(13) 关闭退出"人事工资"工作簿。

(14) 再次打开"人事工资"工作簿。

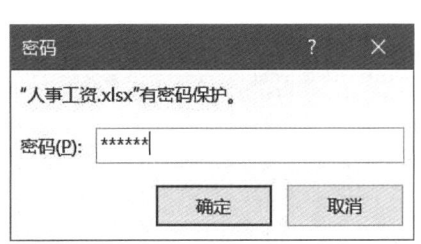

图 5-20 确认打开权限密码

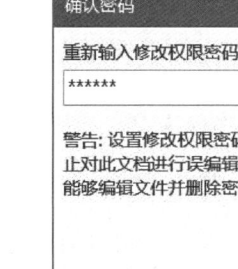

图 5-21 确认修改权限密码

(15) 在【密码】对话框中输入打开权限密码,如图 5-22 所示,单击【确定】按钮。

(16) 在【密码】对话框中,单击【只读】按钮,如图 5-23 所示。

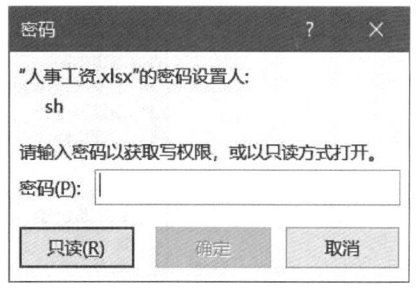

图 5-22 【密码】对话框—输入密码　　图 5-23 【密码】对话框—只读

(17) 进入"人事工资"工作簿后,可以看到标题栏上的文件名后出现"只读"字样,如图 5-24 所示,此时工作簿可以修改内容,但是不能以原名保存。

图 5-24 工作簿只读状态

二、保护工作表

具体操作如下：

（1）在打开的"工资"工作簿中，单击"人员工资"工作表标签，进入"人员工资"工作表。

（2）在【审阅】工具栏中的【更改】组，单击【保护工作表】按钮。

（3）弹出【保护工作表】对话框，如图5-25所示。

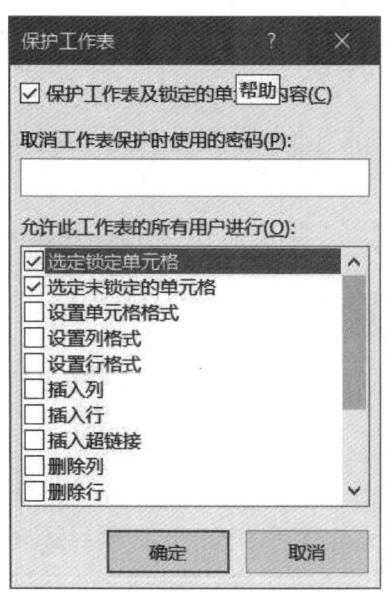

图5-25 【保护工作表】对话框

（4）勾选【保护工作表及锁定的单元格内容】复选框，在【取消工作表保护时使用的密码】文本框中输入密码，勾选【选定锁定单元格】和【选定未锁定的单元格】复选框，单击【确定】按钮。

（5）在【确认密码】对话框的【重新输入密码】文本框中输入密码，此密码是工作表保护密码，单击【确定】按钮。

（6）在"人员工资"工作表的任意单元格双击或编辑就会出现下面的提示，如图5-26所示，提示不能修改此工作表的任何一个单元格。

图5-26 保护后提示信息

（7）在【审阅】工具栏中的【更改】组，单击【撤消工作表保护】按钮。在【撤消工作表保护】对话框中，输入保护时输入的密码，单击【确定】按钮，撤消对工作表的保护。

（8）单击"人员工资"工作表标签，进入"人员工资"工作表。

（9）在【开始】工具栏中的【单元格】组，单击【格式】按钮，在【可见性】中的【隐藏和取消隐藏】下选择【隐藏工作表】，此时工作表标签处就看不到"人员工资"工作表的表名。

（10）在【开始】工具栏中的【单元格】组，单击【格式】按钮，在【可见性】中的【隐藏和取消隐藏】下选择【取消隐藏工作表】，或者在工作簿中任意工作表标签右击弹出的工作表快捷菜单中选择【取消隐藏】。

（11）在【取消隐藏】对话框中，选中要取消隐藏的表名，如图 5-27 所示，单击【确定】按钮，取消隐藏工作表。

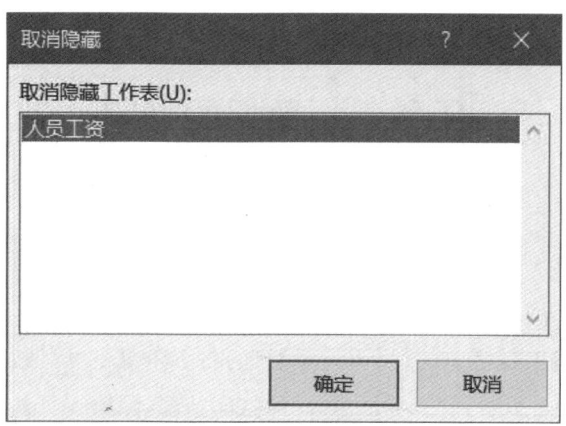

图 5-27　【取消隐藏】对话框

三、保护单元格

具体操作如下：

（1）在打开的"工资"工作簿中，单击"人员工资"工作表标签，进入"人员工资"工作表。

（2）按住"Ctrl 键"和鼠标左键选中 D:F 列、I:K 列不连续区域。

（3）在【开始】工具栏中的【单元格】组，单击【格式】按钮，选择【保护】中的【锁定单元格】，如图 5-28 所示。

注意：这里锁定的是允许更改的单元格。

（4）在【开始】工具栏中的【单元格】组，单击【格式】按钮，选择【保护】中的【保护工作表】。

（5）单击或编辑非选中区域（除 D:F 列，I:K 列区域外），则会出现信息提示，如图 5-29 所示。而在选中区域（D:F 列，I:K 列区域），则允许修改输入。

（6）撤消单元格的保护，撤消对工作表的保护即可。具体操作如下：在【开始】工具栏中的【单元格】组单击【格式】按钮，选择【保护】中的【撤消工作表保护】。或者在【审阅】工具栏中的【更改】组，

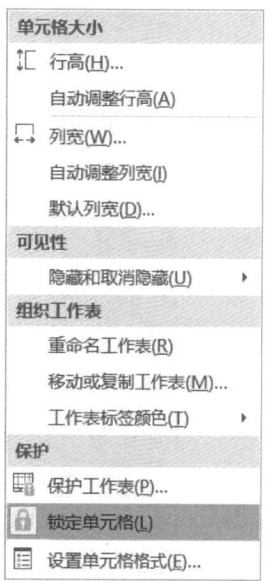

图 5-28　单元格—保护—锁定单元格

单击【撤消工作表保护】按钮。在【撤消工作表保护】对话框中输入保护时输入的密码,单击【确定】按钮。

图 5-29　保护单元格提示信息

任务三　数据的打印

具体操作如下:

(1) 打开"人事工资"工作簿文件。

(2) 单击"工资记录"工作表标签,调出"工资汇总表"。

(3) 在【页面布局】工具栏中的【页面设置】组的右下角单击" "按钮,弹出【页面设置】对话框,单击【打印预览】,可以看到"工资汇总表"的打印情况,除第一页外,后面的页面会出现如下情况:看不见列名称,不清楚数据对应的是什么项。打印预览的第 2 页如图 5-30 所示。

057	印刷厂	胡天天	685.00	685.00	685.00	685.00	685.00	753.50	753.50	753.50
058	印刷厂	林海涛	613.00	613.00	613.00	613.00	613.00	674.30	674.30	674.30
059	车队	周顺	613.00	613.00	613.00	613.00	613.00	674.30	674.30	674.30
060	车队	王玉基	685.00	685.00	685.00	685.00	685.00	753.50	753.50	753.50
061	车队	林明	613.00	613.00	613.00	613.00	613.00	674.30	674.30	674.30
062	车队	胡小军	685.00	685.00	685.00	685.00	685.00	753.50	753.50	753.50
063	车队	赵一海	613.00	613.00	613.00	613.00	613.00	674.30	674.30	674.30
064	车队	钱同	613.00	613.00	613.00	613.00	613.00	674.30	674.30	674.30
065	车队	方丰	800.00	800.00	800.00	800.00	800.00	880.00	880.00	880.00
066	车队	庞亮	685.00	685.00	685.00	685.00	685.00	753.50	753.50	753.50
067	销售部	陈伟男	765.00	765.00	765.00	765.00	765.00	841.50	841.50	841.50
068	销售部	李美宣	712.00	712.00	712.00	712.00	712.00	783.20	783.20	783.20
069	销售部	李可心	690.00	690.00	690.00	690.00	690.00	759.00	759.00	759.00
070	销售部	高宝文	830.00	830.00	830.00	830.00	830.00	913.00	913.00	913.00
071	销售部	沈帅睿	722.00	722.00	722.00	722.00	722.00	794.20	794.20	794.20
072	销售部	易智睿	760.00	760.00	760.00	760.00	760.00	836.00	836.00	836.00
073	销售部	杨天琪	776.00	776.00	776.00	776.00	776.00	853.60	853.60	853.60
074	销售部	林泯琦	739.00	739.00	739.00	739.00	739.00	812.90	812.90	812.90
075	销售部	余庆	805.00	805.00	805.00	805.00	805.00	885.50	885.50	885.50
076	销售部	李泽华	790.00	790.00	790.00	790.00	790.00	869.00	869.00	869.00
077	销售部	韩帅	660.00	660.00	660.00	660.00	660.00	726.00	726.00	726.00
078	销售部	王泽伟	660.00	660.00	660.00	660.00	660.00	726.00	726.00	726.00
079	销售部	郭子琛	780.00	780.00	780.00	780.00	780.00	858.00	858.00	858.00
080	销售部	赵贺	830.00	830.00	830.00	830.00	830.00	913.00	913.00	913.00
081	销售部	宇莹	760.00	760.00	760.00	760.00	760.00	836.00	836.00	836.00
082	销售部	何晓宣	800.00	800.00	800.00	800.00	800.00	880.00	880.00	880.00
083	销售部	陈思语	830.00	830.00	830.00	830.00	830.00	913.00	913.00	913.00
084	销售部	王语微	685.00	685.00	685.00	685.00	685.00	753.50	753.50	753.50
085	销售部	方堃	760.00	760.00	760.00	760.00	760.00	836.00	836.00	836.00
086	销售部	董山	690.00	690.00	690.00	690.00	690.00	759.00	759.00	759.00
087	销售部	澎湃	690.00	690.00	690.00	690.00	690.00	759.00	759.00	759.00
088	销售部	杨一帆	760.00	760.00	760.00	760.00	760.00	836.00	836.00	836.00

图 5-30　打印预览工资汇总表的第二页效果

(4)在【页面布局】工具栏中的【页面设置】组的右下角单击""按钮,弹出【页面设置】对话框,在【页面】选项卡上,选择方向为"纵向",其他设置如图 5-31 所示。

图 5-31 【页面设置】对话框

(5)在【页边距】选项卡中,输入上下边距为"1.5"厘米,左右边距为"0.5"厘米,页眉、页脚边距为"1.3"厘米,居中方式选择"水平",如图 5-32 所示。

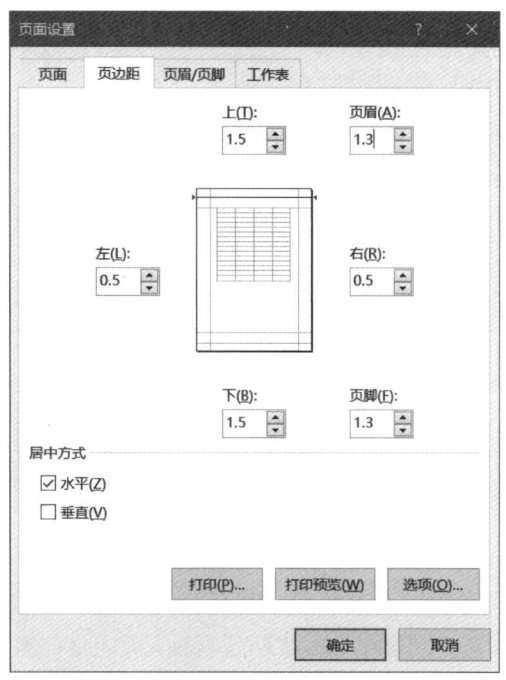

图 5-32 【页面设置】—【页边距】选项卡

(6) 在【页眉/页脚】选项卡中,单击【自定义页眉】,在中间位置选择"& 文件",就是在页眉左侧显示工作簿文件的名称。右侧位置选择"& 标签名",就是在页眉右侧显示工作表名称,如图 5-33 所示。单击【确定】按钮,回到【页眉/页脚】设置处。

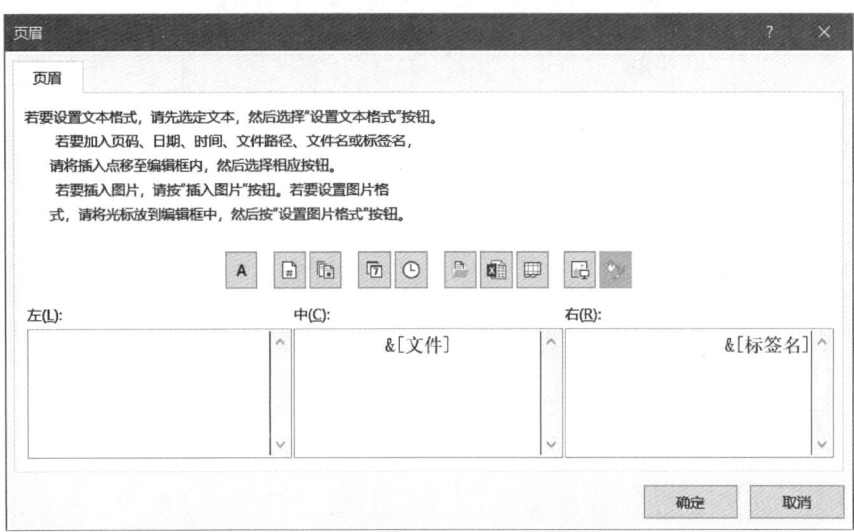

图 5-33 【页眉】对话框

(7) 单击【自定义页脚】,在左侧位置选择"& 日期",就是在页脚中间显示计算机的系统日期。右侧位置选择"& 页码",就是在页脚右侧显示打印工作表页数,如图 5-34 所示。单击【确定】按钮,回到【页眉/页脚】设置处。

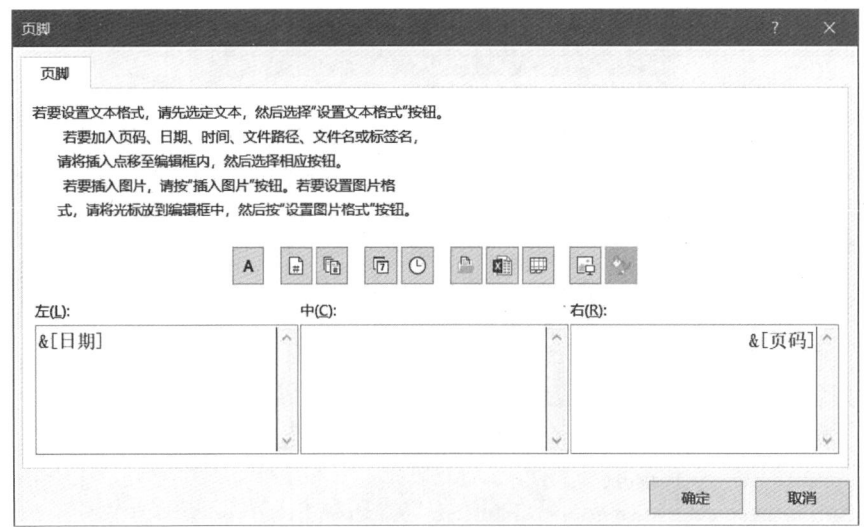

图 5-34 【页脚】对话框

(8) 选择【页眉/页脚】选项卡后的状态,如图 5-35 所示。

(9) 在【工作表】选项卡中,在【打印标题】的【顶端标题行】右侧单击【拾取】按钮,在工作表中拖动鼠标选择 1 行至 3 行,在【左端标题行】右侧单击【拾取】按钮,在工作表中拖动鼠标选择 A 列至 C 列,如图 5-36 所示,单击【确定】按钮。

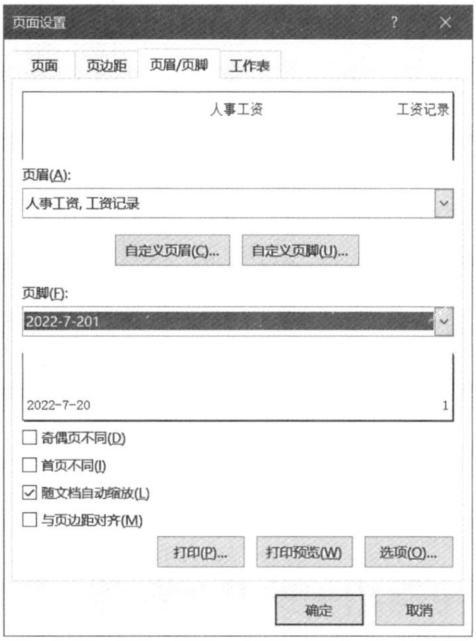

图 5-35 【页面设置】—【页眉/页脚】选项卡   图 5-36 【页面设置】—【工作表】选项卡

(10) 再次进入【打印预览】,可以看到第 2 页及其后面所有页的打印预览与第一次打印预览不同,如图 5-37 所示。

图 5-37 打印预览第二页的效果

(11) 在【页面布局】工具栏中的【页面设置】组,单击【打印区域】中的【设置打印区域】,使用"Ctrl"键和鼠标左键拖动选择1行至3行和19行至29行,进入【页面设置】对话框,单击【打印预览】按钮,结果如图5-38所示。

人事工资　　　　　　　　　　　　　　　　工资记录

工资汇总表

编号	部门	姓名	一月	二月	三月	四月	五月	六月	七月	八月	九月	十月	十一月	十二月
016	统计处	刘学燕	613.00	613.00	613.00	613.00	613.00	674.30	674.30	674.30	674.30	674.30	674.30	974.30
017	统计处	钱五一	685.00	685.00	685.00	685.00	685.00	753.50	753.50	753.50	753.50	753.50	753.50	1053.50
018	后勤处	李春	613.00	613.00	613.00	613.00	613.00	674.30	674.30	674.30	674.30	674.30	674.30	974.30
019	后勤处	方方	613.00	613.00	613.00	613.00	613.00	674.30	674.30	674.30	674.30	674.30	674.30	974.30
020	后勤处	李红	800.00	800.00	800.00	800.00	800.00	880.00	880.00	880.00	880.00	880.00	880.00	1180.00
021	后勤处	郭华	685.00	685.00	685.00	685.00	685.00	753.50	753.50	753.50	753.50	753.50	753.50	1053.50
022	后勤处	袁静	613.00	613.00	613.00	613.00	613.00	674.30	674.30	674.30	674.30	674.30	674.30	974.30
023	研究室	赵海涛	800.00	800.00	800.00	800.00	800.00	880.00	880.00	880.00	880.00	880.00	880.00	1180.00
024	研究室	洲娟	613.00	613.00	613.00	613.00	613.00	674.30	674.30	674.30	674.30	674.30	674.30	974.30
025	研究室	周民艺	800.00	800.00	800.00	800.00	800.00	880.00	880.00	880.00	880.00	880.00	880.00	1180.00
026	研究室	王光	685.00	685.00	685.00	685.00	685.00	753.50	753.50	753.50	753.50	753.50	753.50	1053.50

图 5-38　设置打印区域打印预览效果

任务四　与工作表的常用功能相关的其他操作

一、记录单

记录单(数据清单)是工作表中包含相关数据的一系列数据行,可以像数据库一样接受浏览与编辑等操作。每张工作表一般只建立并使用一份记录单。应避免在一张工作表上建立多份记录单,因为记录单的部分管理功能(如筛选)只能在一份记录单中使用。

1. 输入记录单的准则

建立好记录单,可继续在其包含的单元格中输入数据。无论何时输入数据,初学者都应当遵循以下准则:

(1) 将类型相同的数据项置于同一列中。在设计记录单时,应使同一列中的各行具有相同类型的数据项。

(2) 将记录单独立于其他数据。在工作表中,记录单与其他数据间至少要留出一个空列和一个空行,以便在执行排序、筛选和分类汇总等操作时,使用 Excel 检测和选定记录单。

(3) 将关键数据置于清单的顶部或底部,避免将关键数据放到记录单的左右两侧,因为这些数据在中文 Excel 筛选记录单时可能会被隐藏。

2. 修改记录单的注意事项

(1) 注意显示行和列。在修改记录单之前,应确保隐藏的行或列也被显示。如果清单中没有显示行和列,那么数据有可能会被删除。

(2) 注意记录单格式。记录单要有列名,若没有的话应在清单的第一行中创建,因为 Excel 将使用列名创建报告并查找和组织数据。列名可以使用与记录单中数据不同的字体、对齐方式、格式、填充、边框、大小写类型等。在键入列名之前,应将单元格设置为文本格式。

(3) 使用单元格边框突出显示记录单。如果要将记录单标题和其他数据分开,可对单元格边框进行设置。

(4) 避免空行和空列。避免在记录单中随意放置空行和空列,将有利于 Excel 检测和选定记录单。单元格开头和末尾的多余空格会影响排序与搜索,因此不要在单元格内文本前面或后面键入空格,可采用缩进单元格内文本的办法来代替键入空格。

(5) 在【数据记录单】对话框中,【新建】按钮的上方显示的是"当前记录号总记录数"。

在数据记录单中,若要制定一个查询条件,只需单击【条件】按钮,进入【数据记录单】对话框,在各字段框中输入查询内容即可。此时,【条件】按钮将变成【记录单】按钮,单击该按钮可以返回原对话框。

3. 记录单补充知识

(1) 人们经常需要在数据库或记录单的众多的数据里找出需要的数据,Excel 提供了功能强大的数据查找与筛选工具。数据查找是指从原始数据中提取满足条件的数据记录,原数据不会被改变,也不会被隐藏。

(2) 在 Excel 中,排序与筛选数据记录的操作需要通过"记录单"来进行,因此在操作前应先创建好"记录单"。在 Excel 中,可以很容易地将记录单用作数据库,而在执行数据库操作时,例如,查询、排序或汇总数据时也会自动将记录单视作数据库,并使用下列记录单元素来组织数据:①记录单中的列是数据库中的字段。②记录单中的列名是数据库中的字段名称。③记录单中的每一行对应数据库中的一个记录。

(3) 数据记录单是一种对话框,利用它可以很方便地在记录单中输入或显示一行完整的信息或记录。当然,它突出的用途还是查找和删除记录。记录单是查找和编辑数据的最简单的方法,利用记录单,不仅可以查找数据记录,还可以修改和删除记录、添加新的数据记录等。当使用数据记录单向新的记录单中添加记录时,记录单的每一列的顶部必须具有列名,Excel 也将使用这些列名作为创建记录单上的字段名。但是,在数据记录单中,一次最多只能显示 1 个记录的字段。

二、窗口操作

使用视图管理器可以方便地观看工作表的页面效果和分页情况,不过这对于数据浏览的帮助并不大,只有在表比较小的时候才有用,而当表太大时,比例设置较小往往会看不清楚,而平时查看的通常都是比较大的工作表。查看这种数据表经常会遇到的两个困难:一是表中两个部分的数据进行比较时没有办法同时看到两部分的数据;二是工作表中数据列数超过一屏,当利用滚动条来浏览数据时,该数据文件的行标题或列标题就无法在下一屏显示,也就是只看到数据,无法知道数据的具体意义,这样是很不方便的。

因此,可以使用拆分和冻结的方法浏览数据内容,让标题始终可见,用窗口排列方法比较两个表的数据,或者一个表中的两部分数据。

1. 拆分窗口

在【视图】工具栏中的【窗口】组,单击【拆分】按钮,则在工作表中选中的活动单元格上面和左边出现两条拆分线,整个窗口分成了四个部分,而垂直和水平滚动条也都变成了两个。

2. 调整拆分窗口

拖动上面的垂直滚动条,可以同时改变上面两个窗口中的显示数据;单击左边的水平滚动条,则可以同时改变左边两个窗口显示的数据,这样就可以通过这四个窗口分别查看不同位置的数据。还可以用鼠标拖动这些分隔线。具体操作如下:把鼠标放到分隔线上,可以看到鼠标变成了"✛"的形状,按住鼠标左键拖动鼠标,就可以改变分隔线的位置,把窗口调整成用户想要的状态。

如果要始终显示标题,可在拆分时,单击横纵标题交叉点的右下方单元格,这样拆分条一次就放到想放的位置,而不需要调整。

只要一个水平拆分条的方法同上面一样,把要垂直拆分条双击释放。若要垂直拆分条,则把要水平拆分条双击释放即可。

3. 撤消拆分窗口

取消这些分隔线时,只要在【视图】工具栏中的【窗口】组,单击【拆分】按钮,或者是在拆分条上双击,就可以撤消窗口的拆分。

4. 冻结窗格

只是拆分窗格移动滚动条有可能使标题栏移动,可以通过冻结窗格来使横纵标题固定不动。具体操作如下:首先选择整个标题,或用鼠标单击横纵标题交叉点的右下方单元格;其次在【视图】工具栏中的【窗口】组中,单击【冻结窗格】下的【冻结拆分窗格】按钮,这样标题就不会随着翻页而无法查看。

冻结窗格时,窗口中的拆分线就消失了,取而代之的是两条较细的黑线,滚动条也恢复成一条。现在单击这个垂直滚动条,改变的只是下面的部分,改变水平滚动条的位置,可以看到改变的只是右边的部分,和拆分后的效果一样,不同的只是不会重复出现左边和上面的内容。

5. 撤消冻结窗格

在【视图】工具栏中的【窗口】组,单击【冻结窗格】下的【取消冻结窗格】按钮,就可以把这个窗口的冻结撤消。

冻结窗格可以在拆分后进行,也可以不拆分窗口直接冻结窗格。无论拆分与否,撤消冻结窗格都会回到冻结前的状态。

6. 新建窗口

有时需要把一个工作簿中不同的工作表的内容对照查看,则可以使用这样的方法:在【视图】工具栏中的【窗口】组,单击【新建窗口】按钮,为当前工作簿新建一个窗口。现在标题栏上的文件名后面就多了":2",如图 5-39 所示,表示现在是打开的一个工作簿的第二个窗口。

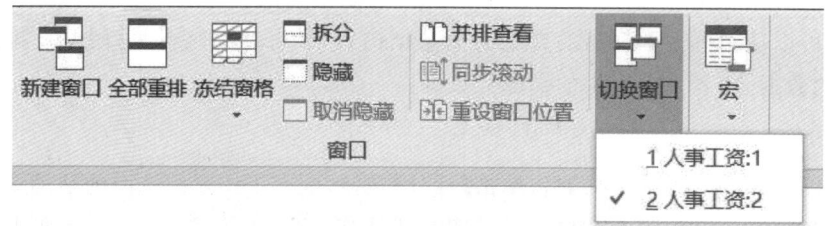

图 5-39　新建窗口

7．排列窗口

在【视图】工具栏中的【窗口】组，单击【全部重排】按钮，弹出【重排窗口】对话框，如图 5-40 所示。选择一种窗口排列的方式，这里选择【垂直并排】，勾选【当前活动工作簿的窗口】复选框，单击【确定】按钮。

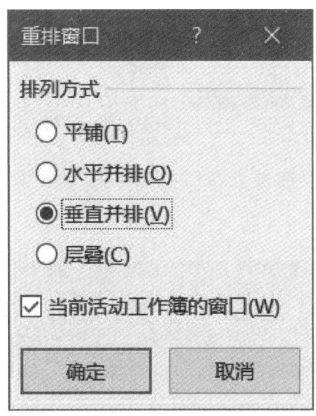

图 5-40 【重排窗口】对话框

在图 5-41 中，可以在两个窗口中选择不同的工作表显示，也可以进行对比查看。

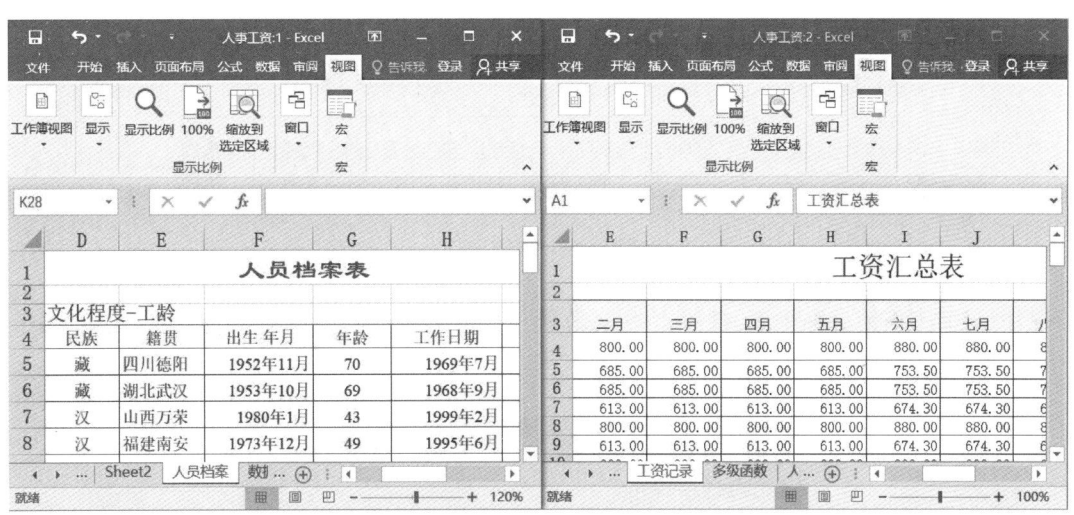

图 5-41 在两个窗口中对同一工作簿的不同工作表进行操作

如果是对两个不同的工作簿中的内容进行比较，也可以使用重排窗口命令，但是在打开的【重排窗口】对话框中，取消勾选【当前活动工作簿的窗口】复选框，如图 5-42 所示。

层叠窗口就是活动窗口在最前面，其他窗口只露出标题栏，如图 5-43 所示。

8．隐藏/取消隐藏窗口

隐藏窗口，操作如下：在【视图】工具栏中的【窗口】组，单击【隐藏】按钮。

取消隐藏窗口，操作如下：在【视图】工具栏中的【窗口】组，单击【取消隐藏】按钮，出现所

图 5-42　在两个窗口中对不同工作簿进行操作

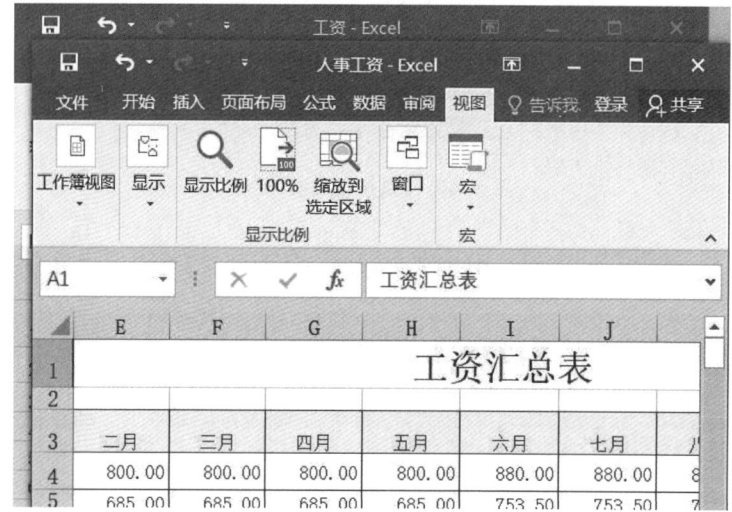

图 5-43　层叠窗口

有被隐藏的工作簿名称列表,选择要取消隐藏工作簿名称,如图 5-44 所示,单击【确定】按钮,即可取消隐藏。

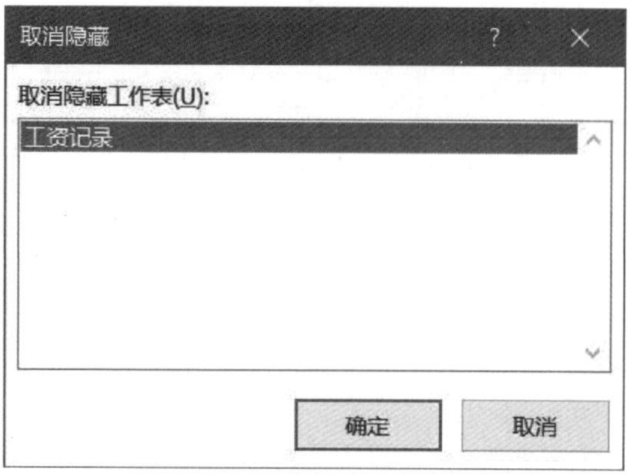

图 5-44　【取消隐藏】窗口

多窗口时,在哪一个窗口修改均可。关闭时,不同名的每个工作簿要分别保存。拆分和冻结窗格,不会因排列窗口而内容取消或变化。

三、工作簿

Excel工作簿是计算和储存数据的文件,每一个工作簿都可以包含多张工作表,因此可在单个文件中管理各种类型的相关信息。

1. 创建

创建Excel文件的方法与创建Word文档相似。

(1) 创建一个空白工作簿。单击【文件】菜单中的【新建】,双击"可用模板"中的【空白工作簿】。

(2) 基于模板创建工作簿。单击【文件】菜单中的【新建】,双击"可用模板"中的【样本模板】,单击所需的模板图标即可。

2. 打开与关闭

打开Excel工作簿的途径很多,主要有以下几种:

(1) 在Excel中,单击【文件】—【最近所用文件】,进行选择。

(2) 单击【文件】菜单中的【打开】按钮。

(3) 利用Windows的【开始】—【运行】菜单。

(4) 利用Windows的【开始】—【文档】菜单。

(5) 在Windows的资源管理器中双(单)击Excel文件。

(6) 快速打开多个文件的方法是:按住"Ctrl"键或"Shift"键,选中多个Excel文件,单击右键弹出快捷菜单,执行【打开】命令,即可同时打开选中的多个文件。

(7) 同时打开相关联的所有工作簿。在数据输入或处理时,可能要参考其他数据文件中的内容,这样就需要一个一个地打开相关联的工作簿,便捷的做法是将这些相关联的数据文件和当前工作簿保存成一个工作区,只要将该工作区打开,系统就会打开其中的每个工作簿。

注意:如果需要在每次启动Excel时,自动打开某些工作簿,可将它们保存在"Microsoft Office\Office\XLStart"目录中。但是应该在"XLStart"文件夹中保存工作区文件,将工作簿文件存放在原目录中。

3. 保存文件

(1) 保存新文件(工作簿)。保存新文件的方法与Word文档基本相同,又分为同名保存和更名保存。

注意:除了应该选择保存位置、文件名,若要设定密码,在【另存为】对话框中,单击【工具】按钮后,单击【常规】选项卡,在【保存选项】对话框中设定密码。

(2) 保存并导出。工作簿可以导出、发布和共享,如图5-45所示。

4. 更改打开和保存的系统默认路径

数据文档每次在执行【打开】或【保存】命令时,系统都会自动将文档转到默认的路径下。

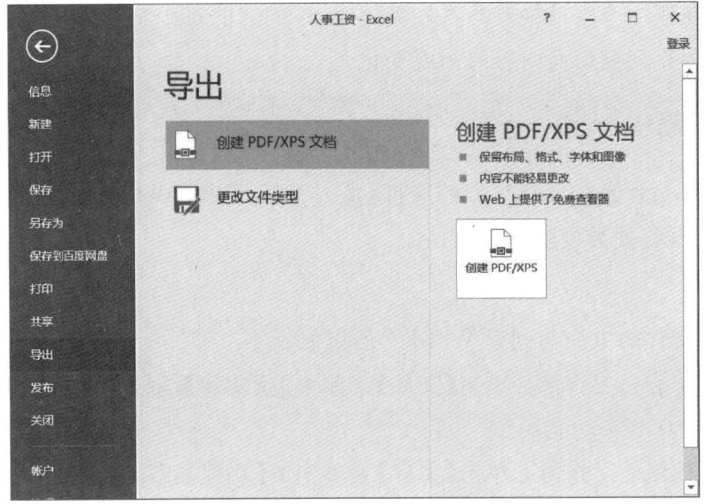

图 5-45 【保存并导出】对话框

查看和更改默认路径均在【文件】菜单中单击【选项】按钮,在【Excel 选项】—【保存】对话框中的【默认文件位置】后面输入完整的保存路径,最后单击【确定】按钮完成操作。该设置同时对【打开】命令起作用。

5. 更改工作表个数

当新建一个工作簿文件时,默认情况下,新建文档中都会自动建立一个名称为 Sheet1 的工作表。可以更改设定默认工作表的数量。具体做法如下:在【文件】菜单中单击【选项】按钮,在【Excel 选项】—【常规】对话框中,【新建工作簿时】—【包含的工作表数】后输入需要的工作表数目,如图 5-46 所示。同时还可以自定义打开的工作表中默认的字体和字号大小等信息,这样可以免去为同样格式的工作表重复多次进行格式设置。

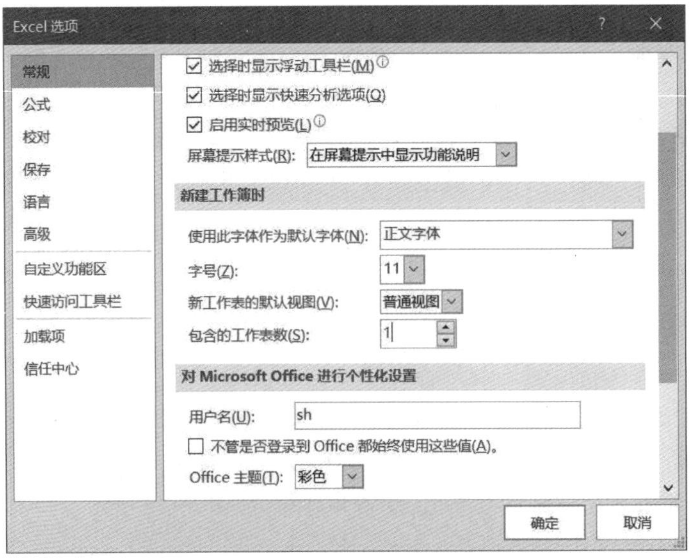

图 5-46 更改新工作簿默认工作表个数

四、数据保护

1. 从"另存为"保护工作簿

可以通过【文件】菜单进行设置。具体操作如下：

（1）单击【文件】菜单，单击【另存为】对话框，单击【工具】按钮，如图 5-18 所示。

（2）单击【常规选项】，弹出【常规选项】对话框，如图 5-47 所示。

（3）在【打开权限密码】和【修改权限密码】文本框中分别输入密码（最好不同），单击【确定】按钮。

（4）在【确认密码】对话框中的【重新输入密码】文本框，输入密码，单击【确定】按钮。

（5）在【确认密码】对话框中的【重新输入修改权限密码】文本框，输入密码，单击【确定】按钮。

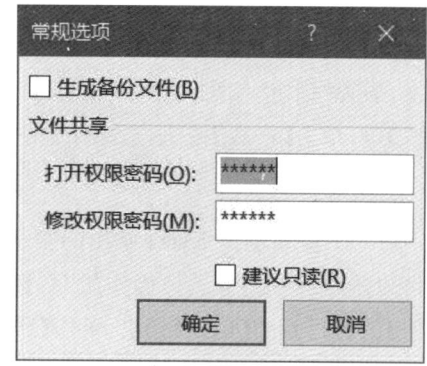

图 5-47 【常规选项】对话框

2. 打开权限密码

打开设置了密码的工作簿文件时，密码不正确无法打开工作簿。如果修改密码，则修改后不能以原来的文件名存放在原来的文件夹下保存。

只要工作簿文件被打开，还是能够被复制或另存为其他文件名或保存至其他文件夹，但为保证此文件不被修改。所以要安全保密，一定要设置"打开权限密码"。

在【审阅】工具栏中的【更改】组，单击【保护工作簿】按钮，只能保护文档的"窗口"和"结构"，不能起到真正保护工作簿的作用，在实际工作中较少运用。

3. 设置密码原则

设置密码时要注意密码不能设置得太简单，最好是在英文状态下的字母与数字组合，以提高工作簿的安全性。

如果密码输入不对或是以"只读"方式打开，可以修改内容，但是不能以原名在原文件夹保存，可以改变位置、改变文件名或者同时改变位置和文件名进行保存。

4. 工作表的保护

工作表的保护，只能对单个工作表设置密码。具体操作如下：在【审阅】工具栏中的【更改】组，单击【保护工作表】按钮。

设置工作表的隐藏可以多个工作表同时进行，但是取消隐藏一次只能取消一个。具体操作如下：在【开始】工具栏中的【单元格】组，单击【格式】按钮，在【可见性】中的【隐藏和取消隐藏】下选择【隐藏工作表】。

若要取消工作表的隐藏，具体操作如下：在【开始】工具栏中的【单元格】组，单击【格式】按钮，在【可见性】中的【隐藏和取消隐藏】下选择【取消隐藏工作表】。在【取消隐藏】对话框中，选中要取消隐藏的表名，单击【确定】按钮，就恢复了隐藏的工作表。

5. 单元格的保护

单元格的保护,要注意只能对单元格进行"锁定"和"隐藏"。"锁定"和"隐藏"后必须与工作表的保护结合在一起,才能够起到保护单元格的作用,要撤消单元格保护必须先撤消工作表的保护。

系统默认的单元格为"锁定"状态,所以对部分单元格保护时,要选定不被保护的单元格,去掉"锁定"状态,再保护工作表。去掉"锁定"的操作如下:在【开始】工具栏中的【单元格】组,单击【格式】按钮,选择保护中的【锁定单元格】。

6. 隐藏

(1) 隐藏也是 Excel 常用的安全保护手段,可以隐藏单元格(同上面的"锁定"方法),也可以隐藏行和列。具体操作如下:选中行或列(可以是连续或不连续的多行或多列),在【开始】工具栏中的【单元格】组,单击【格式】按钮,在【可见性】中的【隐藏和取消隐藏】下选择【隐藏行】或【隐藏列】。

如果要显示被隐藏的行,需要选定其上方和下方的行。如果要显示被隐藏的列,则选定其左侧和右侧的列,在【开始】工具栏中的【单元格】组,单击【格式】按钮,在【可见性】中的【隐藏和取消隐藏】下选择【取消隐藏行】或【取消隐藏列】。

(2) 还可以对窗口隐藏(即对打开文档的隐藏),在【视图】工具栏中的【窗口】组,单击【隐藏】命令。退出 Excel 时系统会弹出信息提示框询问是否保存对隐藏工作簿的改变,单击【是】按钮,那么在下次打开该工作簿时,它的窗口仍然处于隐藏状态。

(3) 对窗口取消隐藏,在【视图】工具栏中的【窗口】组,单击【取消隐藏】按钮,出现所有被隐藏的工作簿名称列表,选择要取消隐藏的工作簿名称,单击【确定】按钮,即可恢复。

7. 隐藏数值

(1) 将单元格中所有值隐藏。具体操作如下:选择包含要隐藏的单元格,进入【设置单元格格式】对话框,单击【数字】选项卡,在分类列表中选择"自定义",将【类型】框中已有的代码删除,键入";;;"(英文半角的三个分号)即可。

(2) 在选定单元格中隐藏零值或其他数据。具体操作如下:选择包含零值(0)或要隐藏数值的单元格,弹出【设置单元格格式】对话框,单击【数字】选项卡,在【分类】选择框中,单击【自定义】分类,如果要隐藏单元格中的零值,在【类型】框中键入"0;-0;;@"。经过这样设置后,被隐藏的数值将只出现在编辑栏或正编辑的单元格中,这些数值将不会被打印出来。

(3) 在全部工作表中隐藏零值。具体操作如下:单击【文件】菜单中的【选项】命令,在弹出的【Excel 选项】对话框中选择【高级】,在【此工作表的显示选项】下,取消勾选【在具有零值的单元格显示零】复选框即可。

(4) 要将隐藏后的数值再显示。具体操作如下:选择单元格,进入【设置单元格格式】对话框,单击【数字】选项卡,在分类列表框中,单击【常规】选项,这样就可应用默认的数字格式。

五、打印文档

1. 打印预览

一般在打印工作表之前都可以先预览文件,防止打印出来的工作表不符合要求。具体操作如下:在【页面布局】工具栏中的【页面设置】组,单击右下角" "按钮,进入【页面设置】对话框,单击【打印预览】或单击【文件】菜单,单击【打印】按钮,右侧就可以看到打印预览的效果了。单击【缩放】按钮,可以把显示的图形放大,看得清楚一些,单击【缩放】按钮返回整个页面的视图形式。单击【打印】按钮可以将工作表打印出来,而单击【关闭】按钮则可以回到编辑状态。

2. 页面设置

如果工作表内容较多,在这一页中并不能完全打印出来,就要用到另外一个功能—【页面设置】进行调整。进入【页面设置】对话框后,有三种操作方法:一是可以选择一种宽度较大的纸,或是把纸张横过来使用(单击【纸张大小】下拉列表框,从弹出的列表中选择一种比较宽的纸型,单击【确定】按钮,如图 5-48 所示);二是调小页边距;三是调小缩放比例。

3. 纸张设置

通常纸张都选择 A4,很少有更宽的纸可以使用,即使有较宽的纸有时也会受到打印机的限制。在这种情况下,可以把纸张横过来打印,打开【页面设置】对话框,在【方向】栏中选择"横向",单击【确定】按钮,整个工作表就都可以打印出来。

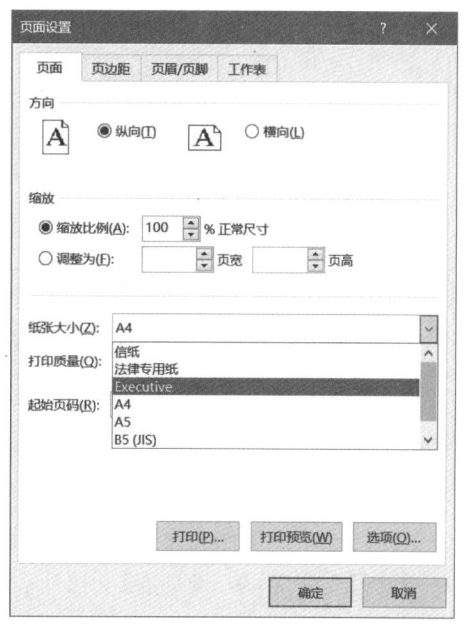

图 5-48 【页面设置】—【页面】对话框

4. 调整页边距

如果多出的内容不太多,可以通过调整页边距把内容放在一页中,打开【页面设置】对话框,单击【页边距】选项卡,把上下左右边距的数值调小(或在预览视图中拖动这些标记调整页边距)即可。勾选【居中方式】一栏中的【水平】复选框,如图 5-49 所示,单击【确定】按钮,表格就显示在纸张正中间了。

5. 缩放比例

如果打出来的工作表不是一页,不希望使用横向的表,又没有纸可以替换。在这种情况下,有两种方法:一是在分页预览视图中拖动分页符,使其符合一页的要求;二是直接设置打印的比例。

设置打印比例很简单,打开【页面设置】对话框,先将纸张的方向设置为默认状态,然后在【缩放】一栏的【缩放比例】输入框中输入"60",单击【确定】按钮,这样就可以全部打印出来了。

Excel 2016 提供的新功能,可以让表格根据页边距自动调整。具体操作如下:单击【页边距】按钮,在这个视图中显示出页边距;打开【页面设置】对话框,将【缩放】一栏选择"调整为1页宽,1页高",如图5-50所示,单击【确定】按钮,图中的这个表就紧贴页边距放置了。

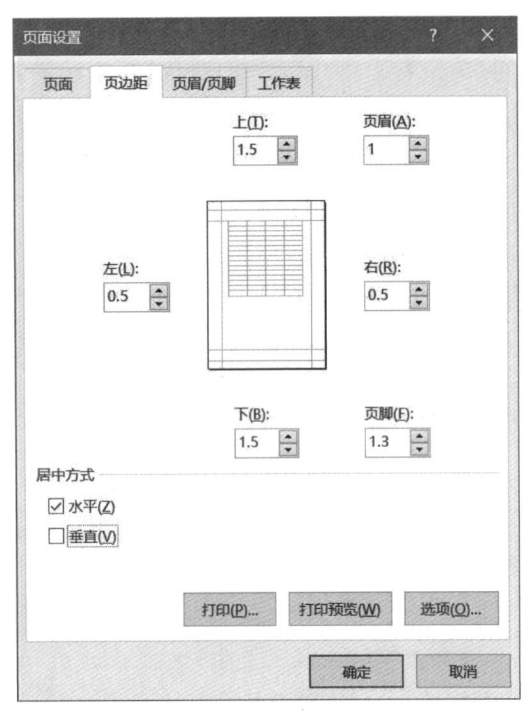

图5-49 调整页边距

图5-50 调整缩放比例

6. 页眉/页脚

给要打印的工作表设置页眉和页脚,具体操作如下:打开【页面设置】对话框,单击【页眉/页脚】选项卡,单击【页眉】下拉列表框中的下拉箭头,选择一种页眉的形式,从预览框中可以看到页眉的效果。

页脚也可以这样来选择,也可以自定义,具体操作如下:单击【自定义页脚】按钮,打开【页脚】对话框,可以看到页脚的设置分为左、中、右三个部分,将光标停留在【左】输入框中,输入放在页脚的文字如"工资汇总",还可以单击【字体】按钮,打开【字体】对话框,进行字体设置,如"宋体",单击【确定】按钮,回到【页脚】对话框。

单击【右】输入框,输入"第　页,共　页",将光标放到"第"字的后面,单击【页码】按钮,插入"当前页码",把光标定位到"共"字的后面,单击【总页码】按钮,插入"总页码",如图5-51所示。单击【确定】按钮回到【页面设置】对话框,单击【确定】按钮,可以看到设置的页眉和页脚的效果。

7. 设置表头

一般情况,打印内容较少只有一页时,不需要设置表头。如果一个表很长,只有第一页中有表头,从第二页开始其他页中都没有表头,这时可以通过给"工作表"设置一个打印表头来解决这个问题。

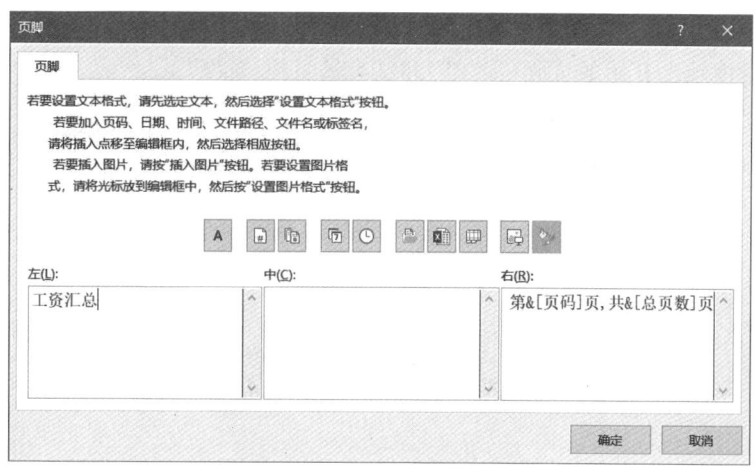

图 5-51　自定义页眉/页脚

由于这个功能不能在预览视图中设置,必须回到正常的编辑视图。具体操作如下:打开【页面设置】对话框,单击【工作表】选项卡,单击【顶端标题行】中的【拾取】按钮,对话框变成了一个小的输入条,在工作表中选择数据上面的几行作为表头,如果还需要列标题方法同【顶端标题行】一样,设置完成后,单击输入框中的【返回】按钮,回到【页面设置】对话框,单击【打印预览】按钮,所有的页中就都有标题了。

8. 打印区域

在计算数据时经常会用到一些辅助的单元格,这些单元格无需展示,此时可以设置一个打印区域,只打印需要的那一部分数据。

具体操作如下:选择要打印的部分或者按住"Ctrl"键来选择分散的数据单元格。在【页面布局】工具栏中的【页面设置】组,单击【打印区域】—【设置打印区域】,这时刚才选择的单元格边框会变成虚线;进入【页面设置】对话框,单击【打印预览】按钮,可以看到打印出来的只有刚才选择的区域,然后直接单击【打印】按钮执行打印即可。

若想取消已经设置的打印区域,操作如下:在【页面布局】工具栏中的【页面设置】组,单击【打印区域】中【取消打印区域】,就可以将设置的打印区域取消。

9. 打印选项

在【打印】选项中有很多妙用,下面看看都有哪些功能。打开【文件】菜单,单击【打印】按钮,打开【打印】对话框,如图 5-52 所示。

(1) 可以设置一次打印几份工作表。在对话框【份数】栏的【打印份数】输入框中输入"3",单击【确定】按钮,就可以一次打印 3 份工作表了。

图 5-52　【打印】对话框

（2）可以设置其他的一些选项。比如，设置打印开始和结束的页码，在【范围】一栏中选择【页】项，在后面填上开始的页码（如"2"）和结束的页码（如"5"）。

（3）可以设置打印时打印选定的工作表还是整个工作簿或者是选定的区域。若想选定区域，单击【取消】按钮回到编辑状态，选中全部的工作表，然后选中当前编辑的工作表的一部分，打开【打印】对话框，选择【打印选定区域】，则打印的是所有工作表中当前选择的部分。

10. 打印多个工作表

在打印数据文件时，如果有多个工作表需要打印，可以利用"Ctrl"键，单击工作表标签选择所有要打印的数据工作表，执行打印操作【打印内容】，选择【选定工作表】即实现多个工作表一次打印。但需要注意数据文件的大小，如果太大，将会造成打印机内存不够而出错。

11. 不打印提示信息

在打印工作表时，由于一些不可避免的原因，常常会把一些错误的提示信息也打印出来。如何避免错误提示信息被打印出来呢？具体操作如下：进入【页面设置】对话框，选择【工作表】选项卡，在【错误单元格打印为】项后的下拉列表框中选择【空白】项，如图5-53所示。这样即使有错误，提示信息也不会被打印。

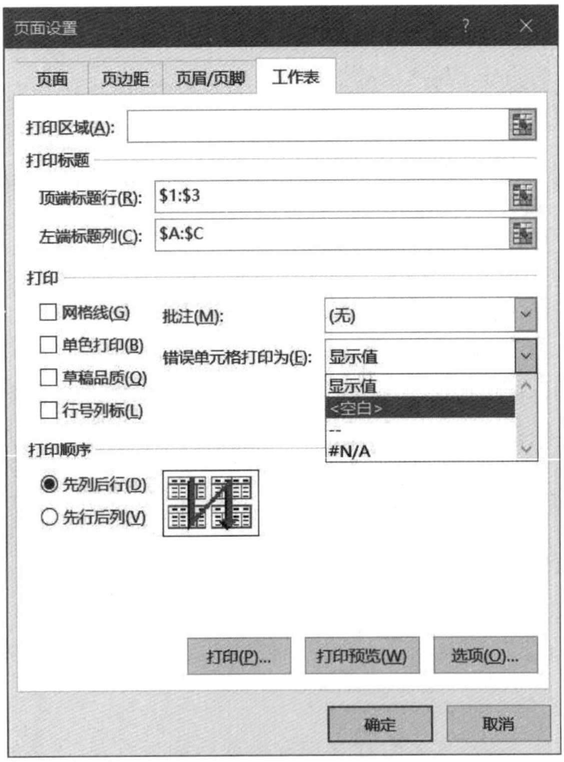

图 5-53 打印提示信息选项

12. 打印数据公式

有时不需要打印单元格的值，只打印单元格中的公式，可以将数值隐藏起来，只显示公式。具体操作如下：单击【文件】菜单中的【选项】，打开【Excel 选项】对话框，单击【高级】选项,向下移动右侧滚动条出现【此工作表的显示选项】,勾选【在单元格中显示公式而非其计算结果】复选框,如图 5-54 所示。单击【确定】按钮完成设置。这样所有含有公式的单元格都会隐藏其值而只显示公式。

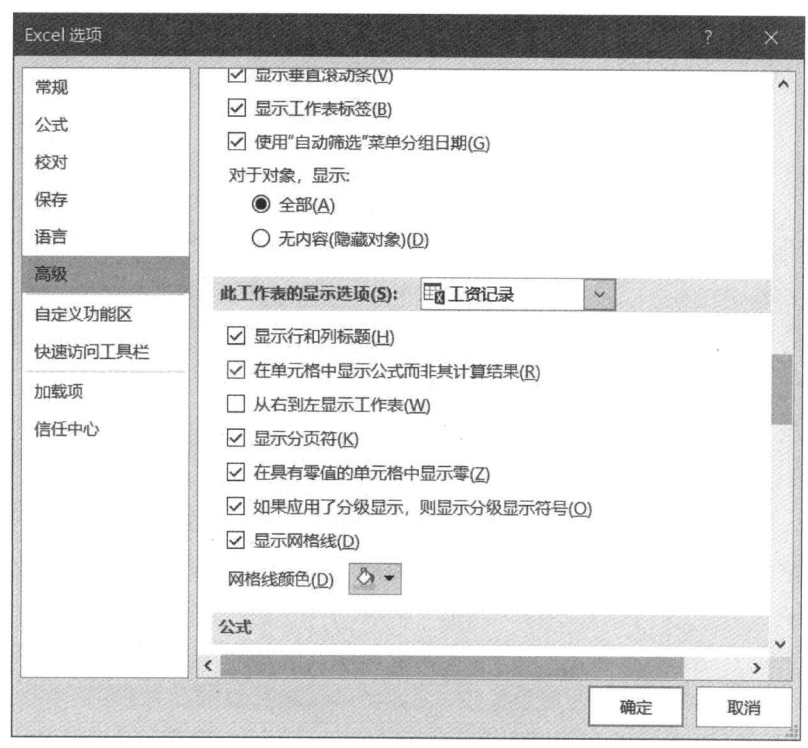

图 5-54　打印数据公式设置

除了通过系统设置来实现公式的显示,还可以直接利用组合键来实现。在当前工作表中,直接按下"Ctrl+`"组合键就可显示单元格中的公式。如果再按一次该组合键,又可以恢复显示单元格值,这样操作更快捷、更灵活。

13. 高级打印技巧

在打印工作表时,每一个工作表都是作为一个独立实体文件来打印的,页码的编制也是独立的,可以将多个工作表按一套页码编号,打印成一份文件资料。

具体操作如下:单击【文件】菜单中的【页面设置】选项,在弹出的对话框中选择【页眉/页脚】选项卡,然后根据需要选择【自定义页眉】或【自定义页脚】,分别设置页码的形式。单击第二个命令按钮,这时在最中间的框中会自动添加"&[页码]"字样,然后在该字样后输入"+X"(X 表示前面将打印出的总页码值),如图 5-55 所示。

如果有多个工作表,则重复上述操作,不过要注意"X"值的动态变化,这样就可以实现页码的连续编号了。但是打印时也要选择多个工作表,才能看到效果。

14. 打印图表

打印工作表中的图表,具体操作如下:选择该图表,单击鼠标右键,在弹出的菜单中选择【图表区格式】选项,在弹出的对话框中选择【属性】选项卡,勾选【打印对象】复选框。

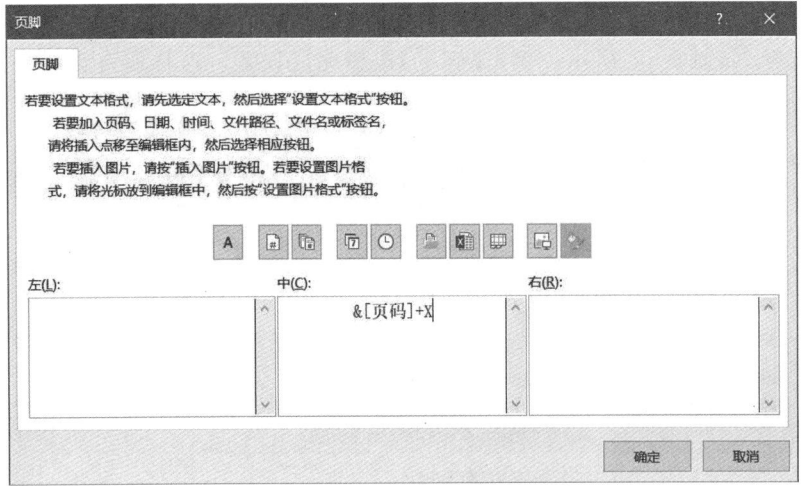

图 5-55　多个工作表页码连续打印

15．套打

在已经设置好表格的纸张上打印数据，按照该表格格式在系统中制作出大小基本相同的表格，然后将数据表中的数据填入对应单元格中，并设置好当前页的页面，保证和原稿的页面基本相同。

具体操作如下：单击【文件】菜单中的【选项】，在打开的【Excel 选项】对话框中单击【高级】选项，向下移动右侧滚动条出现【此工作表的显示选项】，取消勾选【显示网格线】复选框，如图 5-56 所示，最后放入纸张执行打印。

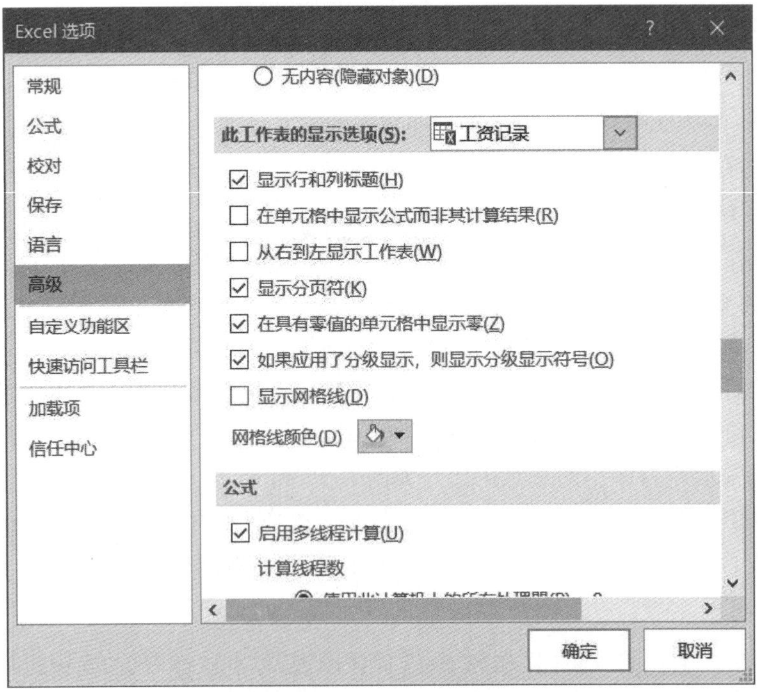

图 5-56　套打时取消网格线

课后训练与操作视频

名　　称
1. 记录单任务单
2. 拆分冻结任务单
3. 工作表任务单
4. 数据保护任务单
5. 打印数据任务单
6. 窗口操作任务单

项目五任务单　　项目五视频

项目六　财务管理中的预测与分析

【情景导入】

　　企业生产经营的每一个环节都离不开财务的反应和调控,加强财务管理能够为企业节约成本、控制费用,有效提高经济效益。随着工作经验的积累和 Excel 学习的深入,小李在财务部的工作已经不局限于计算处理原始数据和完成各种各样的报表了,他开始参与到财务管理、市场分析以及预测与决策中。他运用单、双变量模拟运算表对贷款情况进行分析,借助模拟运算表进行产品保本分析,利用回归分析进行销售预测,利用规划求解制定决策最佳方案。在他的预测模型和数据分析助力下,公司的利润持续增长,小李也得到了领导和同事们的一致好评。

知识目标与技能目标

任　　务	知识目标、技能目标
任务一　模拟运算表	模拟运算表
任务二　用回归分析进行销售预测	回归分析
任务三　利用规划求解制定最佳生产方案	规划求解
任务四　计算净现值	净现值
任务五　单变量求解	单变量求解
任务六　利用方案对比分析银行贷款情况	方案对比
任务七　与预测分析相关的其他操作	预测与分析拓展

任务一　模拟运算表

一、用单变量模拟运算表计算贷款情况

　　单变量模拟运算表就是基于一个输入变量来测试对公式计算结果影响的运算表。

　　【例 6-1】某人从银行贷款 400 000 元,期限为 20 年,年利率是 6%,可以用 PMT 函数求

出他每月的还款额,则可以使用【数据】菜单中的【模拟运算表】工具计算出在利率和总贷款额不变的情况下不同的贷款期限对月还款额的影响,或在贷款期限和利率不变的情况下不同的总贷款额对月还款额的影响。

具体操作步骤如下:

(1) 在一个新工作表标签处单击鼠标右键,选择【重命名】为"单变量模拟运算"。

(2) 在工作表中输入下列数据和公式并设置相应格式,如图6-1所示。

	A	B	C	D	E
1	单变量求解				
2	贷款利率(年)	6.00%			
3	贷款总额	400000			
4	贷款年限	20			
5	每月付款额(元)	¥-2,865.72			
6					
7	单变量模拟运算PMT				
8	贷款年限	每月付款额(元)		贷款总额	每月付款额(元)
9		¥-2,865.72			¥-2,865.72
10	10			50000	
11	11			60000	
12	12			70000	
13	13			80000	
14	14			90000	
15	15			100000	
16	16			110000	
17	17			120000	
18	18			130000	
19	19			140000	
20	20			150000	
21	21			160000	
22	22			170000	
23	23			180000	
24	24			190000	
25	25			200000	

图6-1 单变量模拟运算样表

(3) 在B5、B9和E9单元格中分别输入公式"=PMT(B2/12,B4*12,B3)"。具体操作如下:单击B5单元格,单击"fx"按钮,弹出【插入函数】对话框,类别选择【财务】,在【选择函数】列表中选中"PMT"函数,单击【确定】按钮,弹出PMT【函数参数】对话框,在【Rate】文本框中输入"B2/12",在【Nper】文本框中输入"B4*12",在【Pv】文本框中输入"B3",如图6-2所示,单击【确定】按钮。

向银行贷款400 000元,期限为20年,年利率是6%,其每月还款额就计算出来为"2 865.72"。同理,在B9、E9单元格输入公式,或复制公式后修改。

(4) 选中A9:B25区域,在【数据】工具栏的【预测】组中,单击【模拟分析】下的【模拟运算表】项,弹出【模拟运算表】对话框。由于引用的是列数据,所以在【输入引用列的单元格】文本框中输入"$B$4"(我们希望年限变化,所以选择公式中年限所在的单元格),如图6-3所

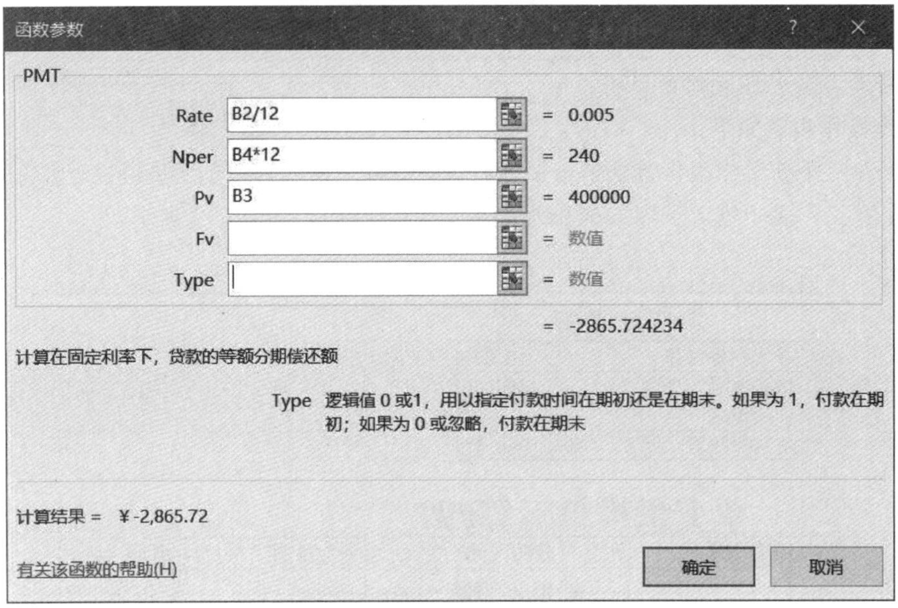

图 6-2 设置 PMT 函数参数

示,单击【确定】按钮,即得到单变量的模拟运算表。

(5)选中 D9:E25 区域,在【数据】工具栏的【预测】组中,单击【模拟分析】下的【模拟运算表】项,弹出【模拟运算表】对话框,在【输入引用列的单元格】文本框中输入"＄B＄3"(我们希望贷款总额变化,所以选择公式中贷款总额所在的单元格),如图 6-4 所示。单击【确定】按钮,得到一个单变量的模拟运算结果,如图 6-5 所示。

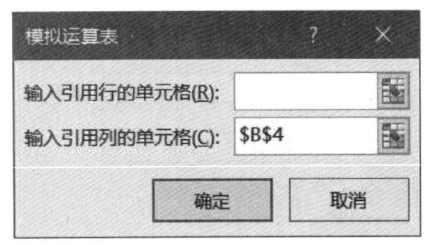

图 6-3 贷款年限变化的单变量模拟运算表

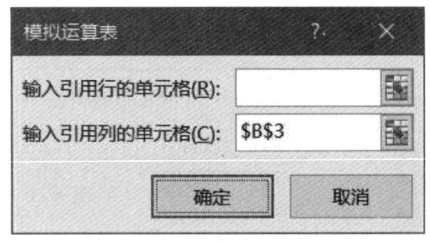

图 6-4 贷款总额变化的单变量模拟运算表

二、用双变量模拟运算表计算贷款情况

双变量模拟运算表就是考虑两个变量的变化对公式计算结果的影响,在财务管理中应用最多的是长期借款双变量分析模型。

【例 6-2】利用双变量模拟运算表运算贷款年利率为 5.5%,贷款总额和年限均变化的月还款金额表。

具体操作如下:

(1)在一个新工作表标签处单击鼠标右键,选择【重命名】为"双变量模拟运算"。

项目六 财务管理中的预测与分析

	A	B	C	D	E
1	单变量求解				
2	贷款利率（年）	6.00%			
3	贷款总额	400000			
4	贷款年限	20			
5	每月付款额（元）	¥-2,865.72			
6					
7	单变量模拟运算PMT				
8	贷款年限	每月付款额		贷款总额	每月付款额
9		¥-2,865.72			¥-2,865.72
10	10	-4440.820078		50000	-358.2155292
11	11	-4146.813851		60000	-429.8586351
12	12	-3903.400854		70000	-501.5017409
13	13	-3698.893778		80000	-573.1448468
14	14	-3524.943698		90000	-644.7879526
15	15	-3375.427312		100000	-716.4310585
16	16	-3245.751456		110000	-788.0741643
17	17	-3132.403088		120000	-859.7172702
18	18	-3032.649287		130000	-931.360376
19	19	-2944.331974		140000	-1003.003482
20	20	-2865.724234		150000	-1074.646588
21	21	-2795.427677		160000	-1146.289694
22	22	-2732.297798		170000	-1217.932799
23	23	-2675.388811		180000	-1289.575905
24	24	-2623.912266		190000	-1361.219011
25	25	-2577.205606		200000	-1432.862117

图 6-5 单变量模拟运算结果

（2）在工作表中输入下列数据和公式并设置相应格式：在 B4 单元格输入"2 000 000"，这对结果没有影响，也可以输入其他数据；在 B5 单元格输入"8"，这对结果没有影响，也可以输入其他数据；在 B6 单元格输入"5.5％"；在 A9 单元格输入公式"＝PMT(B6/12，B5＊12，B4)"，得出 8 年年利率为 5.5％、贷款 2 000 000 元的还款额为 25 798.644 35 元，如图 6-6 所示。

	A	B	C	D	E	F	G	H	I	J	K	L
1												
2	双变量模拟运算表											
3												
4	贷款金额	2000000										
5	年限	8										
6	贷款利率（年）	5.500%										
7												
8												
9	-25798.64435	50000	60000	70000	80000	90000	100000	110000	120000	130000	140000	150000
10	5年											
11	6年											
12	7年											
13	8年											
14	9年											
15	10年											
16	11年											
17	12年											
18	13年											
19	14年											
20	15年											

图 6-6 双变量模拟运算

（3）选中 A10：A20 区域，按鼠标右键弹出快捷菜单，执行【设置单元格格式】命令，弹出

【设置单元格格式】对话框,在【数字】选项卡中,设置【自定义】格式如图 6-7 所示。再输入年的数字"5,6,7,…"则显示"5 年,6 年,7 年,……"此单元格还可以按数值进行计算。

图 6-7 【设置单元格格式】对话框

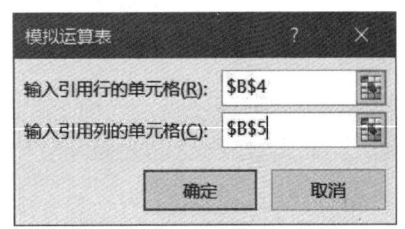

图 6-8 双变量模拟运算参数

(4) 选中 A9:L20 区域,在【数据】工具栏的【预测】组中,单击【模拟分析】下的【模拟运算表】项,弹出【模拟运算表】对话框,在【输入引用行的单元格】文本框中输入"＄B＄4"(我们所设表中贷款总额在行上变化,所以选择公式中贷款总额所在的单元格),在【输入引用列的单元格】文本框中输入"＄B＄5"(我们所设表中年限在行上变化,所以选择公式中年限所在的单元格),单击【确定】按钮,如图 6-8 所示。

(5) 贷款年利率为 5.5%,不同年限和不同贷款总额变化的运算结果如图 6-9 所示,可以通过混合引用达到该结果。

三、用模拟运算表进行保本分析

【例 6-3】某企业产销 A 产品,单位售价为 16 元,单位变动成本为 10 元,固定成本总额为 60 000 元,产销能力为 100 000 元。[保本销售量＝固定成本/(单价－单位变动成本)]

要求:(1) 计算该产品保本销售量和销售额。

项目六 财务管理中的预测与分析

	A	B	C	D	E	F	G	H	I	J	K	L
1												
2	双变量模拟运算表											
3												
4	贷款金额	2000000										
5	年限	8										
6	贷款利率（年）	5.500%										
7												
8												
9	-25798.64435	50000	60000	70000	80000	90000	100000	110000	120000	130000	140000	150000
10	5年	-955.0581086	-1146.06973	-1337.0814	-1528.093	-1719.1046	-1910.1162	-2101.1278	-2292.1395	-2483.1511	-2674.1627	-2865.1743
11	6年	-816.8943543	-980.2732251	-1143.6521	-1307.031	-1470.4098	-1633.7887	-1797.1676	-1960.5465	-2123.9253	-2287.3042	-2450.6831
12	7年	-718.5021326	-862.2025591	-1005.903	-1149.6034	-1293.3038	-1437.0043	-1580.7047	-1724.4051	-1868.1055	-2011.806	-2155.5064
13	8年	-644.9661086	-773.9593306	-902.95255	-1031.9458	-1160.939	-1289.9322	-1418.9254	-1547.9187	-1676.9119	-1805.9051	-1934.8983
14	9年	-587.9998531	-705.5998238	-823.19979	-940.79977	-1058.3997	-1175.9997	-1293.5997	-1411.1996	-1528.7996	-1646.3996	-1763.9996
15	10年	-542.6313898	-651.1576678	-759.68395	-868.21022	-976.7365	-1085.2628	-1193.7891	-1302.3153	-1410.8416	-1519.3679	-1627.8942
16	11年	-505.6966293	-606.8359552	-707.97528	-809.11461	-910.25393	-1011.3933	-1112.5326	-1213.6719	-1314.8112	-1415.9506	-1517.0899
17	12年	-475.0860845	-570.1033014	-665.12052	-760.13774	-855.15495	-950.17217	-1045.1894	-1140.2066	-1235.2238	-1330.241	-1425.2583
18	13年	-449.3392561	-539.2071073	-629.07496	-718.94281	-808.81066	-898.67851	-988.5464	-1078.4142	-1168.2821	-1258.1499	-1348.0178
19	14年	-427.4128535	-512.8954242	-598.37799	-683.86057	-769.34314	-854.82571	-940.30828	-1025.7908	-1111.2734	-1196.756	-1282.2386
20	15年	-408.5417273	-490.2500728	-571.95842	-653.66676	-735.37511	-817.08345	-898.7918	-980.50015	-1062.2085	-1143.9168	-1225.6252

图 6-9　双变量模拟运算结果

（2）假定单位售价降低至 15 元，单位变动成本减少至 7 元，计算新的保本销售量和销售额。

相关计算如下：

（1）当单位售价为 16 元，单位变动成本为 10 元时：

保本销售量＝60 000÷(16－10)＝10 000（件）

保本销售额＝10 000×16＝160 000（元）

（2）当单位售价为 15 元，单位变动成本为 7 元时：

保本销售量＝60 000÷(15－7)＝7 500（件）

保本销售额＝7 500×15＝1 125 000（元）

具体操作如下：

（1）在一个新的工作表标签处单击鼠标右键，选择【重命名】为"保本分析"。

（2）在工作表中输入下列数据和公式并设置相应格式，如图 6-10 所示。

（3）保本分析显示的结果，如图 6-11 所示。

	A	B
1		
2	销售量	150000
3	固定成本	60000
4	单位变动成本	10
5	单价	16
6	销售收入	=B2*B5
7	总成本	=B3+B4*B2
8	利润	=B6-B7
9	保本销量	=B3/(B5-B4)
10	保本销售额	=B9*B5

图 6-10　保本分析输入数据和公式的样图

	A	B
1		
2	销售量	150000
3	固定成本	60000
4	单位变动成本	10
5	单价	16
6	销售收入	2400000
7	总成本	1560000
8	利润	840000
9	保本销量	10000
10	保本销售额	160000

图 6-11　保本分析显示效果

（4）从 D1 单元格开始输入表的内容，其中在 D3 单元格输入"150000"，D4 单元格输入"160000"后，选中 D3:D4 区域，把鼠标放置在填充柄处，拖动鼠标到 D12 单元格快速填充数据。

(5) 在 E2 单元格输入公式"＝B3",F2 单元格输入公式"＝B6",G2 单元格输入公式"＝B7",H2 单元格输入公式"＝B8",I2 单元格输入公式"＝B9",J2 单元格输入公式"＝B10",如图 6-12 所示。

D	E	F	G	H	I	J
销售量	固定成本	销售收入	总成本	利润	保本销量	保本销售额
	60000	2400000	1560000	840000	10000	160000
150000						
160000						
170000						
180000						
190000						
200000						
210000						
220000						
230000						
240000						

图 6-12　保本分析模拟运算表头

(6) 选中 D2:J12 区域,在【数据】工具栏的【预测】组中,单击【模拟分析】下的【模拟运算表】项,弹出【模拟运算表】对话框,在【输入引用列的单元格】文本框中输入"＄B＄2",如图 6-13 所示,单击【确定】按钮。

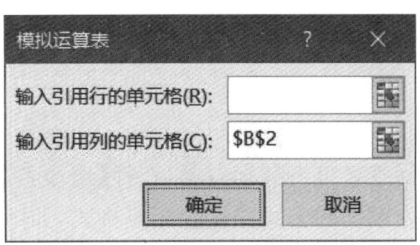

图 6-13　【模拟运算表】对话框

(7) 这样就一次运算出不同的销售量情况下销售收入、总成本、利润保本销量以及保本销售额,如图 6-14 所示。

D	E	F	G	H	I	J
销售量	固定成本	销售收入	总成本	利润	保本销量	保本销售额
	60000	2400000	1560000	840000	10000	160000
150000	60000	2400000	1560000	840000	10000	160000
160000	60000	2560000	1660000	900000	10000	160000
170000	60000	2720000	1760000	960000	10000	160000
180000	60000	2880000	1860000	1020000	10000	160000
190000	60000	3040000	1960000	1080000	10000	160000
200000	60000	3200000	2060000	1140000	10000	160000
210000	60000	3360000	2160000	1200000	10000	160000
220000	60000	3520000	2260000	1260000	10000	160000
230000	60000	3680000	2360000	1320000	10000	160000
240000	60000	3840000	2460000	1380000	10000	160000

图 6-14　模拟运算保本分析数据

注意：因为 E3:J12 区域的数据是由数组公式计算出来的，所以不能清除或删除部分数据，只能将整个计算结果区域全部清除。

（8）根据 D2:J12 区域数据，制作保本分析关系图。选中 D1:D12 及 F1:H12 区域，在【插入】工具栏右侧的【图表】组中，单击【散点图】—【带平滑线的散点图】按钮，如图 6-15 所示。

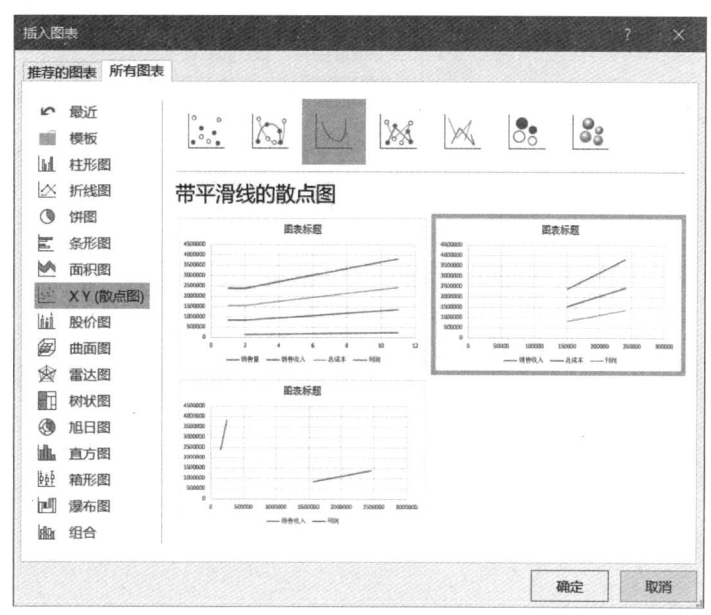

图 6-15　图表类型之散点图

（9）保本分析散点图，如图 6-16 所示。

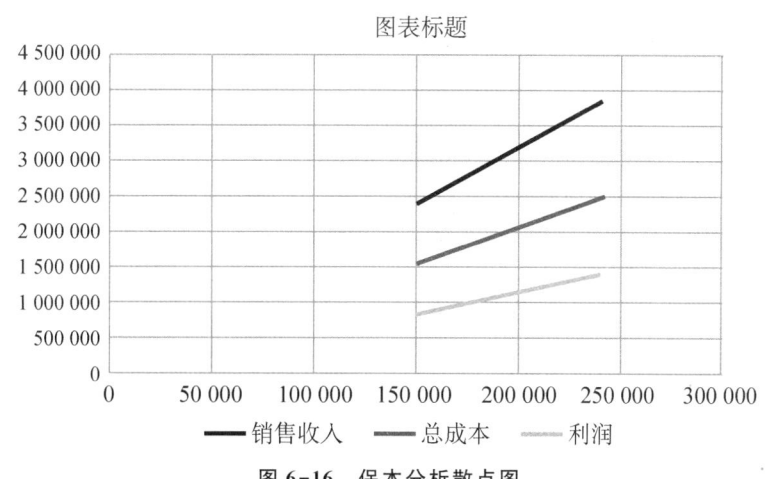

图 6-16　保本分析散点图

（10）在销售量的坐标轴处（水平坐标轴），单击鼠标右键选中【设置坐标轴格式】，弹出【设置坐标轴格式】对话框，调整【最小值】为"150000"等，如图 6-17 所示。

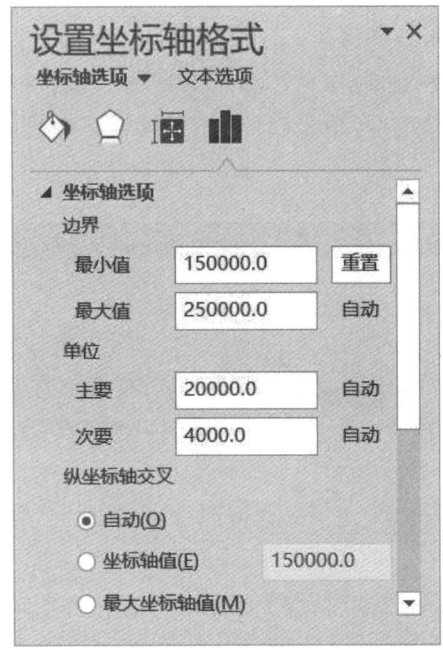

图 6-17 【设置坐标轴格式】对话框

(11) 单击【关闭】按钮,结果如图 6-18 所示。

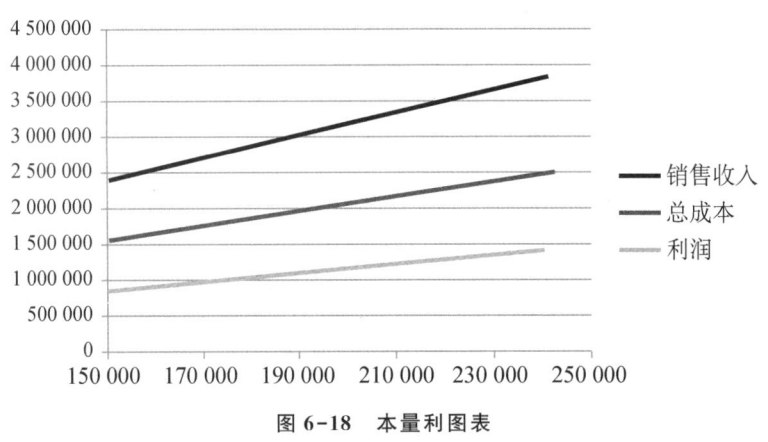

图 6-18 本量利图表

(12) 在 B4 单元格输入单位变动"7"元,在 B5 单元格输入单位售价"15"元,Excel 自动计算出新的保本销售量和销售额。

任务二 用回归分析进行销售预测

【例 6-4】假定 2022 年某汽车销售量的预测数为 28 万辆,某一轮胎橡胶厂轮胎的市场占有率约为 30%,2016—2021 年汽车销售量和轮胎销售量如表 6-1 所示。

项目六　财务管理中的预测与分析

表 6-1　　　　　　　　　　2016—2021 年汽车销售量和轮胎销售量

年　　份	2016	2017	2018	2019	2020	2021
汽车销售量(万辆)	10	12	15	18	20	23
轮胎销售量(万个)	68	78	85	106	122	140

要求：预测该厂 2022 年的轮胎销售量。

首先，设"Y"为汽车轮胎的销售量，"X"为汽车销售量，"X"是影响汽车轮胎销售的主要因素。其次，建立回归分析模型"$Y=A+BX$"。其中："A"表示原来社会上所有汽车对轮胎的每年需要量；"B"表示汽车每销售 10 000 辆对轮胎的需要量。

将计算结果代入计算公式得到：

$$A = \frac{\sum y - b \sum x}{n} \qquad B = \frac{b \sum xy - \sum x \sum y}{n \sum x^2 - (\sum x)^2}$$

$Y = 8.85 + 5.57X = 8.85 + 5.57 \times 28 = 164.81$（万个）

该厂 2022 年的轮胎销售量 $= 164.81 \times 30\% = 49.443$（万个）

具体操作如下：

(1) 在一个新工作表标签处单击鼠标右键，选择【重命名】为"回归预测"。

(2) 在工作表中输入下列汽车和轮胎的销售量数据，并设置相应格式，如图 6-19 所示。

	A	B	C	D	E
1		汽车轮胎销售预测			
2					
3	年　　份	汽车销售量(万辆)X	轮胎销售量(万辆)Y	XY	X^2
4	2016	10	68	=B4*C4	=B4*B4
5	2017	12	78	=B5*C5	=B5*B5
6	2018	15	85	=B6*C6	=B6*B6
7	2019	18	106	=B7*C7	=B7*B7
8	2020	20	122	=B8*C8	=B8*B8
9	2021	23	140	=B9*C9	=B9*B9
10	合　　计	=SUM(B4:B9)	=SUM(C4:C9)	=SUM(D4:D9)	=SUM(E4:E9)

图 6-19　回归预测输入的数据和公式

(3) 在 D4 单元格输入公式"=B4*C4"，在 D4 单元格填充柄处拖动鼠标复制公式至 D9 单元格；在 E4 单元格输入公式"=B4*B4"，在 E4 单元格填充柄处拖动鼠标复制公式至 E9 单元格；选中 B4:E10 区域，单击【开始】工具栏的【编辑】组中的自动求和按钮"Σ 自动求和▼"。得到的结果，如图 6-20 所示。

(4) 在 A12:B17 区域分别输入下列数据和公式，如图 6-21 所示。

(5) 整个工作表显示结果如图 6-22 所示。

(6) 单击【文件】菜单中的【选项】，在打开【Excel 选项】的对话框中，单击【自定义功能区】选项，在【主选项卡】中，勾选【开发工具】复选框，如图 6-23 所示。

	A	B	C	D	E
1	汽车轮胎销售预测				
2					
3	年　份	汽车销售量（万辆）X	轮胎销售量（万辆）Y	XY	X^2
4	2016	10	68	680	100
5	2017	12	78	936	144
6	2018	15	85	1275	225
7	2019	18	106	1908	324
8	2020	20	122	2440	400
9	2021	23	140	3220	529
10	合　　计	98	599	10459	1722

图 6-20　回归预测输入的数据和公式显示结果

	A	B
12	N（年数）	=COUNT(A4:A9)
13	B	=(B12*D10-B10*C10)/(B12*E10-B10*B10)
14	A	=(C10-B13*B10)/B12
15	X汽车销售（万辆）	28
16	Y总的轮胎需要量（万辆）	=B14+B13*B15
17	本厂轮胎预计销售量（万辆）30%	=B16*0.3

图 6-21　回归预测输入的公式

	A	B	C	D	E
1	汽车轮胎销售预测				
2					
3	年　份	汽车销售量（万辆）X	轮胎销售量（万辆）Y	XY	X^2
4	2016	10	68	680	100
5	2017	12	78	936	144
6	2018	15	85	1275	225
7	2019	18	106	1908	324
8	2020	20	122	2440	400
9	2021	23	140	3220	529
10	合　　计	98	599	10459	1722
11					
12	N（年数）	6			
13	B	5.565934066			
14	A	8.923076923			
15	X汽车销售（万辆）	28			
16	Y总的轮胎需要量（万辆）	164.7692308			
17	本厂轮胎预计销售量（万辆）30%	49.43076923			

图 6-22　回归预测所有数据显示结果

图 6-23 在工具栏区添加【开发工具】工具栏

（7）在【开发工具】工具栏的【加载项】组，单击【Excel 加载项】按钮，弹出【加载宏】对话框，勾选【分析工具库】复选框，单击【确定】按钮，如图 6-24 所示。

注意：【数据分析】是添加到数据工具栏中的。

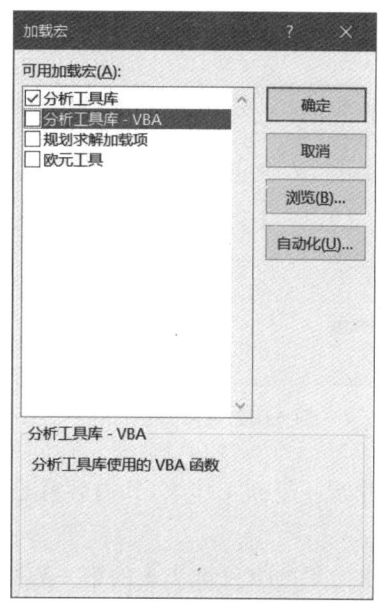

图 6-24 加载宏对话框之分析工具库

(8) 在【数据】工具栏的【分析】组中选择【数据分析】按钮,弹出【数据分析】对话框,在【分析工具】中,选择【回归】,如图 6-25 所示,单击【确定】按钮,弹出【回归】对话框。

注意:初次使用"数据分析"功能时,要添加【加载宏】工具栏,在出现的对话框中选择【分析工具库】选项,单击【确定】按钮,这样在【数据】工具栏就有【数据分析】选项了。

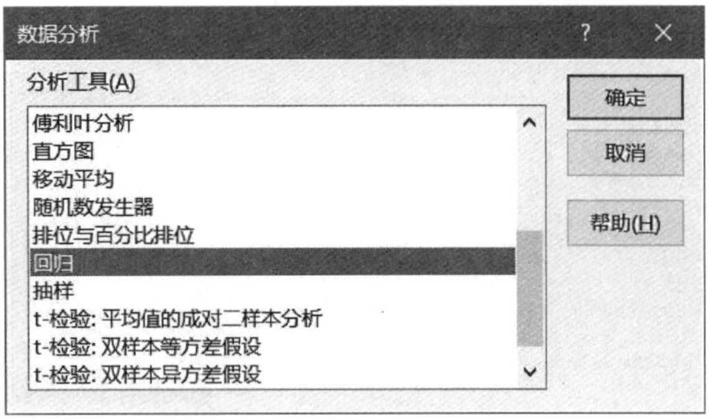

图 6-25 【数据分析】对话框

(9) 在【回归】对话框中,在【Y 值输入区域】文本框里选中工作表中的 C4:C9 区域,这是历年轮胎销售量;在【X 值输入区域】文本框里选中工作表中的 B4:B9 区域,这是历年汽车销售量,如图 6-26 所示,单击【确定】按钮。

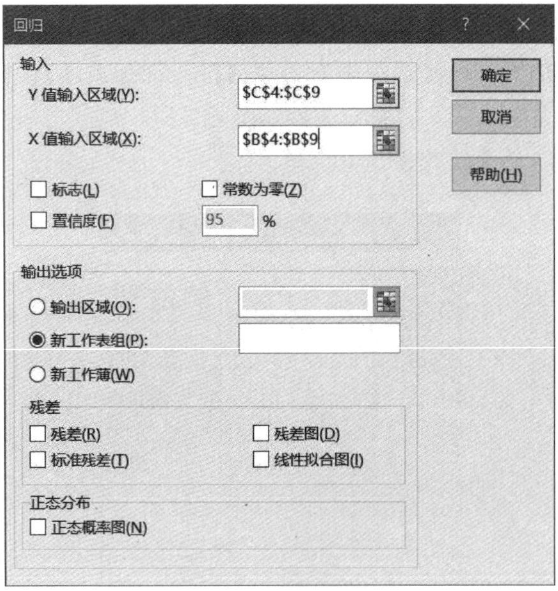

图 6-26 【回归】对话框

(10) 此时,在工作簿中会出现一个新工作表,其内容就是计算与分析结果,包括三个小表,如图 6-27 所示。

从图 6-27 中可以看到输出结果的第三个小表的第一列数据就是销售模型中的 A 的值与 B 的值(8.923 077,5.565 934),分别和用公式计算的结果一致,比手工计算的结果(8.85,5.57)更精确。

图 6-27 回归分析表

任务三 利用规划求解制定最佳生产方案

【例6-5】某企业生产甲、乙两种产品,它们分别需要经过一车间和二车间两个部门加工。两个车间最大生产能力工时数、单位产品工时定额、单位产品贡献边际如表6-2所示。

表6-2 车间生产能力分析表

车间	单位产品工时定额(小时/件)		最大生产能力工时数(小时)
	甲	乙	
一车间	5	10	6 000
二车间	4	4	4 000
单位贡献边际	6	8	

要求:作出不论两种产品各生产多少,既能使两个车间生产能力得到合理充分利用,又能使贡献边际总额最大的决策分析。

相关计算如下:

设甲、乙两种产品各生产 X_1 件和 X_2 件,既能使两个车间生产能力得到合理充分的利用,又能使边际贡献总额(TCM)最大,即:

$$\max TCM = 6X_1 + 8X_2$$

$$\text{约束条件:} \begin{cases} 5X_1 + 10X_2 \leq 6\,000 \\ 4X_1 + 4X_2 \leq 4\,000 \\ X_1 \geq 0; X_2 \geq 0 \end{cases}$$

求解可得:甲产品生产800件,乙产品生产200件,既能使两个车间生产能力得到充分

合理利用,又能使贡献边际总额最大,最大贡献边际总额为:
$$\max TCM = 6X_1 + 8X_2 = 6\ 400(元)$$

具体操作如下:

(1) 在一个新工作表标签处单击鼠标右键,选择【重命名】为"规划求解"。

(2) 在工作表中输入下列数据并设置相应格式,如图 6-28 所示。

图 6-28　规划求解输入数据和公式显示结果

(3) 在 B3 和 C3 单元格分别存放 X_1 和 X_2 的值,随意输入初值如(5,5),其他初值也可用,不会影响最终的计算结果。在 B4、C4 单元格输入单位贡献边际(6,8),在 B5 单元格输入公式"=B3*B4",在 B4 单元格填充柄处拖动鼠标复制公式至 C5 单元格,出现公式"=C3*C4",分别表示甲、乙两种产品的贡献边际;在 D5 单元格输入公式"=B5+C5",表示贡献边际总额;在 B6 单元格输入公式"=5*B3+10*C3";在 C6 单元格输入公式"=4*B3+4*C3",得到表格内容如图 6-29 所示。

图 6-29　规划求解输入数据和公式

(4) 在【开发工具】工具栏的【加载项】组,单击【加载项】按钮,弹出【加载宏】对话框,勾选【规划求解加载项】复选框,如图 6-30 所示,单击【确定】按钮。

注意:【规划求解】功能是添加到数据工具栏中的。

(5) 在【数据】工具栏的【分析】组中选择【规划求解】按钮,弹出【规划求解参数】对话框,如图 6-31 所示。

注意:初次使用【规划求解】功能时,要添加【加载宏】工具栏,在出现的对话框中勾选【规划求解加载项】复选框,单击【确定】按钮,以后在【数据】工具栏就有【规划求解】选项了。

(6) 在【规划求解参数】对话框的【设置目标】文本框中选中 D5 单元格,或输入"$D$5";单击【最大值】;在【通过更改可变单元格】文本框处选中 B3:C3 区域,或输入"$B$3:$C$3",单击【添加】按钮,弹出【添加约束】对话框。在【单元格引用】文本框中选中 B6 单元格,符号选"<=",在【约束】文本框中输入"6000",如图 6-32 所示。

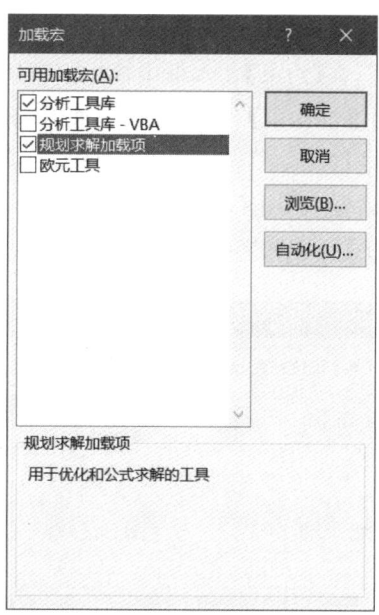

图 6-30 【加载宏】对话框

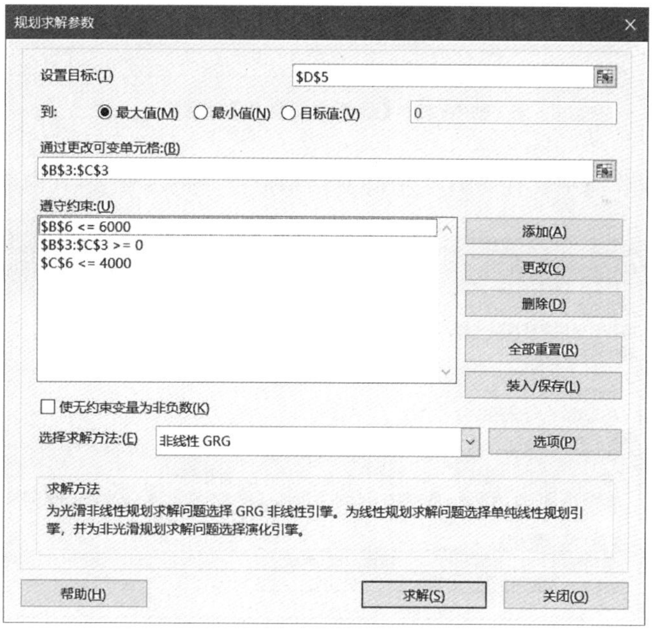

图 6-31 【规划求解参数】对话框

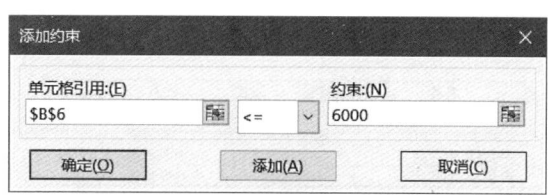

图 6-32 【添加约束】对话框

单击【添加】按钮，继续在【添加约束】对话框中输入约束条件，在【单元格引用】文本框中选中 C6 单元格，符号选“<=”，在【约束】文本框中输入“4000”。

单击【添加】按钮，继续在【添加约束】对话框中输入约束条件，在【单元格引用】文本框中选中 $B$3:$C$3 区域，符号选“>=”，在【约束】文本框中输入“0”，单击【确定】按钮。

(7) 在【规划求解参数】对话框中单击【求解】按钮，弹出【规划求解结果】对话框，选择【保留规划求解的解】，选择【报告】中的【运算结果报告】项，如图 6-33 所示，单击【确定】按钮。

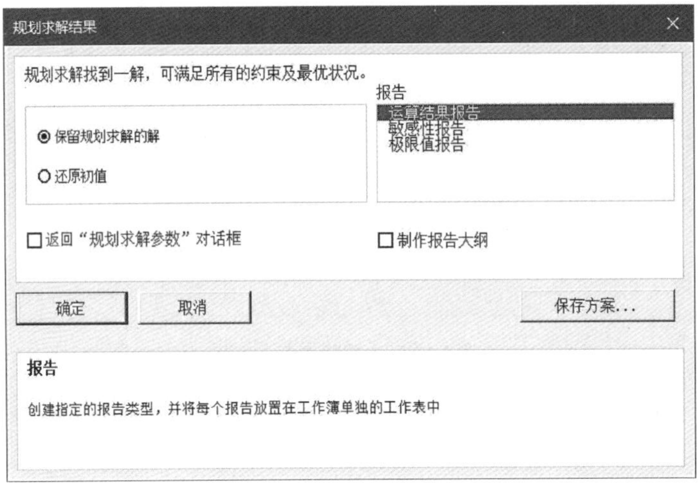

图 6-33 【规划求解结果】对话框

(8) 此时，在工作簿中就有一个名为“运算结果报告 1”的工作表，其内容如图 6-34 所示。

Microsoft Excel 16.0 运算结果报告
工作表: [财务分析-2022.xlsx]规划求解
报告的建立: 2022-7-22 13:23:37
结果: 规划求解找到一解，可满足所有的约束及最优状况。
规划求解引擎
引擎: 非线性 GRG
求解时间: 0.109 秒。
迭代次数: 3 子问题: 0
规划求解选项
最大时间 100 秒, 迭代 100, Precision 0.000001
收敛 0.0001, 总体大小 100, 随机种子 0, 向前派生, 需要界限
最大子问题数目 无限制, 最大整数解数目 无限制, 整数允许误差 5%, 无整数约束的求解

目标单元格 (最大值)

单元格	名称	初值	终值
$D$5	贡献边际总额 总额	70	6400

可变单元格

单元格	名称	初值	终值	整数
$B$3	产销量 甲产品	5	800	约束
$C$3	产销量 乙产品	5	200	约束

约束

单元格	名称	单元格值	公式	状态	型数值
$B$6	约束条件 甲产品	6000	$B$6<=6000	到达限制值	0
$C$6	约束条件 乙产品	4000	$C$6<=4000	到达限制值	0
$B$3	产销量 甲产品	800	$B$3>=0	未到限制值	800
$C$3	产销量 乙产品	200	$C$3>=0	未到限制值	200

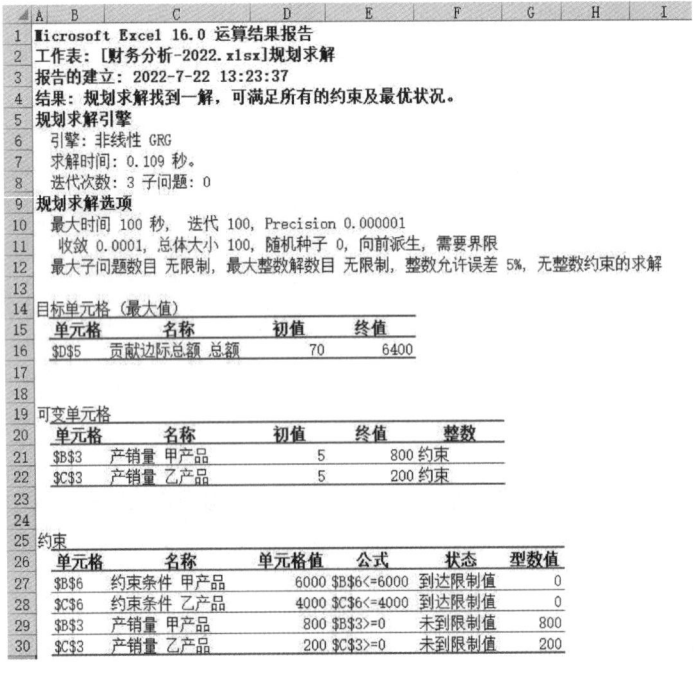

图 6-34 运算结果报告

从图 6-34 可以看到,甲产品的产销量为 800 件,乙产品的产销量为 200 件,贡献边际最大值为 6 400 元。

任务四　计算净现值

【例 6-6】 某企业准备新建一条生产线,第一年年初投资 50 万元,第二年年初投资 40 万元,从第二年年末到第六年年末取得的经营现金净流量分别为 35 万元、30 万元、25 万元、15 万元、10 万元,第六年年末预计残值为 1 万元。

要求:按 12% 的折现率计算该项目的净现值。

相关计算如下:

$$NPV = \sum_{t=0}^{n} \frac{NCF_t}{(1+i_c)^t} = \sum_{t=0}^{6} \frac{NCF_t}{(1+12\%)^t}$$

式中,第 t 年的复利现值系数 $(P/F, 12\%, t) = \dfrac{1}{(1+12\%)^t}$,可查复利现值系数表求得。

$$\begin{aligned} NPV &= -50 - 40 \times 0.893 + 35 \times 0.797 + 30 \times 0.721 + 25 \times 0.636 + 15 \times 0.567 + 11 \times 0.507 \\ &= -6.483 (万元) \end{aligned}$$

如果项目投产后各年年末的经营现金净流量相等,则可对经营现金净流量按普通年金折现,以简化净现值的计算。

具体操作如下:

(1) 在一个新工作表标签处单击鼠标右键,选择【重命名】为"净现值"。

(2) 在工作表中 A2:A8 区域输入各年的现金净流量数据。

(3) 单击 B2 单元格,单击"f_x"按钮,弹出【插入函数】对话框,类别选择【财务】,在【选择函数】中选中【IRR】函数,如图 6-35 所示,单击【确定】按钮。

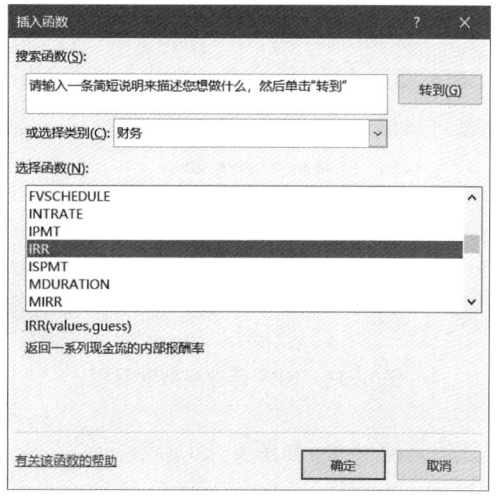

图 6-35　插入函数中选择 IRR 函数

(4) 在 IRR 函数的【函数参数】对话框中,在【Values】文本框中选中工作表中的"A2：A8"区域,如图 6-36 所示,单击【确定】按钮,内含报酬率计算结果为 8.98%。

(5) 在 C2 单元格输入第 0 年年末的现金净流量,在 C3 单元格输入公式"＝C2＋D2",单击 D2 单元格,单击"f_x"按钮,弹出【插入函数】对话框,类别选择【财务】,在【选择函数】文本框中选中【NPV】函数,单击【确定】按钮。

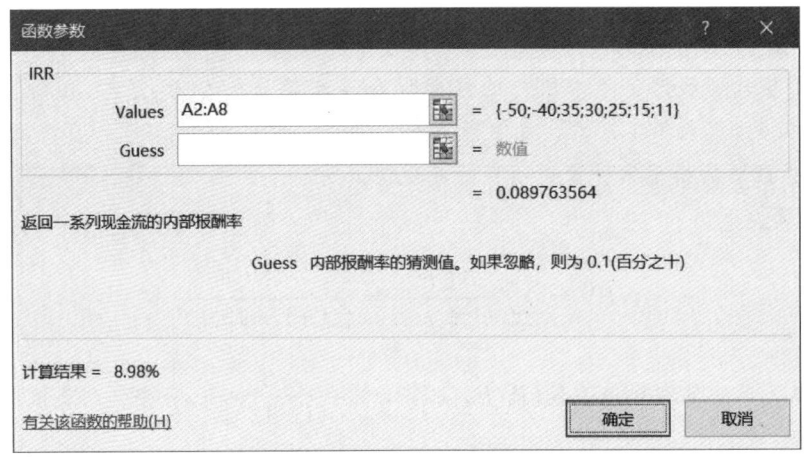

图 6-36　设置 IRR 函数参数

(6) 在 NPV 函数的【函数参数】对话框中,在【Rate】文本框中输入"12%",在【Value1】文本框中选中工作表的"A3：A8"区域,如图 6-37 所示,单击【确定】按钮,净现值的计算结果 C3 单元格内显示为"－6.486 795 4"。

图 6-37　NPV 函数参数对话框

(7) 内含报酬率和净现值运算结果,如图 6-38 所示。

	A	B	C	D
1	现金净流量	内含报酬率	净现值	现金净流量现值合计
2	-50	8.98%	-50	¥43.51
3	-40		-6.4867954	
4	35			
5	30			
6	25			
7	15			
8	11			

图 6-38　内含报酬率和净现值运算结果

任务五　单变量求解

【**例 6-7**】某企业拟向银行以 6% 的年利率借入期限为 5 年的长期借款，企业每年的偿还能力为 50 万元。

要求：利用单变量求解得出企业最多总共可贷款多少。

把上述信息输入一个新工作表中，B3 单元格的贷款总额和 B4 单元格的贷款年限可以随便输入数据，也可以不输入数据。如图 6-39 所示。

	A	B
1	单变量求解	
2	贷款利率	6.00%
3	贷款总额	¥300.00
4	贷款期限（年）	5
5	年偿还额	¥-71.22

图 6-39　单变量求解样表

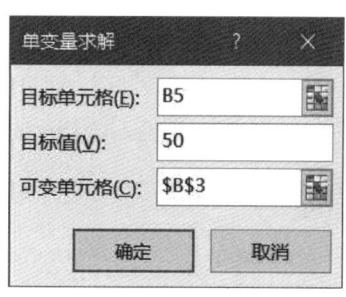

图 6-40　【单变量求解】对话框

具体操作如下：

（1）在单元格 B5 中输入公式"＝PMT(B2，B4，B3)"，在【数据】工具栏的【数据工具】组中，单击【模拟分析】下的【单变量求解】项，弹出【单变量求解】对话框，如图 6-40 所示。

（2）在【目标单元格】文本框中输入"B5"，在【目标值】文本框中输入"50"，在【可变单元格】文本框中输入"＄B＄3"，单击【确定】按钮，系统立即计算出结果，如图 6-41 所示，即企业最多总共可贷款 210.62 万元。

	A	B
1	单变量求解	
2	贷款利率	6.00%
3	贷款总额	¥-210.62
4	贷款期限（年）	5
5	年偿还额	¥50.00

图 6-41　单变量求解结果

任务六　利用方案对比分析银行贷款情况

【例 6-8】由 4 家银行提供的贷款金额、贷款年限和利率均不同,其中 B2:B5 区域格式设置如图 6-42 所示,其他情况如图 6-43 所示。

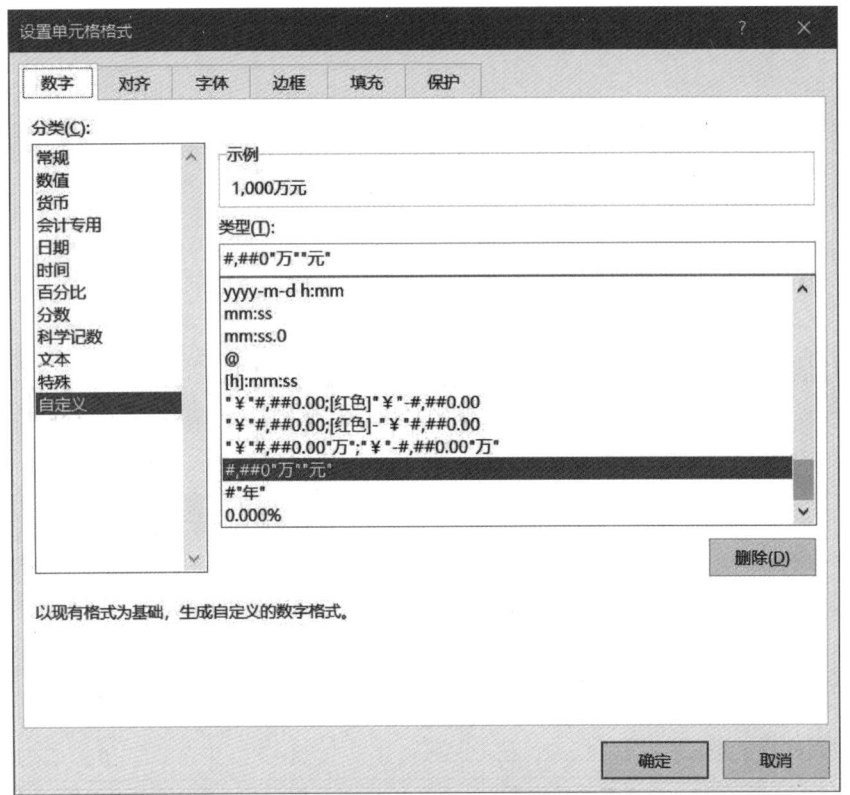

图 6-42　自定义单元格格式

	A	B	C	D
1	银行名称	提供的贷款额（万元）	贷款年限（年）	年利率
2	甲	1,000	5	5.20%
3	乙	1,400	8	5.50%
4	丙	2,000	10	6.00%
5	丁	2,400	14	6.50%

图 6-43　各银行贷款情况

	A	B	C
8		提供的贷款额（万元）	1000
9		贷款年限	5
10		年利率	5.20%
11			
12		每期付款（万元）	¥-18.96

图 6-44　方案输入区域

具体操作如下:

(1) 在 B8:B12 区域输入文字;在 C8:C10 区域输入甲银行情况,并且对这三个单元格定义名称,分别是 C8 单元格定义为"提供的贷款额（万元）",C9 单元格定义为"贷款年限",C10 单元格定义为"年利率",如图 6-44 所示。

(2)在 C12 单元格中输入公式"＝PMT(C10/12,C9＊12,C8)",得出甲银行的每期付款额为 18.96 万元。

(3)在【数据】工具栏的【预测】组中,单击【模拟分析】下的【方案管理器】项,弹出【方案管理器】对话框,如图 6-45 所示,单击【添加】按钮。

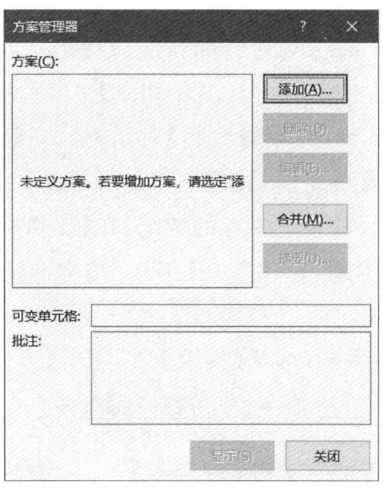

图 6-45 【方案管理器】对话框

(4)系统弹出【编辑方案】对话框,在【方案名】文本框中输入"甲银行",在【可变单元格】文本框中输入"＄C＄8:＄C＄10",如图 6-46 所示,单击【确定】按钮。

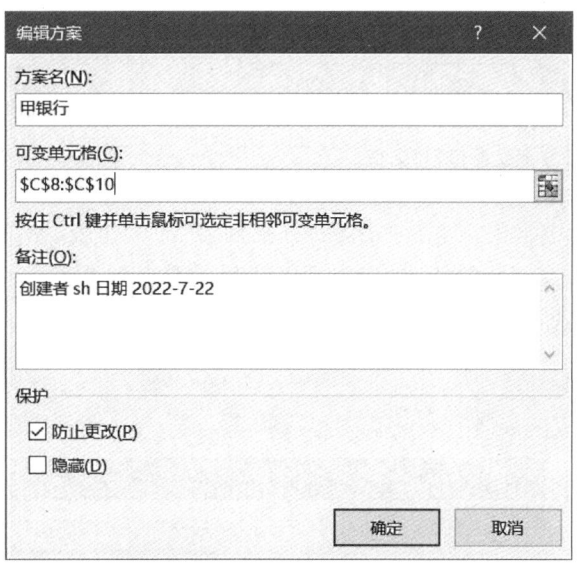

图 6-46 【编辑方案】对话框

(5)系统弹出【方案变量值】对话框,在【提供的贷款额_万元】文本框中输入"1000",在【贷款年限】文本框中输入"5",在【年利率】文本框中输入"0.052",如图 6-47 所示。

(6)单击【添加】按钮,系统弹出【编辑方案】对话框。在【编辑方案】对话框中的【方案名】文本框中输入"乙银行",在【可变单元格】中输入"＄C＄8：＄C＄10",单击【确定】按钮,系统弹出【方案变量值】对话框,输入乙银行的情况,在【提供的贷款额_万元】文本框中输入"1400",在【贷款年限】文本框中输入"8",在【年利率】文本框中输入"0.055"。

(7) 单击【添加】按钮,系统弹出【编辑方案】对话框。在【编辑方案】对话框中,在【方案名】文本框中输入"丙银行",在【可变单元格】中输入"＄C＄8：＄C＄10",单击【确定】按钮,系统弹出【方案变量值】对话框,输入丙银行的情况,在【提供的贷款额_万元】文本框中输入"2000",在【贷款年限】文本框中输入"10",在【年利率】文本框中输入"0.06"。

(8) 单击【添加】按钮,系统弹出【编辑方案】对话框。在【编辑方案】对话框中,在【方案名】文本框中输入"丁银行",在【可变单元格】中输入"＄C＄8：＄C＄10",单击【确定】按钮,系统弹出【方案变量值】对话框,输入丁银行的情况,在【提供的贷款额_万元】文本框中输入"2400",在【贷款年限】文本框中输入"14",在【年利率】文本框中输入"0.065",单击【确定】按钮。

(9) 回到【方案管理器】对话框,选择【摘要】项,弹出【方案摘要】对话框,在【结果单元格】文本框中输入"C12",如图6-48所示,单击【确定】按钮。

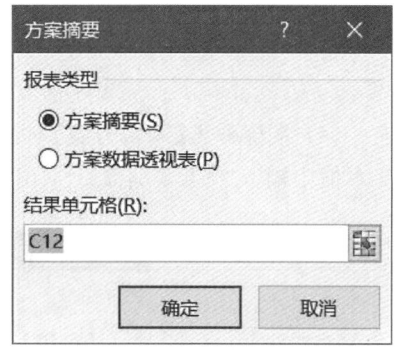

图6-47 【方案变量值】对话框　　　　图6-48 【方案摘要】对话框

(10) 在此工作簿中出现一个新的名为"方案摘要"的工作表,如图6-49所示。该工作表反映甲、乙、丙、丁4家银行的情况,从中可以清楚地看出各个银行的每月还款额,这样就可以根据单位的情况选择适合企业的银行贷款。

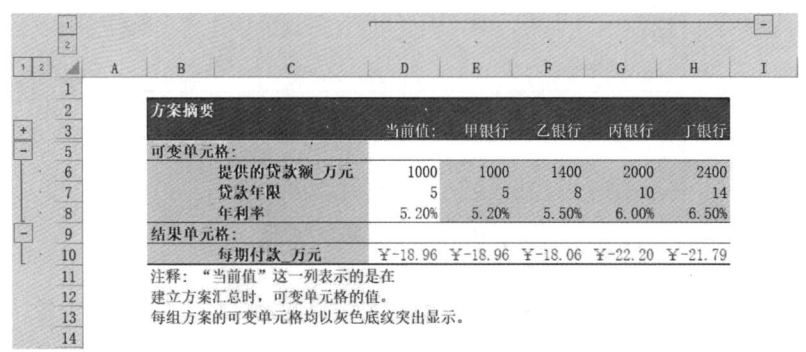

图6-49 方案摘要工作表

任务七 与预测分析相关的其他操作

一、模拟运算表练习

某公司生产一种产品的固定成本为 270 000 元,单位变动成本为 1.55 元,该产品的单位售价为 2.70 元,预计销售量 300 000 件。

要求:计算保本销售量,并计算当销售为 0 件、50 000 件、100 000 至 500 000 件时的销售收入、总成本和固定成本情况,并绘制图表。

二、回归分析练习

某公司是机床使用年限与维修费用的关系,如表 6-3 所示。
要求:拟定直线回归方程。

表 6-3　　　　　　　　　　　　相关资料表

使用年限 x	维修费用(元)y	X^2	Y^2	$X*y$
2	540	4	291 600	1 080
3	520	9	270 400	1 560
4	640	16	409 600	2 560
4	740	16	547 600	2 960
5	600	25	360 000	3 000
5	800	25	640 000	4 000
6	700	36	490 000	4 200
6	760	36	577 600	4 560
6	900	36	810 000	5 400
8	840	64	705 600	6 720
9	1 080	81	116 400	9 720
合计	8 120	348	6 268 800	45 760

三、规划求解练习

假设某银行有 5 000 万美元的资金来源,这些资金可用作贷款(X_1)和二级储备即短期债券(X_2),贷款收益率为 12%,短期证券收益率为 8%,存款成本忽略不计。再假设银行管理短期资产的流动性标准为投资资产的 25%,即短期证券与总贷款的比例至少为 25%。

要求:用线性规划法,求解银行最佳的资产组合。

四、单变量练习

净利润=毛利润−支出费用;毛利润=营业额×18%;支出费用=毛利润×42%。

要求:利用单变量求解,计算要达到净利润 100 万元,营业额需要达到多少万元?
(提示:设置 3 个项目:营业额、支出费用、净利润,在净利润对应的单元格输入公式"=营业额对应单元格 * 0.18 * (1−0.42)"或者是净利润的公式"=营业额对应单元格 * 0.18 − 营业额对应单元格 * 0.18 * 0.42")。

五、方案相关知识

1. 显示方案

方案制定好后,任何时候都可以执行方案、查看不同的执行结果,具体操作如下:
(1) 打开原工作表,并激活工作表。
(2) 在【数据】工具栏的【数据工具】组中,单击【模拟分析】下的【方案管理器】项,弹出【方案管理器】对话框,选择想要查看的方案,单击【显示】按钮,则系统自动显示出该方案的执行结果。

2. 修改方案

(1) 对做好的方案进行修改,只需在【方案管理器】对话框中选中需要修改的方案,单击【编辑】按钮,系统弹出【编辑方案】对话框,进行相应的修改。
(2) 若要删除某一方案,则在【方案管理器】对话框中选中需要删除的方案,单击【删除】按钮。
(3) 若要增加方案,则在【方案管理器】对话框中单击【添加】按钮,在【添加方案】对话框中填写相关的项目。

课后训练与操作视频

名　　称
1. 模拟运算表任务单
2. 回归分析任务单
3. 规划求解任务单
4. 净现值任务单
5. 单变量求解任务单
6. 方案管理任务单

　项目六任务单　　　　项目六视频

附录一　财务账、证、表的样张

附录二 Excel 快捷键功能

Excel 提供了大量的快捷键，以方便用户更加方便快速地运用各种功能，本书将 Excel 中常用的组合快捷键、按键和键盘功能键以表格形式列出，如表1、表2、表3所示。

表 1　　　　　　　　　　　　Excel 组合快捷键功能

组合快捷键	说　　明
Ctrl＋Shift＋(	取消隐藏选定范围内所有隐藏的行
Ctrl＋Shift＋)	取消隐藏选定范围内所有隐藏的列
Ctrl＋Shift＋&	将外边框应用于选定单元格
Ctrl＋Shift＋—	删除选定单元格外边框
Ctrl＋Shift＋~	应用"常规"数字格式
Ctrl＋Shift＋$	应用带有两位小数的"货币"格式（负数放在括号中）
Ctrl＋Shift＋％	应用不带小数位的"百分比"格式
Ctrl＋Shift＋^	应用带有两位小数的科学计数格式
Ctrl＋Shift＋#	应用带有日、月和年的"日期"格式
Ctrl＋Shift＋@	应用带有小时和分钟以及 AM 或 PM 的"时间"格式
Ctrl＋Shift＋!	应用带有两位小数、千位分隔符和减号（—）(用于负值)的"数值"格式
Ctrl＋Shift＋*	选择环绕活动单元格的当前区域（由空白行和空白列围起的数据区域）。在数据透视表中，将选择整个数据透视表
Ctrl＋Shift＋:	输入当前系统时间
Ctrl＋Shift＋"	将值从活动单元格上方的单元格复制到单元格或编辑框中
Ctrl＋Shift＋加号（＋）	显示用于插入空白单元格的【插入】对话框
Ctrl＋Shift＋Page Up	选中当前工作表和上一张工作表
Ctrl＋Shift＋Page Down	选中当前工作表和下一张工作表
Ctrl＋Shift＋[	选取由选中区域中的公式直接或间接引用的所有单元格
Ctrl＋Shift＋]	选取包含直接或间接引用单元格的公式的单元格

(续表)

组合快捷键	说　　明
Ctrl+减号（－）	显示用于删除选定单元格的【删除】对话框
Ctrl+；	输入当前系统日期
Ctrl+`	在工作表中切换显示单元格值和公式
Ctrl+单引号（'）	将公式从活动单元格上方的单元格复制到单元格或编辑栏中
Ctrl+1	显示【单元格格式】对话框
Ctrl+2	应用或取消加粗格式设置
Ctrl+3	应用或取消倾斜格式设置
Ctrl+4	应用或取消下划线
Ctrl+5	应用或取消删除线
Ctrl+6	在隐藏对象和显示对象之间切换
Ctrl+8	显示或隐藏大纲符号
Ctrl+9	隐藏选定的行
Ctrl+0	隐藏选定的列
Ctrl+A	选择整个工作表
Ctrl+B	应用或取消加粗格式设置
Ctrl+C	复制选定的单元格
Ctrl+D	使用"向下填充"命令将选定范围内最顶层单元格的内容和格式复制到下面的单元格中
Ctrl+F	显示【查找和替换】对话框，其中的【查找】选项卡处于选中状态 按"Shift+F5"也会显示此选项卡，而按"Shift+F4"则会重复上一次"查找"操作 按"Ctrl+Shift+F"将打开【设置单元格格式】对话框，其中的【字体】选项卡处于选中状态
Ctrl+G	显示【定位】对话框，按"F5"也会显示此对话框
Ctrl+H	显示【查找和替换】对话框，其中的【替换】选项卡处于选中状态
Ctrl+I	应用或取消倾斜格式设置
Ctrl+K	为新的超链接显示【插入超链接】对话框，或为选定的现有超链接显示【编辑超链接】对话框
Ctrl+L	显示【创建表】对话框
Ctrl+N	创建一个新的空白工作簿

(续表)

组合快捷键	说　　明
Ctrl+O	显示【打开】对话框以打开或查找文件 按"Ctrl+Shift+O"可选择所有包含批注的单元格
Ctrl+P 或 Ctrl+Shift+F12	在 Microsoft Office 视图中显示【打印】选项卡 按"Ctrl+Shift+P"将打开【设置单元格格式】对话框，其中的【字体】选项卡处于选中状态
Ctrl+R	使用【向右填充】命令将选定范围最左边单元格的内容和格式复制到右边的单元格中
Ctrl+S	使用其当前文件名、位置和文件格式保存活动文件
Ctrl+T	显示【创建表】对话框
Ctrl+U	应用或取消下划线
	按"Ctrl+Shift+U"将在展开和折叠编辑栏之间切换
Ctrl+V	在插入点处插入剪贴板的内容，并替换任何所选内容。只有在剪切或复制了对象、文本或单元格内容之后，才能使用此快捷键 按"Ctrl+Alt+V"可显示【选择性粘贴】对话框。只有在剪切或复制了工作表或其他程序中的对象、文本或单元格内容后此快捷键才可用
Ctrl+W	选中整列
Ctrl+X	剪切选定的单元格
Ctrl+Y	重复上一个命令或操作(如有可能)
Ctrl+Z	使用【撤消】命令撤消上一个命令或删除最后键入的内容
Ctrl+Alt+向右键(→)	在不相邻的选中区域中，向右切换到下一个选中区域
Ctrl+Alt+向左键(←)	向左切换到下一个不相邻的选中区域
Ctrl+C,再 Ctrl+C	显示 Micrsoft Office 剪贴板(多项复制和粘贴)
Ctrl+Delete	删除插入点到行末的文本
Ctrl+End	移动到工作表的最后一个单元格，该单元格位于数据所占用的最右列的最下行中
Ctrl+Enter	用当前输入项填充选中的单元格区域
Ctrl+F3	定义名称
Ctrl+Home	移动到工作表的开头
Ctrl+Page Down	移动到工作簿中的下一张工作表
Ctrl+Page Up	移动到工作簿中的上一张工作表或选中其他工作表
Ctrl+向上键(↑)或向左键(←)	(打印预览)缩小显示时,滚动到第一页

(续表)

组合快捷键	说 明
Ctrl+向下键(↓)或向右键(→)	(打印预览)缩小显示时,滚动到最后一页
Alt+′(单引号)	显示【样式】对话框
Alt+=	用 SUM 函数插入"自动求和"公式
Alt+0128	输入人民币=C 符号(数字必须在数字键盘输入)
Alt+0166	输入人民币¥符号(数字必须在数字键盘输入)
Alt+0178	平方"2"符号(数字必须在数字键盘输入)
Alt+0179	立方"3"符号(数字必须在数字键盘输入)
Alt+Enter	在单元格中换行
Alt+Page Down	向右移动一屏
Alt+Page Up	向左移动一屏
Alt+向下键(↓)	显示清单的当前列中的数值下拉列表
Alt+空格	显示 Excel 窗口的【控件】菜单
Shift+F11 或 Alt+Shift+F1	插入新工作表
Shift+F2	插入编辑单元格批注
Shift+F3	在公式中,显示【插入函数】对话框
Shift+F4	重复上一次查找操作
Shift+F5	显示【查找】对话框
Shift+F6	切换到被拆分的工作表中的上一个窗格
Shift+F9	计算活动工作表
Shift+F10	打开一个快捷菜单

表 2 　　　　　　　　　　Excel 按键功能

按键	说 明
箭头键	在工作表中上移、下移、左移或右移一个单元格
	按"Ctrl+箭头键"可移动到工作表中当前数据区域(数据区域:包含数据的单元格区域,该区域周围为空白单元格或数据表边框)的边缘
	按"Shift+箭头键"可将单元格的选定范围扩大一个单元格
	按"Ctrl+Shift+箭头键"可将单元格的选定范围扩展到活动单元格所在列或行中的最后一个非空单元格,或者如果下一个单元格为空,则将选定范围扩展到下一个非空单元格

(续表)

按键	说明
箭头键	当功能区处于选中状态时,按向左键或向右键可选择左边或右边的选项卡。当子菜单处于打开或选中状态时,按这些箭头键可在主菜单和子菜单之间切换。当功能区选项卡处于选中状态时,按这些键可导航选项卡按钮
	当菜单或子菜单处于打开状态时,按向下键或向上键可选择下一个或上一个命令。当功能区选项卡处于选中状态时,按这些键可向上或向下导航选项卡
	在对话框中,按箭头键可在打开的下拉列表中的各个选项之间移动,或在一组选项的各个选项之间移动
	按向下键或"Alt+向下键(↓)"可打开选定的下拉列表
Backspace	在编辑栏中删除左边的一个字符
	也可清除活动单元格的内容
	在单元格编辑模式下,按该键将会删除插入点左边的字符
Delete	从选定单元格中删除单元格内容(数据和公式),而不会影响单元格格式或批注
	在单元格编辑模式下,按该键将会删除插入点右边的字符
End	按"End"键可启用结束模式。在结束模式中,可以按某个"箭头"键来移至下一个非空白单元格(与活动单元格位于同一列或同一行)。如果单元格为空,请按"End"键之后按箭头键来移至该行或该列的最后一个单元格
	当菜单或子菜单处于可见状态时,按"End"键也可选择菜单上的最后一个命令
	按"Ctrl+End"可移至工作表上的最后一个单元格,即所使用的最下面一行与所使用的最右边一列的交汇单元格。如果光标位于编辑框中,则按"Ctrl+End"将光标移至文本的末尾
	按"Ctrl+Shift+End"可将单元格选定区域扩展到工作表上所使用的最后一个单元格(位于右下角)。如果光标位于编辑框中,则按"Ctrl+Shift+End"可选择编辑框中从光标所在位置到末尾处的所有文本,且不会影响编辑框的高度
Enter	从单元格或编辑框中完成单元格输入,并(默认)选择下面的单元格
	在数据表单中,按该键可移动到下一条记录中的第一个字段
	打开选定的菜单(按"F10"激活菜单栏),或执行选定命令的操作
	在对话框中,按该键可执行对话框中默认命令按钮(带有突出轮廓的按钮,通常为【确定】按钮)的操作
	按"Alt+Enter"可在同一单元格中另起一行
	按"Ctrl+Enter"可使用当前条目填充选定的单元格区域
	按"Shift+Enter"可完成单元格输入并选择上面的单元格
Esc	取消单元格或编辑框中的输入
	关闭打开的菜单或子菜单、对话框或消息窗口
	在应用全屏模式时,按该键还可以关闭此模式,返回到普通屏幕模式,再次显示功能区和状态栏

(续表)

按键	说明
Home	移到工作表中某一行的开头
	当"Scroll Lock"处于开启状态时,移到窗口左上角的单元格
	当菜单或子菜单处于可见状态时,选择菜单上的第一个命令
	按"Ctrl＋Home"可移到工作表的开头
	按"Ctrl＋Shift＋Home"可将单元格的选定范围扩展到工作表的开头
Page Down	在工作表中下移一个屏幕
	按"Alt＋Page Down"可在工作表中向右移动一个屏幕
	按"Ctrl＋Page Down"可移到工作簿中的下一个工作表
	按"Ctrl＋Shift＋Page Down"可选择工作簿中的当前和下一个工作表
Page Up	在工作表中上移一个屏幕
	按"Alt＋Page Up"可在工作表中向左移动一个屏幕
	按"Ctrl＋Page Up"可移到工作簿中的上一个工作表
	按"Ctrl＋Shift＋Page Up"可选择工作簿中的当前和上一个工作表
空格	在对话框中执行选定按钮的操作,或者选中或清除复选框
	按"Ctrl＋空格"可选择工作表中的整列
	按"Shift＋空格"可选择工作表中的整行
	按"Ctrl＋Shift＋空格"可选择整个工作表
	如果工作表中包含数据,则按"Ctrl＋Shift＋空格"将选择当前区域,再按一次"Ctrl＋Shift＋空格"将选择当前区域及其汇总行,第三次按"Ctrl＋Shift＋空格"将选择整个工作表
	当某个对象处于选定状态时,按"Ctrl＋Shift＋空格"可选择工作表上的所有对象
	按"Alt＋空格"可显示 Excel 窗口的【控制】菜单
Tab	在工作表中向右移动一个单元格
	在受保护的工作表中,可在未锁定的单元格之间移动
	在对话框中,移到下一个选项或选项组
	按"Shift＋Tab"可移到前一个单元格(在工作表中)或前一个选项(在对话框中)
	在对话框中,按"Ctrl＋Tab"可切换到下一个选项卡
	在对话框中,按"Ctrl＋Shift＋Tab"可切换到前一个选项卡

表 3　　　　　　　　　　　　　Excel 功能键功能

功能键	说　　明
F1	显示【Excel 帮助】任务窗格
	按"Ctrl＋F1"将显示或隐藏功能区

(续表)

功能键	说　　明
F1	按"Alt+F1"可创建当前区域中数据的嵌入图表
	按"Alt+Shift+F1"可插入新的工作表
F2	编辑活动单元格并将插入点放在单元格内容的结尾。如果禁止在单元格中进行编辑，它也会将插入点移到编辑框中
	按"Shift+F2"可添加或编辑单元格批注
	在Backstage视图中，按"Ctrl+F2"可显示【打印】选项卡上的打印预览区域
F3	显示【粘贴名称】对话框，仅当工作簿中存在名称时才可用
	按"Shift+F3"将显示【插入函数】对话框
F4	重复上一个命令或操作（如有可能）
	在公式中是对单元格地址4种引用的切换
	按"Ctrl+F4"可关闭选定的工作簿窗口
	按"Alt+F4"可关闭Excel
F5	显示【定位】对话框
	按"Ctrl+F5"可恢复选定工作簿窗口的窗口大小
F6	在工作表、功能区、任务窗格和缩放控件之间切换。在已拆分（通过依次单击【视图】菜单，【管理此窗口】【冻结窗格】【拆分窗口】命令来进行拆分）的工作表中，在窗格和功能区区域之间切换时，按"F6"可包括已拆分的窗格
	按"Shift+F6"可以在工作表、缩放控件、任务窗格和功能区之间切换
	如果打开了多个工作簿窗口，则按"Ctrl+F6"可切换到下一个工作簿窗口
F7	显示【拼写检查】对话框，以检查活动工作表或选定范围中的拼写
	如果工作簿窗口未最大化，则按"Ctrl+F7"可对该窗口执行【移动】命令。使用箭头键移动窗口，并在完成时按"Enter"，或按"Esc"取消
F8	打开或关闭扩展模式。在扩展模式中，"扩展选定区域"将出现在状态行中，并且按箭头键可扩展选定范围
	通过按"Shift+F8"，可以使用箭头键将非邻近单元格或区域添加到单元格的选定范围中
	当工作簿未最大化时，按"Ctrl+F8"可执行"大小"命令（在工作簿窗口的【控制】菜单上）
	按"Alt+F8"可显示用于创建、运行、编辑或删除宏的【宏】对话框
F9	计算所有打开的工作簿中的所有工作表
	按"Shift+F9"可计算活动工作表
	按"Ctrl+Alt+F9"可计算所有打开的工作簿中的所有工作表，不管工作表自上次计算以来是否已更改

（续表）

功能键	说　明
F9	如果按"Ctrl＋Alt＋Shift＋F9"，则会重新检查相关公式，然后计算所有打开的工作簿中的所有单元格，其中包括未标记为需要计算的单元格
	按"Ctrl＋F9"可将工作簿窗口最小化为图标
F10	打开或关闭按键提示（按"Alt"也能实现同样目的）
	按"Shift＋F10"可显示选定项目的快捷菜单
	按"Alt＋Shift＋F10"可显示用于【错误检查】键按钮的菜单或消息
	按"Ctrl＋F10"可最大化或还原选定的工作簿窗口
F11	在单独的图表工作表中创建当前范围内数据的图表
	按"Shift＋F11"可插入一个新工作表
	按"Alt＋F11"可打开 Microsoft Visual Basic For Applications 编辑器，可以在该编辑器中通过 Visual Basic for Applications（VBA）创建宏
F12	显示【另存为】对话框